U0889583

一口气读完大唐史

（修订版）

孙秀玲 著

長春出版社
全国百佳图书出版单位

图书在版编目（CIP）数据

一口气读完大唐史 / 孙秀玲著. — 修订版. — 长春：长春出版社，2023.1
ISBN 978-7-5445-6935-4

Ⅰ. ①一… Ⅱ. ①孙… Ⅲ. ①中国历史-唐代-通俗读物 Ⅳ. ①K242.09

中国版本图书馆 CIP 数据核字（2022）第 227143 号

一口气读完大唐史（修订版）

著　　者　孙秀玲
责任编辑　孙振波
封面设计　楠竹文化

出版发行　长春出版社
总 编 室　0431-88563443
市场营销　0431-88561180
网络营销　0431-88587345
地　　址　吉林省长春市长春大街309号
邮　　编　130041
网　　址　www.cccbs.net

制　　版　佳印图文
印　　刷　吉林省科普印刷有限公司

开　　本　880毫米×1230毫米　1/32
字　　数　206千字
印　　张　9.875
版　　次　2023年1月第1版
印　　次　2023年1月第1次印刷
定　　价　39.80元

前　言

唐朝是让我们为之自豪的一座历史高峰，大唐盛世的辉煌始终令我们向往。

从唐高祖李渊在隋朝末期的大乱中趁势而起，于618年在长安登基称帝，拉开大唐历史的序幕，到唐哀帝李柷被迫于907年在汴州（今河南开封）禅位于朱温，唐朝共历21位皇帝，289年。

从唐朝创建到灭亡的21位皇帝中（包括女皇武则天），既有在位23年、开创了彪炳史册的“贞观之治”的唐太宗李世民，也有中国历史上唯一的女皇帝武则天，还有亲手开创了“开元盛世”又酿成了“安史之乱”的唐玄宗李隆基，以及号称“小太宗”的唐宣宗李忱，但也有不少混蛋、昏庸和草包皇帝。

在唐玄宗李隆基在位的后半程，由于他任用奸相、培植安禄山而引发的“安史之乱”，把唐王朝一举推入了万劫不复的深渊。

“安史之乱”后的150多年间，唐王朝在藩镇割据、宦官专权、牛李党争、边患不断、民不聊生和农民大起义的种种苦痛中不可避免地滑进了深渊，走向了灭亡。

这个伟大而又传奇的王朝，是如何从“万国来朝”的强盛走向“分崩离析”的呢？这个在雄浑宏阔的历史进程中拔地而起的王朝，在将近三个世纪的时光里经历了怎样的波峰和低谷？唐朝缘何兴旺发达，又何以腐朽败亡？

往事如烟，留给读者的是无限的遐思。

目　录

始谋当日已非臧，又更相承或自戕。
蚁蝼人民贪土地，泥沙金帛悦姬姜。
征辽意思縻荒服，泛汴情怀厌未央。
三十六年都扫地，不然天下未归唐。

——〔北宋〕邵雍《观隋朝吟》

恢宏启幕

6世纪末期，隋文帝杨坚披坚执锐，一口气挥师统一了分裂为南北朝的中华大地，结束了东汉末年、三国、魏晋南北朝以来全国动荡不安的局面，饱受战乱之苦的黎民百姓望见了一丝休养生息的曙光。

然而，天不假年，隋文帝生了个败家祸国的逆子，也就是历史上穷奢极欲的隋炀帝杨广。

杨广的故事分毫不爽地印证了那句老话：创业难，守业更难！历史变迁中的王朝更迭莫不如此。在一个新王朝诞生之时，天下不可避免地要经历阵痛和种种艰难；而艰苦卓绝之后，一个王朝要想长期“坐享天下”，继任统治者就必须顺应民心，正所谓“得民心者，得天下”。否则，这个王朝的灭亡便是指日可待。

隋文帝杨坚刚刚草创不久的大隋朝，龙椅还没焐热，他那个聪明过度的逆子杨广就超常发挥“聪明才智”，干出了杀兄弑父的勾当，抢走了皇帝的宝座，随即展开放浪形骸的末世奢靡和丧心病狂的残暴统治。

隋炀帝杨广的“丧尽天良”，很快就在全国唤起了此起彼伏的农民大起义，大隋江山未等成年便直接跨入垂垂暮年。随之而来的，各种捕风捉影的谶语开始在民间流行，慰藉着焦躁不安的民心。其中，流传最广的一条民间预言，就是“杨氏将灭、李氏将兴”。

皇帝耳目甚多，这么重要的小道消息自然是早有耳闻。原本就已经被农民起义搅得寝食不安的杨广，对这些谶语非常忌讳，担心姓李的人会趁火打劫、抢走天下。于是，李姓的朝臣首先成为杨广的眼中钉，比如，李浑、李渊等人的名字逐个被列入了杨广的黑名单。

不久，李浑及其亲族 32 人首当其冲，成为这个谶语的牺牲品。而李渊却被谶语推向了历史舞台的中央，成为最终的赢家。

说起来，隋炀帝杨广与李渊还是表兄弟，杨广的生母独孤皇后是李渊的姨母。而李渊也算是标准的贵族，祖父李虎是西魏的开国功臣，死后被北周追封唐国公；父亲李昞，袭封唐国公，北周时任安州总管、柱国大将军。公元 566 年，李渊出生于长安，7 岁时袭封唐国公。李渊在朝廷中十分得势，先后担任过州刺史、郡太守、尉少卿等高官，隋大业九年（613），又升为卫尉少卿。

隋大业十三年（617）初，51 岁的李渊被任命为太原留守。李渊将长子李建成、四子李元吉等家眷安置在河东，带着次子李世民来到了晋阳城。

李渊 7 岁袭封唐国公。太原是古代的唐国，隋朝时太原又是军事重镇，这里兵源充沛，粮饷丰厚，军粮可供 10 年之用。李渊来到太原之后，曾对儿子李世民说："唐固吾国，太原即其地焉！今我来斯，是为天与！"

可见，在朝中行走了多年的李渊，已经很清楚今后要走什么样的路。当时的天下大势，已经是群雄四起，位高权重、实力不凡的李渊自然也有一番非凡的野心，他决心在太原潜心发展、巩固实力，以夺取天下。

但是，"争权无父子"，杨广是从父亲手中强夺皇位之人，怎能对这位手握重兵的表兄弟放心呢？何况"李氏将兴"的谶语也一直在杨广的心头挥之不去。

一次，隋炀帝召李渊议事。李渊正好生病，没去朝见，杨广疑心顿生，当即向李渊的外甥女、妃子王氏问道："你舅舅生病了？病死了没有？"李渊从此知道隋炀帝已经忌惮自己了。

不过，杨广仍然重用李渊，派他去太原，同时也派去了心腹王威和高君雅为太原副留守，以监视李渊的一举一动。对此，李渊心知肚明，更加小心谨慎，暗地里开始寻求自保的出路。

李渊到太原上任初，一股号称"历山飞"的农民起义军结营于太原之南，威胁着太原的安全。李渊痛下狠手，不遗余力地进行镇压，剿灭了这股农民起义军，在太原立住了脚跟。

不久，山西马邑（今山西朔州）的地方豪强刘武周起兵造反，杀死了太守王仁恭。刘武周自知兵力不足，难以自保，便借助马邑与突厥相邻之利，向北方的突厥国称臣，表示愿归附以换取突厥的援兵。

隋大业十三年（617），刘武周挥师占领楼烦郡（今山西静乐），又攻克了隋炀帝的一处行宫——汾阳宫，自称天子，年号天兴。

螳螂捕蝉，黄雀在后。刘武周自得意满之时，李渊迅速抓住这个扩张势力的机会，高举讨伐反贼刘武周的大旗，以维护天下安定为名指示李世民、刘文静（晋阳令）、长孙顺德、刘弘基等人公开集结兵马。消息一出，四乡八邻的官僚、地主、豪绅武装纷纷投靠李渊。十几天的时间，就有近万人加入李渊的军队，太原由此成为北方最有实力的重镇之一。

这时，各地农民起义已经如火如荼地进行了六年之久，地方割据势力已经形成。河南有翟让、李密为首的瓦岗军，河北有窦建德为首的起义军，江淮一带有杜伏威领导的起义军。这三大农民起义军集团，已经把大隋国军队的主力分割得七零八落，隋炀帝的统治岌岌可危。大厦将倾，统治集团内部的各派势力也开始心怀鬼胎，矛盾冲突不断加剧。

矛盾激化之下，隋朝皇亲国戚杨素的儿子杨玄感首先起兵造反，带动众多的贵族子弟追随起事，公开反对隋炀帝。面对隋政权土崩瓦解之势，杨广已无回天之力，索性“大撒把”，以世界末日的颓废心情，出游江都（今江苏扬州），更加急不可待地抓紧享乐、肆意狂欢。

天下大乱了，皇帝都不管了，原本安分守己、维护“安定团结”的地方官僚和地主也纷纷造反，打起了反隋的旗号。这些旧官僚、地主武装摆出“逐鹿天下”的架势，大打出手，混战一团。同时，对农民起义军进行残酷的镇压和收编，相继建立自己的军阀割据地盘。当时，全国各地的反隋大军有100多支。

形势逼人，皇帝的这两位“特派员”——太原副留守王威和高君雅——也担心李渊会谋反，便拉拢晋阳乡长刘世龙，企图利用在晋祠求雨的机会，先下手为强，将李渊杀死，以绝后患。殊不知，刘世龙将此事密报给了李渊。

李渊其实已经有了反隋决心，但是，他老谋深算，一直保持低调，不事张扬。他很清楚，自己与隋王朝关系密切，与农民起义军领袖不同，如若起兵，必须有一个能够服众的说法。所以，他一直寻找可以“师出有名”的借口。

但是，接到刘世龙的密报后，李渊决定不再等待，应立即采取行动。

隋大业十三年（617）五月的一天夜里，李渊命李世民在晋阳宫城外埋下伏兵。第二天早晨，李渊和王威、高君雅议事，晋阳（今山西太原）令刘文静领着鹰扬府的司马刘政会来到庭院中，说有密报要给李渊。李渊让他交上来，但刘政会不交，说告发的是副留守，只有李渊才能看。

李渊假装吃惊，问道：“怎么会有这种事？”

李渊看过密报后，对大家说："王威、高君雅要勾结突厥入侵!"

事发突然，王威、高君雅还没反应过来，刘文静、长孙顺德和刘弘基等人已经一拥而上，将他们逮捕。随后，李世民派兵控制了晋阳城。王威、高君雅被处死，悬首示众。自此，李渊与隋炀帝决裂。

随后，李渊的长子李建成、四子李元吉等人抵达晋阳，与父亲会合。

同时，李渊抓紧扩编军队，训练骑兵，治兵备谷。六月，李渊设立大将军府，下置三军。李渊自封为大将军；封长子李建成为左领军大都督，统率左三统军；封次子李世民为右领军大都督，统率右三统军；封刘文静为司马。

这时，瓦岗军、河北农民军正在中原地区浴血奋战，牵制了大量隋军，致使隋朝京都所在地——关中地区的防守力量日渐薄弱。

七月初四，李渊誓师，任命儿子李元吉为太原太守，留守晋阳宫，北防突厥、刘武周。次日，李渊正式起兵反隋，大举进攻长安。打着安定隋室的旗号，李渊由太原出发，率领 3 万人向关中进军。一路瓦解、收编农民军，拉拢各地地主武装力量入伙，抵达长安附近时，李渊的兵众已达 20 余万人。年底，李渊攻克大隋首都长安。为了收服民心，李渊废除了隋王朝苛刻的法令，拥立隋炀帝的孙子——代王杨侑为皇帝，遥尊隋炀帝杨广为太上皇，自己出任“大丞相”，封号“唐王”，掌握实权。次年三月，隋炀帝杨广宠信的大臣宇文化及和侍卫首领司马德在江都发动兵变，杨广被乱兵缢杀，大隋朝就此终结。

两个月后，李渊废除杨侑，登基称帝，定国号为“唐”，年号“武德”，定都长安。大唐历史就此在唐高祖李渊手中拉开了恢宏的序幕。

人事有代谢，往来成古今。

江山留胜迹，我辈复登临。

水落鱼梁浅，天寒梦泽深。

羊公碑尚在，读罢泪沾襟。

——〔唐〕孟浩然《与诸子登岘山》

天下一统

唐朝虽然建立了，但是，天下仍不太平，李渊面对的是群雄逐鹿的混乱形势。除了前述三大农民起义军集团之外，全国各地还有星罗棋布的无数割据者，其中大多是隋朝的官吏或者地方豪霸，有的依附突厥，有的相互勾结，有的独占一方。因此，荡平群雄、一统山河，成为开国皇帝李渊的头等要务。

纵观天下大势，关中是全国一盘棋的核心，从政治、经济、军事等各个角度看，它的巩固和稳定都直接关乎唐朝的生死存亡。

当时，有三大割据势力对关中构成威胁。金城（今甘肃兰州）的薛举，原是隋朝的金城府校尉，隋末乘乱起兵，拥众 13 万，据有陇西之地，自称“秦帝”；河西凉州（今甘肃武威）的李轨，原是隋朝的武威鹰扬府司马，隋末乘乱起兵，占领河西，建国称帝；山西马邑的刘武周，也已建国称帝，并与突厥结盟。

面对“卧榻之侧”的强邻，李渊并不急于出兵较量，一面以稳定关中根据地为要务，消化既得成果，并采取措施争取民心；一面派兵攻取实力薄弱的新安、南阳（今均属河南）、荆襄、汉中、巴蜀等地，借以迅速扩充自己的领地。

随后，李渊采取武力征讨与分化瓦解双管齐下的方法，对威胁关中的薛举、李轨和刘武周逐个击破。

唐高祖武德元年（618）七月，割据西北的秦帝薛举兴兵向东推进，欲取关中，直逼高塘（今陕西长武西北），李渊命秦王李世民为元帅，出兵御敌。结果在浅水原被薛举击溃，超半数以上士兵阵亡，多名将领被俘，李世民只好率余众撤回长安，薛举乘胜占据了高墌。八月，薛举正准备乘胜进攻长安时，竟突然病逝。其子薛仁杲仓促即位，驻兵折墌城（今甘肃泾川东北），进逼长安。

九月，李渊再命李世民为元帅，攻打薛仁杲。李世民兵至高墌城，薛仁杲派宗罗睺领兵抵御，数次向唐军挑战。李世民则不准唐军诸将应战，他说：“我军才打了败仗，士气沮丧，对方得胜而骄，有轻敌之心。我们紧闭营门耐心等待，待其锐气消尽之时，必可一战而胜。”就这样，双方相持近60日后，高墌城中有粮食耗尽迹象，李世民认为时机成熟，命梁实在浅水原扎营以诱敌出动。宗罗睺果然中计，率领全部精锐攻击梁实。接着，李世民派庞玉救援梁实。在庞玉军全力作战，几乎战败之时，李世民带领主力部队出其不意地从浅水原北方出现在宗罗睺背部。宗罗睺大败而逃，李世民乘胜追击，直抵薛仁杲驻守的折墌城下。十一月初八，薛仁杲无计可施，出城投降。唐朝得薛仁杲的一万多名精兵，民众五万人，就此收复陇西地区。

在李世民进攻薛仁杲之时，李渊暗中派人联络割据河西凉州的李轨，威胁利诱，争取他保持中立。在削平薛仁杲之后，李渊腾出手，于武德二年（619）二月，又利用李轨集团的内部矛盾将其顺利收复，河西五郡（金城、武威、张掖、酒泉、敦煌）都归了大唐。

度过炎热的夏季，黄土高原已经透出丝丝凉意。盘踞在山西马邑的刘武周，也感到了风雷的逼近，急忙联络突厥兵马，挥师南下，于九月攻陷李元吉留守的太原。之后，马不停蹄，又派遣大将宋金刚继续挥军南下与李渊父子争夺天下。

面对刘武周及突厥兵马的凌厉攻势，李渊打算放弃河东，退守关西。危急关头，李世民豪情万丈，慷慨陈词，提醒父亲：太原是唐王朝建国之根本，河东又是关中的屏障，只能争取，不能放弃。

李渊听取了李世民的建议，顺水推舟，令李世民出马临敌。十一月，李世民率领三万唐军，主动应战，渡过黄河，与宋金刚的兵马对阵于柏壁（今山西新绛西南）。次年，李世民大败宋金刚，收降其骁将尉迟敬德，并乘胜北伐。刘武周一败再败，赔光老本，逃到突厥被杀。

至此，来自北方的劲敌已经逐个被消灭，太原和河东地区得以稳固，拱卫着关中地区，为进一步夺取中原创造了有利条件。

巩固了关中之后，李渊以皇帝的身份传谕郡县，发布政令，依靠政治手段招纳全国各地的隋朝官员归附。对于执意拥兵抗衡者，则坚决以兵征讨。

这时，中原一带的局势也已经发生了变化。在河南地区，以李密为首的瓦岗军被王世充打败，王世充占据洛阳。武德二年（619）四月，王世充称帝，国号“郑”，并夺取了唐朝在河南的部分州县，成为河南最强大的割据势力。

在河北地区，以窦建德为首的起义军集团实力也日益强大，多次击败河北的唐军。窦建德自立为“长乐王”，定国号为“夏”。

而江淮地区，曾经割据一方的杜伏威集团，却于武德三年（620）六月归降唐朝，被封为“吴王”。

江南还有一支割据势力，就是已经称帝的萧铣。萧铣占领的地区非常广阔，南到交趾（越南北部），北到汉水，西达三峡，东及九江。不过，萧铣小富即安，没有向北发展、逐鹿中原之意。同时，有唐军在巴蜀地区牵制，萧铣对中原暂构不成威胁。

鉴于这种形势，李渊决定进兵中原，采用先攻“郑”后攻“夏”、逐个击破的方略，彻底消除这两大军事集团，扫除唐朝一统天下的重要障碍。

武德三年（620）七月，李渊命李世民率领八万主力军向东攻打王世充。同时，遣使与窦建德言和，争取其中立。另外，命李孝恭等将领在巴蜀训练水军，伺机出击萧铣，以策应中原作战。

李世民攻占东都洛阳外围重地的慈涧（今河南洛阳市西）后，王世充收缩兵力，死守洛阳城。8 个月之后，唐军攻克回洛城（今河南孟州南）、轘辕（今河南嵩山西侧）、河阳（今河南孟州东南）、虎牢（今河南荥阳汜水镇）等地，河南 50 余州相继归降，洛阳成为汪洋之中的一座孤城。

次年二月，唐军开始昼夜不息地围攻洛阳城。但是，王世充军坚城固守，顽抗到底，半个月过去了，唐军久攻无果。

但是，三月，困守孤城的王世充熬不住了，遣使向窦建德央求救援。窦建德明白，在三方鼎立之势中，这种战略平衡将被打破，此时若不联合王世充击败唐军，今后也就没有机会夺取天下了。思前想后，窦建德决心，亲率十余万大军援郑抗唐。

窦建德倾力出手，令唐军惊恐。此时，洛阳城中已经粮食奇缺，但是，王世充的军队实力依然不弱，如果与窦建德的十余万精锐部队前后夹击，唐军将处于腹背受敌的危险境地。

关键时刻，李世民显露出其超凡的谋略和军事才能。在城有坚兵，外有援兵骤至的情况下，李世民毅然决定扩大战役范围，采用“围城打援”的战法，希求“一举两克”。

待窦建德十万大军进抵成皋（今河南荥阳市）时，李世民率领区区 3500 名精骑，占据虎牢，阻击窦建德的大军，留下李元吉等人继续围攻洛阳。

虎牢地形险阻，李世民采用只守不战、伺机出击的作战方针，以少击多、以弱击强。

双方相持一个多月，窦军始终无法攻下虎牢，士气低落不振。

五月初，李世民见时机成熟，领兵果断出击，居然以少胜多，大败窦军，俘其众五万余人，窦建德也受伤被擒，押送到长安后被处死。洛阳的王世充见外援无望，被迫出城投降。

这是唐王朝建立以来至关重要的一战，胜则江山一统，一劳永逸；败则后果难料。因此，李世民在虎牢的经典战无疑是一记漂亮的“本垒打”，将王、窦两大集团一棍子打出圈外，为唐王朝扫平天下、统一全国，立下了汗马功勋。

不过，天下未定，任重而道远。

武德四年（621）七月，窦建德的旧部刘黑闼在漳南（今河北故城东北）死灰复燃，起兵反唐，不到半年就恢复了原来窦建德的领地。刘黑闼自封“汉东王”，并与突厥联盟，直接威胁唐政权在河北的统治。

次年，李世民再受命东征，经过一番苦战，击退刘黑闼。武德六年（623）正月，刘黑闼卷土重来。这次，李渊派出太子李建成前往镇压，刘黑闼战败被杀，唐朝在河北和山东地区的统治终于安定下来。

在李世民东征王世充的同时，李渊还发兵巴蜀，以夔州总管李孝恭为荆湘道行军总管，李靖摄行军长史，统十二总管兵南下，攻打长江中游的萧铣。此时，萧铣集团内部矛盾重重，面对唐军的大举进攻，仓促应战，一触即溃，很快也投降了唐朝。

一波刚平，一波又起。八月，杜伏威的旧部辅公祏在丹阳地区起兵反唐，建国称帝，对抗唐朝。李渊命李孝恭、李靖等率兵前往镇压，武德七年（624），辅公祏败亡，江淮地区宣告平定。

直到贞观二年（628），依赖突厥占据朔方（今内蒙古鄂尔多斯市杭锦旗北）的梁师都的势力被唐军消灭，唐朝的统一战争，才算尘埃落定。这个混乱割裂的疆域，终于得以再次统一。一个崭新的封建王朝，开始谱写中国历史上一段极其辉煌的新篇章。

半亩方塘一鉴开，天光云影共徘徊。

问渠那得清如许，为有源头活水来。

——〔南宋〕朱熹《观书有感》

盛世有源

唐朝初年，百废待兴。

唐高祖李渊在进行统一全国战争的同时，也在加强唐王朝的政权建设。在政治、军事、经济等方面制定了一系列治国安邦的策略，为后来的贞观之治开拓着清泉源流。

占领长安时，李渊曾同百姓约法十二条，除了杀人劫盗、叛逆处死之外，隋朝的一切苛刻法律全部废除。登基坐殿之后，李渊又宣布废除杨广时期的《大业律》，指令裴寂、刘文静、殷开山等大臣在隋朝《开皇律》的基础上修订律令，“尽削大业所用烦峻之法”“务在宽简”，推出唐王朝的第一部法典《武德律》，废除了隋朝大业年间的酷刑。

在政权机构方面，唐初官制大致沿用隋朝的体制。中央政府主要分为省、台、寺、监四大组成部分。“省”有六个，分别是：中书省、门下省、尚书省、秘书省、殿中省、内侍省。其中，最重要的实权机构为尚书省、中书省和门下省。尚书省掌管全国政令，是命令的执行机关，下设六部，即吏、户、礼、兵、刑、工部。其中，吏部主管官员的升降考核等事务；户部主管税赋收支；礼部掌管礼仪、祭祀、科举、学校、教育等；兵部主管军政事务；刑部掌管司法行政和审判；工部主管工程建设。

中书省是发布政令的机构，也就是发布、起草皇帝诏书的机构，也是皇帝的秘书班子。门下省则审核中书省起草的诏书，不合适的驳回修改。各省官职的名称各有不同：

尚书省：最高职位是尚书令（1人），后来因唐太宗李世民曾任此职，故不再授予臣子。尚书令手下分别是：尚书左仆射（1人）、尚书右仆射（1人）、尚书左丞（1人）、尚书右丞（1人）等。

中书省：最高职位是中书令（2人），其下为中书侍郎（2人）、中书舍人（6人）等。另外，中书省下又设有集贤殿书院，设有学士、直学士、侍读学士、修撰官，类似于政治顾问、研究专员。

门下省：最高职位是侍中（2人），其下为侍郎（2人）、左散骑常侍等。

三省的最高长官都是宰相，他们议事的地方叫“政事堂”。为了加强皇权、防止大权旁落，唐朝皇帝们陆续对尚书省的长官们做了区分，只有领衔“同中书门下”名号者，才能出席政事堂会议，否则，不再享有宰相的地位。

唐朝宰相名号众多，此后常用的名称大致有：中书令、侍中、尚书左仆射、尚书右仆射、同中书门下三品、同中书门下平章事等等。其中，前四个称为“四辅”，其他的是兼职宰相。

此外，中央政府里还设有掌管经籍图书的秘书省；专门照管皇帝生活事务的殿中省，下设尚食、尚药、尚衣、尚舍、尚乘、尚辇六局；还有掌管宫廷宦官机构的内侍省，管理宫中事务。

中央政府的第二类机构称为“台”，主要是御史台、司天台。

第三类机构称为“监”，具体有五监：国子监、少府监、将作监、军器监、都水监。

武德七年（624）三月，朝廷下令对从中央到地方的全国官职、官名做出全面整顿。

在六省之上，增设职事官中地位最高的荣誉职务“三公”，即太尉、司徒、司空。“三公”都是正一品。但“三公”也有个先后顺序，太尉高于司徒、司徒高于司空。这“三公”均可设可不设。要设的话，每个“公”衔只能有一人，并且一人不能兼二职。

六省之下，设有御史台和九寺：太常寺、光禄寺、卫尉寺、宗正寺、太仆寺、大理寺、鸿胪寺、司农寺、太府寺。再下面是左右卫和左右领卫等十四卫。御史台和九寺，级别低于六省，且不在六省之内。

“三公”加“六省”主官就是常说的“九卿”，属于朝廷里的顶级官员。臣子到了这一步，基本也就到了仕途的“天花板”。“天花板”上面就是皇室皇亲的领地了，臣子们只能仰望，不能奢望，否则就有谋逆之嫌了。诗人苏东坡曾在儿子出生的第三天就写了一首《洗儿戏作》，寄托了为人父母望子成龙的期待：

人皆养子望聪明，我被聪明误一生。

惟愿孩儿愚且鲁，无灾无难到公卿。

皇太子住在东宫，东宫里设置了一批辅佐储君的官员，主要有：太子三师、太子三少、太子詹事及门下坊、典书坊等两坊、太子家令寺、太子率更寺、太子仆寺等三寺及十率府。

在王、公府设置府佐、国官；公主府设置邑司。

此外，文散官总共分 28 阶，包括开府仪同三司、将仕郎等；武官共分 31 阶，包括骠骑大将军、戎副尉等；勋官分为 12 等，包括上柱国、武骑尉等。

地方行政方面，唐高祖李渊设立了州，以取代隋朝的郡，实行州、县两级制。县以下的地方组织是乡，乡下有里，里是最基层的政权单位。每里管辖一百户，设里正一人。州、县长官分别是刺史和县令。

除了中央政权的建设，唐初最需要解决的还有经济问题。

由于多年的征伐，农业经济遭到严重破坏。唐初，全国人口只有 200 多万户，不到隋朝 900 万户的 1/3。为了使人民早日安定下来，尽快恢复农业生产，唐朝廷加紧经济改革，实施了一系列措施。

武德七年（624），唐高祖下令推行由国家控制土地使用和土地分配的均田制度，并颁布了一种直接税制，即一租一庸一调制。为了推行这两种制度，朝廷还将人口年龄段做了划分：3 岁以下的为黄，4 岁—15 岁为小，男子 16 岁—20 岁为中，21 岁—59 岁为丁，60 岁以上为老。

均田制规定：

百姓：18 岁以上的中男和丁男授田一顷，包括口分田 80 亩，永业田 20 亩。老男、笃疾、废疾的人授口分田 40 亩，寡妻妾授口分田 30 亩。这些人如果为户主，每人授永业田 20 亩，口分田 30 亩。

杂户授田与百姓一样。工商业者、官户授田减百姓之半。道士、和尚给 30 亩，尼姑、女冠给田 20 亩。而对于一般妇女、部曲、奴婢却分毫田地也不分。

贵族：从亲王到公侯伯子男，授田数从 100 顷到 5 顷不等。在职的官员从一品到九品，授田数从 30 顷到 2 顷不等。

各级官员：有职分田，用地租补充，作为俸禄的一部分。

同时，均田制对土地的买卖也做了限制，官僚和贵族的永业田和赐田可以买卖，百姓在贫穷无法办理丧事时可以卖永业田，从人多地少的地方往人少地多的地方搬迁时也可以出卖永业田。

租庸调税制建立在均田制的基础之上：租，每丁每年要向国家交纳粟二石；调，每丁每年交纳绢二丈、绵三两或布二丈五尺、麻三斤；庸，每丁每年服劳役二十日，或若不服役，每日需要折合成绢三尺，或麻布三尺七寸五分，交足二十天，称为“以庸代役”。

为了促进农业生产，唐王朝在农田基础建设方面做了大量的工作。比如，武德七年（624），唐朝廷在陕西建立了一套给水系统，可引黄河水浇地 48 万多亩；次年在陕西建造了一条漕运运河，以改善京城的物资供应。此后，还在润州金坛县建设了南谢塘、北谢塘，用以灌溉农田。

唐高祖既重视农业经济，又懂得促进手工业的发展。唐朝的手工业有官营和私营两类。唐中央设有少府监、将作监、军器监部门，管理各类官营手工业生产。地方官府也同样设有织锦、制造、军器等作坊。

官营产出的手工业产品只供宫廷、贵族、官僚和官府消费。从业人员包括奴婢与刑徒、番户与杂户、短番匠与和雇匠。

私营手工业主要是家庭副业。产品自用或用于纳税，有剩余时也拿到市场上去卖。当时手工业者所经营的作坊，包括织锦坊、纸坊、染坊、冶成坊（冶铸手工业）、铜坊（铸造铜器）等。但是，由于国家征调手工业者到官营作坊轮番服役，使得私营手工业的发展有心无力，举步维艰。

为了促进商业发展，武德四年（621），唐高祖开始改革币制，废除前朝流通的“五铢”钱币，开铸新币“开元通宝”。“开元”意为开新朝之元，“通宝”意为在统一之国度内通用的宝货。

这一时期，唐朝的贸易发展也在继续。当时，除了从隋代传下来的长安三大都会市场以外，朝廷还命令各州及都督府自设官办市场。还在京师和地方较大的城镇市场设有市令官职，负责维持秩序，登记所有商店，监督度量衡，决定标准的价格表，保证出售货物的质量等事宜。

武德八年（625），突厥、吐谷浑等西北少数民族请求通商互市，百废待兴的唐王朝批准了这一要求。唐朝允许在承风戍（今青海省贵德境内）互市，以促进唐朝边境贸易的发展。

唐初，战事频繁，军事建设自然尤为重要。

早在太原起兵进军长安的途中，李渊就逐步将手下军队纳入兵农合一的府兵制度中。

府兵的任务是轮班到京城或者边塞服役，也叫“番上”，战时也到其他地方出征和戍防；战事结束后，“兵散于府、将归于朝”。平时，府兵不脱离乡土和农业生产，农闲时集中进行军事训练，提高战斗力。服役期间，府兵可以免去自身的租和调。但是，无论是“番上”还是出征，府兵的武器、军粮大多需要自备。因此，府兵制也是一种建立在均田制基础上的兵农合一的制度。

李渊在长安称帝之后，又设置了军府。同时，沿袭隋制，建立中央十二卫①，实行以卫统府的军事制，任用功臣和招降将军为各卫的大将军。但是，征发、调动和指挥全国府兵的大权都集中在深宫的皇帝手中，地方官乃至中央十二卫都没有调兵的权力。这种将练兵权和领兵权分离的办法，是为了加强中央集权，防止将领拥兵自重，对抗中央，也防止了将帅们专兵跋扈。

此外，对于一个新建立的王朝来说，人才选用至关重要。因

---

① 隋以左右翊卫、左右武卫、左右骁骑卫、左右御卫、左右屯卫、左右候卫为十二卫。

此，唐王朝在隋朝创立的科举制度基础上，将其完善，借以选拔、网罗全国的优秀人才。

科举分为两种，一是制举，二是常举。两类性质不同，考生的来源、考试的内容和方法也有所不同。

制举由皇帝特旨召试，以待“非常之才”，不定时进行。由皇帝亲自主持，考试科目也临时确定，时间和录取人数不定。

常举每年定期举行。科目主要有秀才、进士、明经、明法、明算，其中以进士科最为热门，因为这是做官的重要途径。

武德六年（623），唐王朝举行了第一场科举考试。这场考试意义非凡，从此打破了以往士族独霸官场的局面，给寒门子弟打开了仕进之途。

因此，前来参加考试的不仅有国子监（公立）所属学校的学生——又称“生徒”；还有来自各地的私学、通过州县保举的学生，也称为“乡贡”。当时，考了第一名的孙伏伽被称为“进士第一人”，当年一共录取进士 4 人。

为了加强吏治，李渊吸取了隋朝灭亡的教训。他很清楚，隋炀帝杨广奢侈浪费又喜好奇珍异宝，致使朝中大兴进献之风，吏治腐败以致丧国。为了警示朝臣，李渊特意颁布了《罢贡异物诏》。他说：“逸游损德，昔贤贻训；玩物丧志，前典格言。……隋末无道，肆极奢靡，内骋倡优之乐，外崇耳目之娱……异兽奇禽，皆非实用。诸有此献，悉宜停断，宣布远迩。”同时，为了让后人了解以往的历史，根据令狐德棻的建议，李渊于武德五年

（622）下诏修订梁、陈、魏、齐、周、隋六代史，要求“务加详核，博采旧闻，义在不刊，书法无隐”。这次修史工作虽然没有取得具体成果，但为唐初修撰前代历史开了先河。

不难看出，唐高祖李渊在位期间，各项制度已初具规模，通过全面的治国安邦之策，为后世唐太宗李世民的“贞观之治”奠定了坚实的根基。

千古兴亡多少事？
悠悠！
不尽长江滚滚流。
年少万兜鍪，
坐断东南战未休。
天下英雄谁敌手？

——〔南宋〕辛弃疾《南乡子·登京口北固亭有怀》

当仁不让

李渊有22个儿子，19个女儿。龙子虽多，能成为其左膀右臂的却很少，一直被李渊看重的只有长子李建成，次子李世民和四子李元吉，兄弟三人均为窦皇后所生。

其中，次子李世民“玄鉴深远，临机果断”，文韬武略，聪睿过人。当年，李渊到太原走马上任时，李世民一直伴其左右。此后，在李渊统一全国的过程中，李世民屡建奇勋，功居诸子和众将之首。

然而，从李渊封爵唐国公时，长子李建成便以嫡长的身份被立为世子。李渊即位后，封李建成为太子，李世民为秦王，李元吉为齐王。从封建宗法制度而言，李建成是嫡出长子，是理所当然的继承人。因此，太子李建成的地位即是毫无异议和不可动摇的。

李建成为人厚道豁达，在李渊太原起兵之初，被封为陇西公、左领军大都督；曾西渡黄河攻克长安，立下战功。武德四年(621)，有稽胡数万叛乱犯边，李建成领兵出战，计杀壮男6000有余，敌首溃逃。虽然李建成的战功不如李世民显赫，但也绝非无能之辈，李渊立其为太子也有道理。

李建成被立为太子之后，作为储君不便经常涉险，因此，多数时间都留在长安，协助李渊处理一些具体政务。只要不是军国大计，都交由李建成裁决。李建成常驻京城，也是皇帝李渊的安排，并非懦弱或懒惰。

由于长期留守关中，李建成在关中地区打下了坚固的基础，不仅得到士族和朝中大臣的支持，就连宫中嫔妃和一般贵戚也拥戴他。此外，在太子李建成周围还有魏征、王珪等良臣。作为太子，李建成的手中还掌握着京师重兵。

同样，秦王李世民在长期的战争中也罗致了大批人才。在秦王府中，有尉迟敬德、段志玄、秦叔宝、程咬金等赫赫有名的能将。秦王府文学馆里，更有著名的十八学士，比如，多谋善断的房玄龄、杜如晦，历史上有名的“房谋杜断”说的就是这两位高人；另外像经学名家陆德明、孔颖达，书法家虞世南等也都是顶尖人才。这个人才济济的心腹集团精诚团结，对李世民忠心耿耿，也是李世民决胜疆场、所向披靡的坚实保障。

因此，每当李世民班师凯旋的时候，披金甲、乘骏马、率铁骑、囚敌俘献于太庙之前，那如日中天、不可一世的风光，无疑对李建成的太子地位构成巨大的威胁。

为了保住自己的地位，李建成暗中与弟弟齐王李元吉联合，共同排挤李世民。他给弟弟的允诺是，他登基后立元吉为皇太弟。其实，李世民心中同样不平衡，看着自己出生入死打下的江山，最终却不得不拱手奉送给哥哥，内心的不满早已成结。于是，李世民暗中较劲，欲夺储位。随着储位之争的逐渐公开化，兄弟之间已无手足情谊，权力斗争将兄弟变成了不共戴天的仇敌。

这时，李渊与次子李世民的关系也发生了转变。李渊称帝的第二年，跟随他从晋阳起兵的大功之臣刘文静获罪被杀。刘文静和裴寂都是大唐的建国元勋，在晋阳起兵的谋划过程中，两人相处得非常融洽，穿针引线，传递信息，立下汗马功劳。尤其是刘文静，能够独当一面，功劳卓著。

但是，李渊称帝后，刘文静仅仅官拜尚书省下设的吏部尚书，而裴寂则官居尚书右仆射，成为大唐宰相，官位和待遇都比刘文静高出不少。因为从私人感情上讲，李渊与裴寂的关系更为亲密，而刘文静则是李世民的得力助手。

李渊任人唯亲，刘文静敢怒不敢言，心中的不满都指向了同朝为官的裴寂。裴寂身居高位也是自己劳动所得，与刘文静本不相干，也不欠他什么，自然没理由谦让，两人之间的矛盾冲突逐渐升级。随着内心埋怨的加深，刘文静时不时地流露出对最高统治者李渊的不满。正所谓“祸从口出”，刘文静的怨言传进李渊的耳朵里，被判为心存谋反之罪。事发之后，李世民及李纲、萧瑀等大臣竭力为其辩护。但是，刘文静最终还是被杀。

表面上，这是刘文静与裴寂之间的争权夺利，帷幕之后却是李世民和李渊之间的第一次冲突。常言道：“勇略震主者身危，功盖天下者不赏。”对李渊来说，儿子李世民的超凡实力不仅威胁着太子的地位，对皇帝本身也构成了可怕的威慑力量。打击刘文静，也是在敲山震虎，压制李世民集团的势力。

此外，李世民与李渊后宫嫔妃们的冲突，也使得父子之间的关系疏远起来。

当年李世民攻入洛阳后，李渊身边的几位妃子私下里向李世民索取隋宫里的宝物，并为自己的亲戚谋求官职，都被李世民一口拒绝。于是，李渊的枕边风吹来的都是对李世民的不满，这也令李渊对李世民的好感大打折扣。

随后发生的一件事，直接导致了父子俩的冲突升级。

淮安王李神通在平定战乱中立下战功，为此，李世民将其辖治内的公田数十顷赏给了李神通。没想到，李渊的爱妃张婕妤的父亲也看上了这块儿田，并通过女儿向皇帝讨要，李渊当即写下诏令，将这块儿田赏赐给了这位国丈。

国丈爷手持皇帝诏书前来占地，但是，李神通事先已经得到李世民的赏赐，也是合法所得，到嘴的肥肉自然是不肯吐出来。于是，张婕妤便向李渊告御状，哭诉李世民的不是。李渊大发雷霆，把李世民招来，狠狠斥责了一顿。李世民做了解释，李渊仍怒气不减。

日后，李渊对裴寂说：“这孩子长期领兵在外，被书生们教坏了，不是过去那个儿子了啊！”

李世民与父亲之间的关系没有处理好，对其扳倒李建成、赢得太子之位构成了极大的障碍。

与此同时，太子李建成与弟弟李元吉也一直没闲着。为了削弱李世民的势力，兄弟俩可谓是处心积虑。有一次，太子李建成请李世民到东宫去喝酒，并在酒里放了鸩毒。李世民喝了几盅之后，感觉肚子一阵疼痛，并呕出血来。幸亏李神通将他送回秦王府，请医服药之后才捡回性命。

没能除掉李世民，李建成和李元吉心中懊恼，誓不罢休。接下来，两人又以重金试图收买秦王手下的勇将尉迟敬德，企图从内部瓦解李世民的势力。但是，尉迟敬德忠心不二，严词拒绝。

收买不成，兄弟二人转而借助李渊的力量，对李世民使出釜底抽薪的手段，先诬告尉迟敬德谋反，李渊顺水推舟下诏将尉迟敬德治罪，李世民拼全力才保住了尉迟敬德。

一计不成就再生一计。李建成、李元吉哥俩又联合起来状告秦王的亲信程咬金。李渊下令将程咬金调离京城，外放康州刺史。不久，李建成和李元吉又借李渊之手，把秦府的谋臣房玄龄、杜如晦逐出秦府，将房、杜二人遣返回乡，由此大大削弱了李世民的力量。

就在李氏兄弟激烈争夺继承权的时候，北方的突厥调集兵马、进犯中原。李建成和李元吉顿觉时机已到，李建成便向李渊建议，让李元吉代替李世民为主帅带兵北征，李渊同意了。然后，他们又提出，抽调秦王府的尉迟敬德、秦叔宝、程咬金等大将，以及秦王府的精兵共同出征，都划归李元吉指挥。他们打算把这些将士调开以后，放手杀害李世民。

但是，这个计划被李世民派去的卧底探明，并报告了李世民。李世民感到形势紧急，连忙找来妻兄长孙无忌、亲信尉迟敬德商量对策，两人都劝李世民先发制人。李世民最终决定抢先动手，对太子阵营采取极端的军事措施。

就在这关键时刻，天空突然出现一种“太白经天”的天象。武德九年（626）六月初三，太史令傅奕密奏李渊：“太白见秦分，秦王当有天下。”

早已对李世民心怀不满的李渊哪里受得了这事。权力斗争的残酷性，已令李氏父子、兄弟之间无温情可言。于是，召命李世民进宫，随后将密奏出示给他。李渊之意很明白，是要李世民自尽以避嫌。

李世民岂肯自我了断，除了尽力解释自己无心夺取天下之外，还掉转矛头，借机密报太子和齐王“淫乱后宫”、诱奸李渊的嫔妃；并且非常肯定地说，愿意与太子、齐王在皇上面前对证。这话听得李渊火冒三丈，当场决定先处理此事，诏令兄弟三人次日早晨一起进宫，由他亲自查问。

李渊的决定正中李世民的下怀。李世民就是想调动太子、齐王离开自己的宫殿赶赴皇宫，这样便可以在玄武门（宫城北门）外埋伏队伍，寻找机会杀死太子和齐王。

当晚，李世民精选了府中将士，与长孙无忌、尉迟敬德等人率兵埋伏在玄武门外。此时，太子的部下、当时负责玄武门防务的常何已被李世民收买。第二天清晨，并不知情的太子和齐王骑马朝玄武门走来。到了玄武门边上，两人感觉到周围的气氛有点反常，心里生疑，决定拨转马头，准备回去。

就在这时，李世民突然现身，并高喊二人的名字。不等太子和齐王回过神来，已经伏兵四起。齐王李元吉见势不妙，抽出弓箭，欲射杀李世民，怎奈太紧张了，手臂不听使唤，以至于拉不开弓。有备而来的李世民却毫不犹豫，亲手射死兄长李建成，齐王李元吉则被尉迟敬德射死。

太子府卫兵首领冯立接到兵变的消息，当即率领东宫、齐王府的精兵 2000 人飞奔至玄武门，与秦王府的兵将混战起来。守卫皇宫的禁军不知该帮谁，索性保持中立。

冯立等人见无法攻入宫门便准备转头去攻打兵力空虚的秦王府。此时，秦王府兵力大部分都集中在玄武门，府中只剩几个文官留守，所以众人大惧。

情急之下，尉迟敬德斩下李建成、李元吉的人头，并高高挑起示众。东宫和齐王府的士兵见主人已去，便无心恋战，四散而去，各自逃命了。

外面发生如此惊天动地的大事，皇帝李渊却浑然不觉。突然，大将尉迟敬德全身披挂，手持长矛，直入宫中，面见李渊，说是奉秦王李世民之命报告皇帝："秦王以太子、齐王作乱，举兵诛之，恐惊动陛下遣臣戍卫。"

此时，李渊身边的宰相萧瑀等人见势，也表态说"建成、元吉本来没有什么功劳，两人妒忌秦王，施用奸计。现在秦王既然已经把他们消灭了，这是好事。陛下把国事交给秦王，就没事了。"

李渊心中明白是怎么回事，但是木已成舟，反对也没用，只能接受。三天以后，李渊立李世民为太子。八月初九，李渊被迫让位，自称太上皇，29 岁的李世民即位，这就是历史上的明君唐太宗。

以铜为镜，可以正衣冠；

以史为镜，可以知兴替；

以人为镜，可以明得失。

——〔唐〕李世民

贞观之治

李世民在位（626—649）期间，用心治理国家，在政治、经济、军事、文化、思想等诸多方面，实行了一系列的开明政策和利国利民的措施。唐朝政权因此得以巩固，社会、经济、文化也开始恢复和发展，人民生活逐渐安定下来，国力不断增强，形成了一个比较安定祥和的社会环境。由于李世民统治时期的年号为“贞观”，所以，史学家把这一段太平盛世称为“贞观之治”。

一朝天子一朝臣，李世民登基后，照例大封群臣。对朝臣的安排，李世民煞费了一番苦心。因为即位伊始，人员的任用既要为江山社稷着想，又要安抚人心慰藉其父李渊。因此，李渊的心腹近臣暂时没被拿下，仍然任用。同时，原太子李建成的属官魏征、王珪、韦挺等人也被任用，魏征后来还成了唐太宗时期的重要贤臣。

李世民亲历了隋朝政权被纷乱而起的农民起义瓦解的过程，

很清楚百姓的力量可以决定一国君王的命运。他也深知，君和民就如舟与水，水能载舟，亦能覆舟，所以不能对自己的子民苛刻。因此，他坚持以文治国，采取有利于经济发展的休养生息政策，轻徭薄赋、奖励农耕，使社会经济得以恢复和发展。

李世民同样从“国以民为本，人以食为本”的思想出发，继续推行均田制，即按人分给一定数量的口分田和永业田。为了促进均田制的施行，李世民对阻碍均田的各种势力进行打击，泽州刺史张长贵、赵士达因强占膏腴田数十顷，受劾而被追夺，分给贫户。

同时，唐太宗坚持以农为本、不夺农时的方针，实行轻徭薄赋的政策，以减少农民负担，安定社会秩序，尽快恢复农业生产。对此，还制定了法律条文，以保证不夺农时。对在农忙季节擅自征发徭役、强夺民时的官员依法论处。为了真正体现出“不夺农时”，李世民将太子的加冠典礼改期，将皇帝的狩猎时间也都安排在农闲之时。

为了鼓励垦荒，唐朝廷还规定，归来的流亡农民可以减免赋役。并且设置义仓，对有困难民众给予一定的粮食救济。为了促进人口的增长和劳动力的增加，规定青年男女需适时婚配；鼓励寡妇再嫁；释放宫女自由成家，还以“御府金宝”赎回外流至突厥等塞外的人口，共计 200 万人。

这一时期水利灌溉工程也在大力推进，朝廷在置水部设置郎中一人，主管水利建设。当时，水利工程分布于全国各地，其中，在莆田（福建莆田）筑诸泉塘、永丰塘、横塘、颉洋塘等，总溉田达 1200 顷；在扬州江都县（今扬州江都区）开渠引雷塘水，筑勾城塘，溉田达 800 顷。

为了治理河水，防止泛滥，李世民对治水机构加以整顿，并且为水利和水运立法《水部式》，对于违犯《水部式》的官员，严惩不贷。

中国封建王朝的经济特征是“重农抑商”，而贞观时期却是少数不严重压迫商业的封建王朝时代。在李世民的倡导下，唐朝的商业经济有了迅速和长足发展，新兴的商业城市如雨后春笋般兴起。

当时世界出名的商业城市，一半以上集中在中国。除了沿海的交州、广州、明州、福州外，还有内陆的洪州（江西南昌）、扬州、益州（四川成都）和西北的沙州（甘肃敦煌）、凉州（甘肃武威）。首都长安和陪都洛阳都已是世界性的大都会。

社会经济得到发展，民生富足之后，李世民并没有因此过上奢华的生活，而是提倡戒奢崇简，并以身作则。

即位后，李世民的宫殿还是隋朝建造的，大部分都已破旧。一般新王朝的君主都要大兴土木，另建新的宫殿。但李世民为了节省开支，在贞观初年一直不允许修缮。李世民还严厉禁止厚葬，并要求五品以上的官员和勋亲贵族都要遵照执行。对于官员们的奢侈行为，李世民也严格禁止，停止诸方进贡珍贵异品，如有违反，依法问罪。

在皇帝的影响下，朝臣们也都崇尚节俭的生活和简朴的作风，朝中官员一心为公，吏佐各安本分，滥用职权和贪污渎职的现象降到了历史上的最低点。

同时，唐太宗还进行了法制改革和建设，采取慎刑宽法和严格加强法制的措施，建立了一套完备实用的法规体系，为创造一个良好安定的社会环境、实现大治天下的治国方针提供了法律上的保障。

在李世民主持下，长孙无忌、房玄龄等人全面修订律令，经过 11 年的时间，制定了《贞观律》，明确了赏罚制度，加强了法制建设。《贞观律》修订完成，标志着唐代基本法典即告定型。

李世民以身作则，执法如山，在中央和地方政府中起到了积极的作用，贞观初期逐渐形成了执法严肃，令行天下的好风气。社会环境安定，政府官吏都能够做到清正廉明，王公贵戚和豪族大姓都不敢违法乱纪，欺压百姓。由于法制严明，不但犯法的很少，被判死刑的也很少。

为了加强中央对地方的控制，李世民根据山川形势，把全国分为关内、河南、河东、河北、山南、陇右、淮南、江南、剑南、岭南十道。道作为监察机构，皇帝经常派巡使、按察使等官员到各道、州、县检查工作，进行监督。

李世民认为“致安之本，惟在得人”，他坚持任人唯贤，知人善用；开言路，虚心纳谏。在选官用人方面他总是要精心挑选，在他左右掌权的大臣如房玄龄、魏征、戴胄、王珪等人各有所工，都是一时之俊。对于地方官的优劣，李世民也注意考察。平时，他把各地的都督、刺史的名字写在屏风上，“得其在官善恶之迹，皆注于名下，以备黜陟”。由于李世民能采纳大臣的直谏，政治比较开明，调动了大臣们创造性和主动性，群策群力治国安邦。

本着“官在得人，不在员多”的原则，针对武德后期民少官多的弊端，命令房玄龄等人对中央文武官员进行裁员，开始精简国家机构和官员。经过裁撤，当时的中央官员由武德时期的2000多人减为643员。

为了更好地选拔和储备人才，朝廷对科举制度进行了完善，增加了官方考试次数，颁布规定考试科目的诏令。为了方便关东人考试，李世民还特设“东选”，准许他们就近到东都洛阳考试，不必远涉长安。

科举制下，凡学有专长的士子均可申请州贡举，考试合格，再推荐到中央考选，这改变了魏晋以来州郡中正官垄断选士的做法，从而把选人、用人大权收归中央，加强了中央集权统治。看到科举制度下，鱼贯而出的人才，李世民高兴地说：“天下英雄入吾彀中矣!”而世人则称“太宗皇帝真长策，赚得英雄尽白头”。

在文化方面，唐太宗重视正史的编修工作。贞观时期，设立史馆，指定专人编修前代和本朝国史，还命令宰相监修。可见李世民对修史的重视。

这一时期，唐朝廷对府兵制进行了改革，并于贞观十年（636）完成。

改革以后的府兵制为：中央设置十二卫，各卫设大将军一人，将军二人，大将军是府兵的最高军官，直接归皇帝节制。全国各地设置 634 个军府（其中关内有 261 府），名为折冲府，作为府兵制的基层单位。所有军府分别划归中央的十二卫统率，每卫多则统 60 府，少则统 40 府。府兵的士兵从军府所在地直接选征。

唐朝廷规定，所有 20 岁至 60 岁的受田人都有服兵役的义务。府兵担负作战戍边和戍卫京师双重任务。无战事时，士兵们春夏秋季从事生产，冬季进行军事训练。朝廷通过均田制来巩固和维系府兵制，对立功官兵授以勋官，赐以勋田，进行奖励，府兵官兵也是均田制的主要对象。

改革之后，唐朝廷的兵源有了保证，仅京城附近就拥兵 26 万。而“三时农耕，一时教战”的安排，既保障了农业生产，又保证了军事训练。府兵制铸就了一个强大的唐王朝军队，为贞观时期疆域扩充、边防巩固提供了保障。

秦时明月汉时关，万里长征人未还。

但使龙城飞将在，不教胡马度阴山。

——〔唐〕王昌龄《出塞》

开疆拓土

唐太宗李世民即位之初，边疆各地纷纷来朝，主动与大唐修好，但是仍有部分不服气的边境国，欲与大唐试比高。对此，唐太宗实行了战争与和平政策。

当时，东突厥是对唐王朝威胁最大的少数民族势力，其控制着东起兴安岭、西到阿尔泰山的广大地区。唐朝初年，东突厥曾一度支持东北的各派割据势力阻挠大唐统一，并时常南下犯边，抢掠人口。武德七年（624）八月，突厥曾再度犯边，被时为秦王的李世民出兵征服，最后，双方缔结了休战之约。

武德九年（626），唐太宗李世民刚刚即位，东突厥首领颉利可汗、突利可汗认为李世民的统治尚未稳固，于是举兵来犯。

颉利可汗、突利可汗等人亲率十几万骑兵直逼长安附近的渭水便桥北岸，离长安只有四十里。同时，派出大将执失思力进入长安，对李世民进行威胁和讹诈。唐太宗李世民不甘示弱，先扣押了来使执失思力，随后亲率高士廉、房玄龄等六人骑马来到渭水岸边，命令唐军迅速布阵，旌旗、铠甲遮蔽田野。

颉利久等未见执失思力归来，却看见了神态自若，轻骑独出的李世民。更惊讶的是唐军此时士气正盛、军容严整，完全不是他想象的样子，于是不敢贸然行事。

其实，李世民此举非为战事而来，他希望颉利知难而退。毕竟即位之初，国家尚未安定，百姓尚未富庶，一旦开战，于国于民都是损失。同时，李世民也很清楚，突厥来兵虽然不少，却是为财而来。

李世民训斥颉利可汗身为首领却背信弃义，破坏双方的休战之约。这番气势震慑住了颉利可汗，也令他感觉羞愧，于是接受了李世民的建议，双方在渭河桥上杀白马祭天结盟，颉利带着唐太宗馈赠的金银绢帛引兵退去。

就这样，李世民凭借一身胆识与机智，没折一兵一卒，退去突厥大军。

吃一堑，长一智。从此，唐太宗抓紧提高军事力量，谨防强敌再次来犯。李世民每天都要亲率数百人在显德殿前教射，亲自临试，对射中的人赏以弓刀、布帛。转眼几年过去了，唐太宗又练出了一批精锐劲旅。

在外交上，唐太宗采取“远交近攻”的传统方略，牵制颉利，使其不敢轻举妄动。

贞观二年（628），唐太宗派遣使者与曾经臣服于东突厥的薛延陀部落建立联盟，形成了南北夹击东突厥的有利形势。同时，唐太宗又利用东突厥贵族的内部矛盾，拉拢与颉利可汗有矛盾的突利可汗，为唐朝廷提供了里应外合的有利战机。

这时，由于颉利可汗“纵欲逞暴，诛忠良，昵奸佞”，加剧了统治集团内部及被统治各部族之间的矛盾。又逢寒冬雪袭，当地牲畜多冻死，大面积饥荒使得百姓生活陷入绝地，各部族纷纷叛乱，东突厥兵力大为削弱。

贞观三年（629）十一月，平定突厥的时机已成熟。李世民任命李靖、李道宗、李世勣、柴绍、薛万彻、卫孝节六个行军总管，率十几万大军，以李靖统一指挥，兵分四路进攻东突厥。十二月，突利可汗率部归唐。次年三月，在唐军的沉重打击下，颉利可汗战败被俘。

东突厥被灭后，唐朝在东起幽州（今北京）西至灵州（今宁夏灵武西南）一带，设置了顺、祐、长、化四个都督府，以安置内附的十多万突厥人民。

在颉可汗的昔日辖地，东面置定襄都督府，西面置云中都督府，下面设六个州，让当地人保持原有的生产和生活习惯。同时，任用原来的突厥酋长为刺史，管理当地的突厥部落。

另外，突厥贵族一百多人，包括颉利可汗被封为将军、中郎等五品以上官，并将突厥统治集团的精英人士将近 1 万户迁入长安定居。而后，唐朝廷又用金帛赎回了被突厥贵族掳去当奴隶的汉族人。

北部边境得以安定，周围各部落、部族的首领纷纷来降。贞观四年（630）三月，四夷君长（少数民族首领）入朝请求唐太宗担任“天可汗”，意思是像天一样伟大的领袖，对唐太宗敬若神明。从此，唐太宗李世民写给西北君长的玺书，都称“天可汗”。

接下来，李世民开始着手处理与吐谷浑的矛盾问题。吐谷浑属鲜卑族的一支，是位据唐朝西北的一支强大势力，一度与唐通好，但也多次侵扰兰州、凉州等地，阻碍唐与西域的交通。因此，唐太宗决定用兵吐谷浑，安定西部边陲。

贞观八年（634）十二月，李世民命李靖为西海道行军大总管，统率侯君集、李道宗、李大亮诸军进击吐谷浑。

李道宗在库山（今青海天峻南库库诺尔岭）击败吐谷浑精锐军。吐谷浑王伏允烧山，逃入沙碛。唐军诸将认为，野草都被烧尽，马无粮草可吃，而且兵马已很疲弱，不可轻易深入。唯独侯君集主张应乘其初败、人心离散之机，穷追不舍，一举将其击灭。李靖采纳其意见，分兵两路深入追击，其中侯君集率领的一支军队一直到达柏海（今青海鄂陵湖、札陵湖）。唐军乘胜追上伏允，袭击其牙帐[①]，歼数千人，缴获甚众，伏允走投无路自缢身亡。伏允之子大宁王慕容顺率部归唐，吐谷浑随即成为唐朝属国，解除了吐谷浑对河西走廊的威胁。

平定吐谷浑之后，唐太宗继续经营西域，打击西突厥。西突厥汗国统治着金山（今阿尔泰山）以西，波斯以东，兴都库什山

---

① 将帅所居的营帐。前建牙旗，故名。

以北的广大西域地区。

贞观初年，西突厥发生内战，泥孰系与乙毗咄陆系两派为了争夺大可汗的位置，互相征战不已，使得著名的商旅要道——丝绸之路，被西突厥所截断。唐朝最初虽然没有介入西突厥的内战，但是始终坚持以泥孰系西突厥为正统。并将势力范围向西推进到了伊吾（今新疆哈密），设立了伊州。

贞观十二年（638）之后，乙毗咄陆可汗迅速向东方推进，引起了西域东部地区局势的大变动，原来与唐朝保持友好关系的高昌国（今吐鲁番盆地）也倒向了乙毗咄陆可汗，转而与唐朝为敌，图谋联手攻击伊州。高昌的倒戈使得西域商人不能东来，而滞留长安的客商也无法西返，受阻于高昌。因此，稳定西疆、开通商路成为唐朝廷的一件大事。

从贞观十四年（640）起，唐太宗毅然发动了对西域的战争。先后驱逐了乙毗咄陆系西突厥在西域东部的势力，打败了臣服西突厥的高昌、焉耆（今新疆焉耆）、龟兹（今新疆库车一带）等国。

贞观二十二年（648），就在唐军收复龟兹之时，西突厥五咄陆部因战败于碎叶川西（今中亚楚河）的五弩失毕部而降服唐朝。至此，唐朝廷控制了西疆。五咄陆归服的消息传到长安后，李世民大喜道：“西突厥已降，商旅可行矣！”

丝绸之路恢复之后，为了保证这条商路通达和商旅安全，也为了巩固唐朝西疆的统治，唐朝廷在丝绸之路中道的龟兹、疏勒

（今新疆喀什市），南道的于阗（今新疆和田）以及北道的碎叶（今吉尔吉斯共和国北部托克马克城附近）四城驻扎军队，置为军镇，全称“安西四镇”，隶属于安西都护府（治所移到龟兹）。

西域的统一，为唐朝以后纵深发展奠定了基础，也加强了中原地区与西域和中亚地区的经济文化交流。

贞观二十年（646），地处漠北、在东突厥兴起的薛延陀部族侵入河套。唐太宗遂派江夏王李道宗等人进击，将其消灭。第二年正月，唐太宗下令设置燕然都护府于西受降城（今内蒙古自治区五原县）东南的大单于台，以统新置各府、州。唐朝廷还根据各部酋长的请求，在回纥以南，突厥以北，开了一条“参天可汗道”，置六十八驿，以供往来使者的食宿。

自此，唐朝的势力已达漠北的广大地区。

小德有为因有累，至神无用故无功。

须知广大精微处，不在存亡得失中。

——〔北宋〕黄庭坚《杂诗》

文明远播

平定边关、四海承平，无论是被征服的还是主动归附的少数民族部落，唐太宗都不强行改变他们原来的生活方式和社会制度，尊重其风俗习惯。作为统治者，唐太宗李世民采取开明的民族政策，不仅改善了民族之间的关系，也让唐王朝在这一时期迸发出惊人的创造力和影响力。

对于归服的各部落首领，唐朝廷也采取信任的态度，继续任命他们担任各级官职，管理本地区或本部族人，还协助各部落大力发展经济，并赠送农具耕牛等，以帮助他们发展农牧生产。

为了加强少数民族同唐朝的联系，李世民还通过和亲政策巩固关系。其中，影响最为深远的首推唐朝与吐蕃的和亲。

吐蕃是藏族人的祖先，居住在青藏高原。直到唐朝初年，吐蕃与汉族王朝之间仍无官方的正式往来。吐蕃首领松赞干布是与唐太宗同时代的杰出人物，也是吐蕃奴隶制王朝的创始者。随着唐王朝的兴起，大唐文明深深吸引着松赞干布。

贞观八年（634），对唐风的渴慕促使松赞干布遣使至唐朝廷，李世民随后命冯德遐回访，这是两族正式政治交往的开端。

松赞干布见到冯德遐很高兴，听说突厥、吐谷浑都有娶唐朝公主的例子，于是也遣使随冯德遐再次入朝“多赍金宝，奉表求婚”。但是李世民没答应。

使者回到吐蕃，不好交差，就谎称说：“初到长安，唐朝十分优待，允许通婚。正好碰上吐谷浑国王入朝，在唐太宗面前离间我们的关系，遂罢通婚之议。”松赞干布听后大怒。

贞观十二年（638）秋，松赞干布发兵20万攻击吐谷浑，并且屯兵于大唐边城松州（今四川松潘县）之西，同时遣使送金银币帛至长安，声称是娶公主的聘礼，并致书唐朝廷：“苦不许嫁公主，当新提五万兵，夺尔唐国，杀尔，夺取公主。”

这种以武力胁迫成婚的无礼要求，令唐太宗十分反感。随后，李世民命侯君集为当弥道行军大总管，率步骑五万出击。九月，吐蕃军败于松州城下。

其实，松赞干布也无意发动大规模战争，他用兵的目的无非就是想娶个唐朝公主。兵败后，松赞干布依然对唐太宗的英名和大唐先进的经济文化倾慕到无法释怀。

贞观十四年（640），松赞干布再度遣使谢罪，并且再度求婚。为了加强民族团结，安抚边疆，也因为松赞干布数次求婚的诚意终于打动了李世民。于是，同意将宗室女文成公主嫁给松赞干布。

贞观十五年（641）正月，李世民遣礼部尚书江夏王李道宗送文成公主进入吐蕃。松赞干布亲自到柏海（今青海玛多县境）迎接公主，在河源（今青海兴海东南）遇见李道宗等人时，松赞干布向唐朝来使行“子婿之礼甚恭”。

文成公主进入吐蕃后，汉族人民的农耕、纺织、建筑、造纸、制笔、酿酒、冶金以及农具制造等技术先后在吐蕃传播开来，对吐蕃政治、经济、文化发展起了极大的促进作用，同时也加强了吐蕃与唐朝的联系。

这一时期，大唐王朝对外交往也十分密切，与全世界 70 多个国家及地区互派使节。对于各国使者，唐太宗以礼相待，唐朝出访的使者也受到各友好国家的欢迎。

随着交往的增多，唐朝的先进文化也逐渐向外传播开来，特别是对亚洲其他国家的影响尤其巨大。当时，长安的国子学和太学有来自高丽、百济、新罗、渤海、日本的留学生。来自亚洲、非洲等许多国家的艺人、僧侣也都奔向唐朝，来到长安，长安成了当时世界性的都城。

留学生们把当时先进的唐文明带回国去，促进本国经济、政治、文化的发展。其中，受唐文化影响最大的是朝鲜和日本。

贞观五年（631），日本向唐朝派出了第一批遣唐使。贞观十九年（645），日本开始了著名的大化改新，其改革内容是全面学习唐朝文化，甚至是照搬过去直接运用。唐朝的政治制度、法律制度、均田制和租庸调制都在日本被广泛地效法。因而日本很快建立了封建国家制度，这些制度一直延续到了十九世纪的明治维新，影响长达千年之久。

中国的仁人志士也相继出访，周游东西方国家。如玄奘和尚曾去天竺（今印度）取经，回国后除从事译经著述之外，还写出《大唐西域记》，介绍中亚、印度等地的社会情况。

李世民对外来文化采取兼容并蓄的态度，对外国的科技、体育、音乐、舞蹈都加以吸取。大批外国人的到来，给唐朝注入了许多新鲜的文化内容，如佛教、伊斯兰教在当时都产生了重要的影响。

在国家交往的过程中，还有许多的植物也传入唐朝，比如，从泥婆罗国引进了菠菜、胡芹；由天竺国引进了郁金香，还有天竺国和摩揭陀国分别遣使向唐朝所献的菩提树等。

贞观二十一年（647），唐太宗在翠微殿召见群臣，并总结了自己的五条政治经验。其中，前四条都是关于怎样看待人和怎样使用人的，第五条是关于民族政策和政治局面的问题。

当时，他还就此向大臣们提了一个问题，他问："自古以来，有很多帝王能平定汉族地区，但却无法制服四周的少数民族，我的才干并没有超过古人，但做到了他们做不到的事，这是为什么呢?"大臣们的答案各种各样，但是没有一个令李世民满意的。最后，他自己总结说："先前的帝王们只知道重视汉族，却总轻视少数民族，只有我能像爱护汉族一样爱护他们，因此他们才像对待父母一样对待我。"

马作的卢飞快，

弓如霹雳弦惊。

了却君王天下事，

赢得生前身后名。

可怜白发生！

——〔南宋〕辛弃疾《破阵子·为陈同甫赋壮词以寄之》

太子之争

李世民戎马一生，治国有方。在他的统治下，唐王朝盛极一时。其中，除了依靠他手下的一大批谋臣武将外，也与他那位贤淑温良的妻子长孙皇后的辅佐分不开。

长孙皇后出身于世代显赫的贵族世家，自幼受到过良好的教育，知书善文，聪明贤淑，是一个有见解、识大体、宽厚仁慈的女性。大业九年（613）结缘嫁给李世民，正值 13 岁妙龄，而李世民也是一位 16 岁的翩翩少年。

唐朝建立前，李世民征战南北期间，长孙氏紧紧追随着丈夫四处奔波，照料他的生活起居，让李世民在繁忙的战事之余能得到一种清泉般温柔的抚慰，使他在作战中更加精神抖擞，所向无敌。

唐朝建立后，长孙氏便成了秦王妃。在李世民策划玄武门之变的过程中，长孙氏坚决地站在丈夫李世民一边。李世民即位后，长孙氏便被立为皇后。

作为后宫中至高无上的皇后，长孙氏并不因此而骄矜自傲，她一如既往地保持着贤良恭俭的美德。对于年老赋闲的太上皇李渊，她十分恭敬而细致地侍奉，每日早晚必去请安，时时提醒太上皇身旁的宫女怎样调节他的生活起居，像一个普通的儿媳那样尽着孝道。

李世民即位之初，正是大动乱之后，长孙皇后深知国困民贫，便率先提倡节俭，平日穿着打扮从不追求华丽，日常不讲排场，物品也仅够用而已。

另外，长孙皇后很注意加强自身修养，总是抽空读书学习，希望从古人身上得到借鉴。据说，她在梳头时，也不忘把书卷放在面前读上几页，太宗李世民也因此对她深表敬佩。

在后宫，长孙皇后总是能把宫里的事情处理得当。她从不在宫内耍威风，对手下的嫔妃宫人，总是以礼相待；不争专宠，反而时常规劝李世民要公平地对待每一位妃嫔。后宫也因此很少出现争风吃醋的事，使唐太宗不受后宫是非的干扰，得以专心致志料理军国大事。

贞观八年（634），长孙皇后随唐太宗巡幸九成宫时受了风寒，回来后又引起旧疾复发，病情日渐加重。贞观十年（636）盛暑中，与唐太宗李世民共同生活了 23 年的长孙皇后病逝于立政殿。

她的去世令李世民伤心欲绝。

长孙皇后去世后，李世民心情悲痛，身体也日觉劳累。此时，在太宗当政的十年中，唐朝走上了欣欣向荣的轨道。他开始关注继承人的问题，然而，这个问题却令他心烦意乱。

说起来，唐太宗李世民的儿子也不少，共有 14 个。其中，长孙皇后所生就有三个，长子李承乾、四子魏王李泰、九子晋王李治。另外，三子吴王李恪，是隋炀帝女儿杨妃所生。对于这几个儿子，《旧唐书》中是这样评价：李恪和李泰最贤，“才高辨悟”。

武德九年（626）十月，即位不久的李世民便根据立嫡以长的皇位继承原则，立 8 岁的皇长子李承乾为太子。幼年的承乾“性聪敏”，很招李世民喜爱，李世民把他看成自己的希望，决定倾力培养。

贞观四年（630）七月，李世民任命德高望重的李纲为太子少师，以御史大夫萧瑀兼太子少傅，负责教育太子。太子也没让唐太宗失望，处事“颇识大体”，备受李世民器重。待太子渐渐长大后，李世民开始尝试将一些政务交由他处理，每次外出巡视时，留下太子在长安，代行处理国政。那时，“太子颇能听断”。

遗憾的是，太子承乾最终还是没有沿着其父所希望的方向发展。随着年龄的成长，李承乾逐渐变得习性散漫，生活奢侈，嬉戏无度，无心朝政，整天沉浸在歌舞酒宴中。

看着未来的继承人日渐堕落，唐太宗很是着急。于是决定加强对太子的教育，他先后选派了右庶子李百药、中书郎杜正伦、光禄大夫张玄素、散骑常侍于志宁等许多有学问的人做太子的老师。但是，每一位老师最终都不得不放弃对太子的教育，因为李承乾沿着邪路越走越远。他不仅亲小人，远贤才，喜嬉戏，爱美色，求奢侈，厌政务，而且还阴养刺客及壮士百余人，甚至开始忌恨严厉管教他的父皇，这令李世民备感失望，开始将关注的目光投向其他儿子。

太子生长在深宫中，与其父相比，所缺乏的不只是对社会生活实际的了解，更是对百姓的艰难一概不知，而且还缺乏对先辈创业艰苦的认识，政治目光短浅。

渐渐地，太子李承乾发现自己失宠了，胞弟皇四子魏王李泰（620—652）开始受宠，李承乾感觉到自己的地位岌岌可危。魏王李泰也因李世民的关注而恃宠骄横，并渐生夺嫡之心。两位皇子身旁聚集着各自的朋党，朝中文武大臣也各有附托。

为了维护太子的皇位继承权，心急的太子党开始阴谋政变，打算逼迫太宗李世民退位。密谋政变的核心人物主要有：汉王李元昌（太宗的弟弟）、吏部尚书侯君集、左屯卫中郎将李安俨、洋州（今陕西西乡）刺史赵节、驸马都尉杜荷。李元昌、侯君集因为受过唐太宗的指责而心怀怨恨，所以，与李承乾一拍即合，极力主张谋反。

就在太子集团策划政变时，贞观十七年（643）二月，齐王李祐在齐州（今山东济南）发动了叛乱。李承乾得到消息后，喜形于色地对亲信侍卫纥干承基说："我的住处西墙外，二十几步就是大内，我们谋反，不是比齐王更容易吗?”

但是很快，齐王的叛乱就被平定。在审理案情时，太子的侍卫纥干承基牵连之中。四月，纥干承基供出太子李承乾阴谋政变之事。于是，太子被废为庶人，发配到黔州（今重庆彭水）。贞观十九年（645）死于黔州徙所。李元昌被赐令自尽，侯君集等人全部斩首。

李承乾被废之后，太宗想立魏王李泰为太子。李泰年幼时也非常聪明，特别喜欢诗文，长大以后，对经籍、地理之学尤有兴趣。当初，太宗对李承乾失望之时，便开始有意识地培养李泰。但是，太宗的宠爱却助长了李泰及其僚属们的骄横气焰。大臣们提醒太宗，如果坚持就这样立魏王李泰为太子的话，就必须先杀了晋王李治，否则，日后必定还有一场夺位大乱。

晋王李治比李泰小 9 岁，其性情软弱却宽厚仁孝。无论从个人能力还是私人感情上来说，李世民都比较偏向李泰。但是李治却得到舅舅长孙无忌（长孙皇后的哥哥）的大力支持。李泰、李治虽然都是长孙无忌的外甥，但是，李治更容易控制。因为有长孙无忌的支持，李治也成为李泰唯一的皇位竞争者。

大臣们的提醒让太宗想起承乾被废后，曾当面斥责过他。当时，李承乾对父亲说：“儿臣贵为太子，还有何求？魏王久有夺嫡之心，我是因为担心被他加害，才与朝臣谋求自安之道。一帮凶险不逞之人，遂教臣为不轨之事。今若立李泰为太子，这是中了他的圈套了。”

另外，吴王李恪也是文武全才，太宗李世民常称其像自己。在考虑李泰不能做太子时，也曾打算立李恪为太子。但是，李世民的想法遭到长孙无忌的反对。长孙无忌是唐朝的开国功臣，并参与发动了玄武门之变，帮助李世民夺取帝位。太宗任命其为尚书仆射、司空，贞观十七年（643），进行在凌烟阁设置功臣二十四人图时，长孙无忌高居榜首。这样一位重量级人物出面说话，分量可想而知，李恪想坐上太子之位自然很难。

最终，晋王李治在长孙无忌的支持下，以其“仁孝与不争”，而被唐太宗李世民立为太子。贞观十七年（643）四月初七，李世民亲临承天门下诏，立晋王李治为太子。这就是后来的唐高宗。

而魏王李泰被降为东莱郡王，后又改封为顺阳王，徙居湖北均州的郧乡县。

贞观后期，唐朝政治稳定，社会安定，国力强盛。唐太宗也开始变得心骄志满，纳谏、用人、执法等方面也不如以往。魏征多次提出批评劝告，唐太宗李世民虽然口头接受，但行动依然我行我素，导致许多大臣都阿谀奉承，歌功颂德。魏征也发现李世民“渐恶直言”，最明显的就表现在是否征高句丽的问题上。

唐初，朝鲜半岛仍为高句丽、新罗、百济三国鼎立。三国都遣使与唐朝往来。武德七年（624），唐朝廷遣使册封高句丽王高建武为辽东郡王、高丽王；百济王扶余璋为带方郡王；新罗国五金真平为乐浪郡王。三个小国一直互相攻击、混战。

贞观十六年（642），高句丽内乱，高句丽东部贵族泉盖苏文当政，杀建武王，立建武王弟弟的儿子高藏为新国王，自己独揽大权。唐太宗听说这件事情之后，派使者去吊唁，并封高藏为上柱国、辽东郡王、高丽王。

贞观十七年（643），百济攻取新罗 40 余城，又与高句丽联手，欲切断新罗进入唐朝之路。新罗急忙向唐朝求救，唐太宗李世民派使者出使高句丽，要求高句丽、百济各自收兵，退回占领土地，如不然唐将出兵攻讨。但是，调节无效，蛮横的泉盖苏文不肯听从唐朝廷的劝阻。

太宗得知后说："泉盖苏文弑其君，贼其大臣，残虐其民，今又违我诏命，侵暴邻国，不可以不讨。"

贞观十八年（644），唐太宗李世民决定亲征高句丽，在征求大臣们的意见时，多数大臣不同意，而好大喜功的唐太宗却决心征伐高句丽。七月，太宗下令备粮草，并造船 400 艘，以供运输军粮。十一月，以刑部尚书张亮为平壤道行军大总管，率江淮等地精兵 4 万，战舰 500 艘自莱州渡海赴平壤；以李世勣为辽东道行军大总管，率步骑兵 6 万向辽东挺进。又令新罗、奚、契丹配合唐朝这水陆两军并进合击高句丽。

贞观十九年（645）二月，李世民亲自率诸军出洛阳去前线督战。九月，辽东气候早寒，草枯水冻，而且唐军的粮食将尽，李世民不得已下诏班师。这次征伐历时半年有余，唐军虽然取得了一些胜利，但是战死 2000 多人，战马死者十有七八。撤军途中，遇暴风雨，"士卒沾湿多死者"。唐太宗也因为亲临辽东前线督战，得了痈疮。贞观二十年（646）三月，太宗返回长安。

高句丽虽然遣使向唐朝谢罪，但仍侵攻新罗不止。对此，李世民并不总结教训，贞观二十二年（648）六月，再次决定来年发兵 30 万，意欲一举灭亡高句丽。大臣们纷纷反对，太宗却一概不采纳。武阳懿公李大亮临终前“遗表请罢高丽之师”；房玄龄临终前上表请罢东征，李世民都视而不见，仍一意孤行。不过，第二年唐太宗病逝，第二次东征高句丽的计划才未能成行。晚年的唐太宗不仅不纳谏，而且还逐渐走向奢靡，甚至有时浪掷民财。

贞观十六年（642），唐太宗下诏说，太子所用之物其他部门不得限制，结果造成严重浪费现象。唐太宗自己也开始修造宫殿，贞观十一年（637）在东都洛阳修飞山宫，贞观二十一年（647）又修翠微宫。

不过，唐太宗李世民毕竟是个明君，深知自己所作所为的利与弊。在教诲太子李治时，他反省自己说：“你应该从历史中找古代的贤明帝王为学习的典范，像我这样的不足以效法。我做了许多错事，比如锦绣珠玉不绝于前，宫室台榭常有兴造，犬马鹰隼没有不去的地方，行游四方又劳民伤财，这都是大错，你不要以为这都是好事，总想学着去做。”

太宗晚年还亲自撰写《帝范》十二篇赐给李治，从《君体》《建亲》《求贤》《审官》《纳谏》《去谗》《戒盈》《崇俭》《赏罚》《务农》《阅武》《崇文》等方面总结自己，对李治循循善诱，要他明晰修身治国安危兴废的帝王之道。

人老了之后，特别是生病时，都希望能有长生不老药，唐太宗李世民也没能免俗。他曾经嘲笑秦始皇和汉武帝用丹药，但他自己得病后，药物治疗未见好转时，便开始迷信地服用金石丹药，而且不由自主地陷入愚昧的罗网。

贞观二十二年（648），唐太宗派人从中天竺求得方士那逻迩娑婆寐，吃了所谓能“延年之药”，结果使病情恶化。贞观二十三年（649）五月，丹药的毒性发作，唐太宗病死在翠微宫含风殿，终年 52 岁，庙号“太宗”。

四郊秦汉国，八水帝王都。阊阖雄里闬，城阙壮规模。

贯渭称天邑，含岐实奥区。金门披玉馆，因此识皇图。

——〔唐〕李显《登骊山高顶寓目》

高宗时代

贞观二十三年（649）六月初一，太子李治即位，时年 22 岁，史称唐高宗，第二年改年号为“永徽”。

高宗在位 34 年，年号改了 14 次；分别为永徽、显庆、龙朔、麟德、乾封、总章、咸亨、上元、仪凤、调露、永隆、开耀、永淳、弘道。

自西汉武帝刘彻开创年号以来，年号一直是古代政府的行政纲领或者说是政治目标、蓝图、理想的浓缩与象征。唐高宗频繁更换年号，反映了两种可能：一是高宗也许是位随性的统治者；二是社会正在经历剧烈的变革，政治纲领需要与时俱进，不断做出调整。那么，历史的真相到底是怎样的呢？

高宗李治即位伊始，立足未稳，为了顺民情、得民心，暂停了对辽东的战争及土木工程的营造。

然而，树欲静而风不止。

永徽三年（652），唐太宗李世民的女儿高阳公主与驸马房遗爱（房玄龄之子）、巴陵公主的驸马柴令武、高祖女儿丹阳公主的驸马薛万彻、高祖六子荆王李元景等皇亲国戚们阴谋政变。正所谓“谋不可众，利不可独”，这一众人的密谋之事，很快就在行动前走漏了风声。

事情败露，唐高宗李治命长孙无忌负责调查，长孙无忌借此机会为高宗李治铲除政敌，陷害吴王李恪是主谋。最终，高宗下令：将房遗爱、薛万彻、柴令武等人斩首，荆王李元景、吴王李恪、高阳公主、巴陵公主等人自尽。受到牵连的侍中兼太子詹事宇文节、江夏王李道宗等人被流贬岭表，吴王恪之弟被废为庶人、房遗爱之弟遭贬、薛万彻之弟被流放，株连甚广。高宗的帝位由此得以巩固。

此后，在长孙无忌、褚遂良的辅佐下，李治继续太宗时期制定的国策，推行均田制，留意垦殖荒田，推动社会经济进一步繁荣发展。永徽三年（652）全国人口已从贞观时期的不满 300 万户增加到 380 万户。永徽五年（654），粮食大面积丰收。

高宗本人也尚能礼贤下士，诚心纳谏。永徽元年（650），李治召各地方官问及百姓疾苦，鼓励臣下就国计民生发表意见；显庆元年（656），高宗再次向群臣征询，如何能够再减轻百姓负担。其间，大臣来济上奏说：“过多的劳役是老百姓的一大负担，出工则误农时，出钱又花费很多，应该免除一切不急需的徭役征调。”高宗虚心采纳。

同时，李治也继续发展科举制度，采取以诗赋取士的原则，增加进士科人选，选拔人才，以此扩大统治基础。

永徽二年（651），李治继续加强法制改革，以“遵贞观故事，务在恤刑”的法律思想为指导，敕令太尉长孙无忌等十余人撰定律令，同年完成12篇500条的《永徽律》。永徽三年（652），长孙无忌等人又历时一年，完成“律文”的疏议工作，并且做了具有法律效力的解释，将疏议附于律后，并于永徽四年（653）颁行全国，称为《永徽律疏》。

《永徽律疏》在元代以后被称为《唐律疏议》，是中国封建社会最具影响的代表性法典。相对来说，这一时期的执法状况也是宽平公正的。有一次，大理寺卿唐临向高宗报告说：监狱中在押的犯人只有50多个，其中有2人需要判死刑。这一犯罪率较低的情况与贞观时期一脉相承，甚至连创新低。

唐高宗长于深宫，娇生惯养，身体状况一直不佳。但是，他没有像唐太宗那样寻求长生之术，而是保持冷静、信任医生，积极配合御医的治疗。同时，他还命令宰相组织名医修订了《唐本草》（亦称《唐新修本草》），于显庆四年（659）颁布于世。这不仅是我国历史上第一部药典，也是世界上最早的药典。

高宗李治统治的初期被誉为“永徽之政，百姓阜安，有贞观之遗风”。国家疆域也进一步有所拓展。

永徽二年（651），李治即位之初，依附于唐朝的西突厥贵族贺鲁统一了西突厥各部，自称沙钵罗略可汗，称雄西域，开始对大唐虎视眈眈，并且时常犯边扰民。

显庆二年（657），唐高宗派大将苏定方等人，率军对西突厥发动大规模进攻。沙钵罗大败，在逃到石国（今乌兹别克斯坦塔什干一带）时被石国人擒获送给唐朝廷，西突厥就此灭亡。

随后，唐朝廷在西突厥故地分置昆陵、濛池二都护府。次年，又把安西都护府迁到龟兹（今新疆库车）。任命突厥血统唐将阿史那步真、阿史那弥射为都护。唐代疆域扩展到了伊犁河流域。

高宗即位之后，朝鲜半岛高句丽与百济对新罗滋扰不断。永徽六年（655），新罗王金春秋初立未稳之时，高句丽联手百济、靺鞨联兵入侵新罗，连破三十三城。新罗王向唐求救，高宗命营州都督程名振和左卫中郎将苏定方出讨高句丽。五月，程名振等人渡过辽水，击败高句丽军，杀获千余人，缓解了新罗北界的压力。但是，战争并没有结束。

显庆三年（658）六月，高宗再命营州都督兼东夷都护程名振、右领军中郎将薛仁贵出兵高句丽，在贵端城（位于今辽宁浑河一带）大败高句丽军，高句丽将领豆方娄集结精锐部队三万人反击，程名振用契丹兵迎击，击败高句丽军，斩首二千五百级。显庆四年（659），唐右领军中郎将薛仁贵与高句丽将领温沙门战于横山（今辽宁辽阳东），再败高句丽军。

在唐军忙于征讨高句丽之时，显庆五年（660），百济在高句丽的支持下继续征战新罗。为了安定东北边境，唐朝廷派大将苏定方率水陆军 10 万，渡渤海进攻百济，百济倾国来战，最终唐军大胜，杀百济军万余人，“遂通新罗运粮之路”，苏定方留下名将刘仁轨驻守新罗。

遭到打击之后，百济向高句丽、倭国（日本）乞师援助。高句丽因惧怕唐军没敢发兵，日本为了争夺朝鲜半岛，果断派出2.7万兵马出征朝鲜半岛，与百济的5000兵马联手，对抗唐朝和新罗的军队。

龙朔三年（663），应朝鲜半岛新罗的请求，唐朝廷决定出兵支持新罗的统一战争。唐朝廷派出右威卫将军孙仁率近1万唐兵从海路乘军船驰援，与刘仁轨会师百济城，“兵士大振”。

会师后，刘仁轨以“擒贼擒王”的战略，先攻百济叛军老巢、百济王扶余丰璋滞留地周留城。周留告急，倭将庐原君臣率水军万余渡海而来，准备自白江口登陆。倭国水军400余艘绵延驶至，此时刘仁轨水军已经率先行至白江口。于是，中日两国关系史上的第一次战争——白江口①之战——爆发。

当时，大唐水军7000余人，战船170艘；日军水兵万余人，战船1000多艘。日军人多、船多，但大唐水军船坚器利，武器装备优良。日军首战失利，次日又主动发起进攻，结果，据《旧唐书·刘仁轨传》记载：“仁轨遇倭兵于白江之口，四战捷，焚其舟四百艘，烟焰涨天，海水皆赤，贼众大溃。”

《日本书纪》第27卷《天命开别天皇》对这场海战做了更加

---

① 铜江古名，亦称白江，是朝鲜半岛上的熊津江（今韩国之锦江）入海处形成的一条支流。

详细的记叙："大唐军将率战船一百七十艘，阵列于白江村。戊申（27日），日本船师初至者，与大唐船师合战。日本不利而退，大唐坚阵而守。己申（28日），日本诸将与百济王不观天象，而相谓之曰：'我等争先，彼应自退。'更率日本乱伍中军之卒，进打大唐坚阵之军。大唐便自左右夹船绕战，须臾之际，官军败绩，赴水溺死者众，舻舳不得回旋。朴市田来津仰天而誓，切齿而嗔杀数十人，于焉战死。是时，百济王丰璋与数人乘船逃去高丽。"随后，百济王子扶余忠胜等率领部下投降唐朝，倭国势力退出了朝鲜半岛，以后1000多年里没有再敢来犯。"百济诸城，皆复归顺"，唐朝廷将百济王族迁于长安。

百济灭亡，高句丽政权内部自乱。当时，高句丽王高藏软弱无力，权臣泉盖苏文已死，其长子泉男生嗣位，不久两位弟弟男建、男产争权，男建逼迫泉男生率残部逃到国内城（今吉林省集安市）。泉男生派其子泉献诚到唐朝求援。乾封元年（666）六月，唐高宗任命右骁卫大将军契苾何力为辽东道安抚大使领兵救援泉男生；任命泉献诚为右武卫将军，担任向导，又任命右金吾卫将军庞同善、营州都督高侃为行军总管，一同前往慰问接纳泉男生。同时，派出左武卫将军薛仁贵护送庞同善，讨伐高句丽。泉男生得以解围后，归附唐朝。九月，唐高宗下诏，任命泉男生为特进、辽东大都督，兼平壤道安抚大使，封玄菟郡公。

十二月，唐朝任命李勣为辽东道行军大总管，司列少常伯安陆人郝处俊为副大总管，全面讨伐高句丽。李勣先后攻克高句丽十七座城池，左武卫将军薛仁贵则领兵攻克高句丽重镇扶余城。唐军威震辽海地区，其他四十余城纷纷望风降服。总章元年（668）九月，李勣攻克平壤城，高句丽王高藏投降，泉男建被擒，高句丽国灭。

此后，唐朝廷在辽东设立了九个都督府，四十二州、一百个县，将高句丽分为五部、一百七十六城、六十九万余户。在平壤设置了安东都护府，提拔有功的高句丽族酋长担任都督、刺史、县令，与汉人共同治理。任命薛仁贵为检校安东都护，领兵二万镇守高句丽。唐高宗也因此完成了唐太宗没有实现的东征梦想。

唐王朝在开疆拓土的同时，与周边国家的往来更加频繁，对外贸易蓬勃发展。当时，广州已经成为著名的对外贸易城市，唐朝廷还在广州设立了市舶使，管理对外商务。

总体而言，这一时期社会稳定，百姓安居乐业。不过，安定团结的大好局面也是需要支付维护成本的，因为，不和谐的音符还时常在大唐的上空奏响。

永徽四年（653）十月，浙江睦州（今浙江建德）的陈硕真，因不满唐朝的统治而起兵造反。领导这次起义的陈硕真是位女子，以宗教神话宣传鼓动农民反抗唐朝，陈硕真编造的神话煽动力极强，传播很快，方圆百里之内的百姓都赶来向她顶礼膜拜。

于是，陈硕真自称“文佳皇帝”，以妹夫章叔胤为宰相，以童文宝为大将，聚集两千人马正式起兵。起义军首先攻占桐庐（今浙江桐庐），接着又攻占睦州（今浙江建德）和于潜县城（浙江杭州临安区）。睦州各地的百姓群起响应，起义军很快发展到数万人。于是陈硕真乘胜进攻安徽歙州（今安徽歙县）、婺州（今浙江金华）等地。

起义军日益浩大，震惊了长安。唐朝廷立即派遣扬州刺史房仁裕率兵镇压。

此时，婺州刺史崔义玄已经发兵镇压，并会同房仁裕的军队，两路夹攻。十一月，陈硕真、章叔胤被俘而亡，起义失败。

陈硕真的皇帝梦似一场风波潮起潮落，却在一个月的时间里，枉送了数千人性命。历史尚未弄清楚这笔账该算在谁头上时，却发现，又一女子也在为实现皇帝梦蓄积能量。虽然步步惊心，却也步步为营。

千丈阴崖百丈溪，

孤桐枝上凤偏宜。

玉音落落虽难合，

横理庚庚定自奇。

——〔南宋〕辛弃疾《鹧鸪天·徐衡仲惠琴不受》

天赋异禀武媚娘

唐高宗在位30多年，最大的政治事件，当属废立皇后。

高宗李治即位第二年，即永徽元年（650），立妃王氏为皇后。王皇后美貌、婉淑、“性简重”。但是，王皇后久未生育，在“母以子为贵”的封建王朝中，无子的皇后难免失宠。而天资聪慧的萧淑妃生有一子，深得李治的喜爱。王皇后感觉非常失意。既然不能生子，就只能想办法离间高宗李治与萧淑妃之间的关系，以求心理平衡。如何打击萧淑妃呢？失宠的王皇后把目光投向了武则天。

武则天出生官宦之家，父亲武士彟是唐高祖李渊的心腹，曾任工部尚书。但是，武士彟在武则天9岁时去世，这令武则天的少女生活很不如意。在没有父亲疼爱的日子里，同父异母的兄长对她们母女很刻薄，武则天在长安和母亲、姐妹度过了一段艰难的岁月。

贞观年间，长孙皇后亡故后，太宗常常思念不已，郁郁寡欢。贞观十一年（637），太宗闻知武则天美貌，遂召选入宫，封为“才人”，赐号“武媚”，当年武则天14岁。

但是，幼稚的武则天并不得太宗李世民宠爱。而同样青春年少的太子李治，因常侍太宗左右，却喜欢上了这位父亲新选来的小才人。武则天性格刚强又工于心计，很容易就取得素有“懦弱”之称的李治的好感。

武才人一面受到李世民冷落，一面与李治互有好感，一腔热情似乎找到了适当的出口。武才人对太子李治含情脉脉，而李治也渐渐迷恋上了这位大自己4岁的武才人。

太宗过世后，按照朝规，身边的嫔妃和宫女一律出宫，削发为尼。因此，太宗去世那一年，26岁的武则天随同其他后宫佳丽一起被送到感业寺出家为尼。

唐太宗祭日那天，高宗李治去感业寺行香，遇到了武则天，二人相对而泣。王皇后闻知此事，暗中指示武氏蓄发，劝高宗将其纳入后宫，欲借武则天来离间萧淑妃之宠。

令王皇后意料不到的是，她的这一决定不仅毁了自己，也颠覆了大唐王朝政权。

王皇后实在是低估了武则天的能力。武则天美貌、聪慧、谦逊、多才，“有权数，诡变不穷”。二次入宫时，28岁的武则天决定充分利用这次机会，在皇宫中发挥才干，为自己拼出一个美好的未来。

入宫初期，武则天处处表现得毕恭毕敬，妥帖周到，讨得王皇后的欢心。于是，王皇后常在高宗面前夸奖武则天，并且建议高宗晋封武则天为昭仪。昭仪是仅次于四夫人（贵妃、淑妃、德妃、贤妃）的九嫔之首，比才人高两级。

武则天得宠后，高宗自然疏远了萧淑妃，可幕后操纵者王皇后也未能赢回高宗的宠爱。于是，气愤的王皇后转身再与萧淑妃联合，在高宗面前诋毁武则天。

武则天绝非等闲之辈，她在高宗李治面前从不说一句萧淑妃和王皇后的坏话，但是暗中却笼络太监、宫女，特别是和皇后、萧淑妃关系不好的人，她总要设法接近。有了这些眼线，武则天就能对皇后和淑妃的行动了如指掌，并及时应对。

斗来斗去，王皇后和萧淑妃联合打倒武则天的计划总是落空，不管她们如何努力，最终的结果则是李治对武则天更加喜爱和信赖。

永徽三年（652）冬，29 岁的武则天生下一子，即高宗的第五子——李弘。有了儿子，武则天取胜的砝码就大大增加了，地位也随之巩固。

为了增加儿子的分量，武则天请求李治追赠她亡父较高的职位以提高身份，为自己日后的计划打下基础。永徽五年（654）二月，李治以奖赏先帝功臣的名义，追赠已故的武士彟等 13 名武德功臣官位。武则天的母亲杨氏成为“应国夫人”，李治还特别赐一座房院给老太太住。

在武则天生下儿子李弘之前，即永徽三年（652）七月，高宗立长子陈王李忠为太子。李忠是宫人刘氏所生，时年仅 10 岁。立李忠为太子一事是王皇后的娘舅中书令柳奭的主张。

当时，萧淑妃有一个聪明的儿子雍王素节，而武则天也身怀六甲，形势导致王皇后未来的地位岌岌可危。于是，柳奭连同太尉长孙无忌和宰相褚遂良、朝瑗、于志宁一起上奏高宗，“请立忠为储后，高宗许之”。王皇后认为这样可以稳住自己的地位。

但是，武则天不甘人下，昭仪之位并不能满足她，她的目标是皇后。随着在宫中地位的逐渐稳固，武则天开始计划打倒王皇后。但是，王皇后和李治有着十多年结发之妻的感情，朝中又有她的舅舅柳奭等人的支持，想扳倒王皇后绝非易事。

永徽五年（654），武则天生下一公主，令李治欢喜不已，只要一有空就来看望这个襁褓中的女儿。

一天，王皇后也前去看望，逗弄小公主一番后，就走了。王皇后一离开，武则天就残忍地掐死亲生女儿，然后轻轻盖好被子。因为她知道，皇帝马上就来看望这个女儿。

果然，一切都在武则天的预料之中，李治如期而至。武则天面带欢笑，带着皇帝来到婴儿床前，掀开被子，佯装才发现自己女儿被害，放声痛哭。完全不知情的李治，也十分震惊，立即追查起来。

侍女告诉他，王皇后刚才来过。高宗李治勃然大怒，下令王皇后自行幽禁，王皇后有口难辩，悔之已晚。

正所谓“舍不得孩子，套不住狼”，王皇后的根基就这样被撼动。六月，王皇后的舅舅柳奭迫于压力自请罢相，高宗批准辞呈，贬任户部尚书。

当年十二月十七日，在随高宗出谒昭陵的途中，武则天再为高宗生下了第二个儿子李贤，进一步提高了自己在高宗心中的地位。随后，武则天施展手腕，彻底铲除了王皇后，使高宗废王皇后，立己为皇后。

永徽六年（655）七月，高宗“废王立武”的想法在朝中引起轩然大波。以长孙无忌、褚遂良为代表的元老重臣们极力反对，其中，褚遂良把头磕得头破血流，甚至提出辞官回家来表达反对之心。而新晋臣僚们，主要以许敬宗、李义府为代表，为了在李治面前争功邀宠，则全力拥护“废王立武”。

永徽六年（655）十月十三日，唐高宗李治不顾大臣们的冒死极谏，依了武则天的心愿，下诏废王皇后和萧淑妃。七天后，册立武则天为皇后。

显庆元年（656），李治又废黜太子李忠，册立武则天所生、年仅 4 岁的“代王”李弘为皇太子。

这之后，为了维护和巩固自己的皇后地位，武则天开始参与朝政。因其生性聪慧、机敏，又涉猎文史，处理起政事颇有见地，因此，高宗常常认同，很少驳回。

不久，武则天便以皇后的身份悄然进入最高统治集团。很快，朝中的高级官吏便开始出现变动。武则天提拔李义府、许敬宗等人以培养自己的亲信势力。短短两年时间，在高宗的默许下，武则天先后贬逐褚遂良，逼迫长孙无忌自杀，罢斥20多个反对她的官员。

自显庆年间（656—661）以后，高宗的身体每况愈下，经常头疼，视力也逐渐下降，朝中事务都让武则天决断。在高宗认可下，武则天逐渐拥有了实权。

高宗李治统治时期，以李唐宗室为首的大贵族集团拥有大量土地，把持国家政治地位和经济特权，使得“寒族”地主阶级与贵族官僚集团的矛盾越来越深，并日益激化。

但是，随着经济的发展，“寒族”地主势力也逐渐积累了一些实力，经济力量不断加强，同时越来越不满足于自己的社会地位。于是，他们开始争取更多的政治、经济权利，要求打破贵族官僚集团主导一切的格局。在这一股社会大潮的激荡之中，武则天敏锐地看到了新机遇，决定趁机把李唐官僚集团的势力打下去，培养拥戴自己的势力。

武则天虽然出身于官宦之家，但是，其父在追随李渊起兵之前是木材商人，祖上也没出过公卿一类的大官，武则天的出身依然属于“寒族”阶层，长孙无忌就曾以“武昭仪出身寒微”而反对她为皇后。因此，武则天一朝得势，便志在打击贵族势力。

早在显庆四年（659），武则天通过唐高宗李治，下诏改修《氏族志》为《姓氏录》，把武家列入第一等，其余一律以官职高下为标准，分成九等。官司至五品者，皆升列士族。于是从士兵出身立军功至五品官者，也可以跟过去的世家大族一样并列在一个等级中间。

《姓氏录》完全打破了士族和庶族的界限，提高了出身低微的官员的地位，得到“寒族”的拥护，遭到贵族的反对。在拥护与反对的声浪中，武则天的亲信势力也逐渐形成了。

不过，武则天政治权力的增强，也让高宗李治感到不快。龙朔三年（663），李义府刚刚升任宰相四个月之后，高宗便借李义府与杜元纪微服出城“观古冢，望候气”之事，加个“阴有异图”之罪，将其革职，流放嶲州。

随后，高宗又与近臣上官仪共商废后对策。上官仪说：“皇后骄横，天人共怨，以臣之见，莫如将其废掉，以安人心，永保社稷。”高宗表示同意，让上官仪起草诏书废掉武则天。

不料此事很快被武则天知道，她软硬兼施，说得高宗心软，改变了主意，高宗还把责任全推到了上官仪的身上。于是，武则天让许敬宗捏造上官仪和已经被废的太子李忠图谋反叛之罪，将上官仪处死，并赐死已废的太子李忠。

此后，每日临朝，武后垂帘于后，政事不论大小，均由皇帝、皇后决断，天下大权悉归中宫，“黜陟杀生，皆出皇后之口”，天子形同虚设。当时，群臣称高宗与武后为“二圣”，即“二圣临朝”。

武则天非常清楚，要想驾驭整个国家机器，就需要建立一支真正属于自己的忠诚力量，帮助自己有朝一日独掌天下。

乾封元年（666），武则天以“修撰为名”，广召文辞之士，特许他们从玄武门出入禁中，让他们参议朝政，处理百司奏章，以分化宰相之权。时人称之为“北门学士”。其间，他们还编写了一批署武则天之名的著作，如《列女传》《臣轨》《官僚新诫》《乐书》《少阳正范》等。

在“北门学士”的协助下，上元元年（674）十月，武则天在唐太宗贞观之治的统治方针政策基础上，进行了完善和提高，总结出“建言十二事”的治国方针，内容包括：

1. 发展农业，减轻人民负担；
2. 恢复京城周围地区政治、经济和军事的特殊地位；
3. 停止用兵，强化社会公德教育；
4. 提倡勤俭，反对奢靡腐化；
5. 减少工程建设，节约政府开支；
6. 广开言路；
7. 杜绝谗言；
8. 在王公贵族和士大夫中推行老庄哲学；
9. 提倡男女平等；
10. 确立按时退休制度；
11. 京官八品以上者增加俸禄；
12. 改革用人制度，取消论资排辈。

这些治国方略得到唐高宗的认可，并下诏在全国施行。

尽管武则天颇具政治才能，唐高宗还是要保住李家的皇朝，因此，他想禅位给太子李弘。

李弘为人忠厚，处事谦虚忍让，而且颇具政治才干，高宗和大臣对他都很满意。

但是，为了问鼎权力顶峰坐上皇位，上元二年（675）四月，武则天用毒酒杀死了24岁的儿子李弘。五月，李治立次子李贤为太子。李贤在处理政务方面亦表现不俗，于是，高宗决定让李贤监国。这显然也不是武则天想要的结果。

永隆元年（680），武则天指使人诬告太子贪恋女色，以荒废政事为由，废掉李贤的太子身份，贬为庶人。随后又立三子李显为太子。

就在唐王朝统治集团为权力斗争而拼得你死我活之时，边疆传来战报。

咸亨元年（670）也就是武后参政的第十年、二圣临朝的第六年，全国出现大旱，40多个州出现灾荒。四月，吐蕃趁大唐旱灾之际，挥兵攻陷西域18州，唐军被迫撤离安西四镇。唐朝廷迅速命薛仁贵为帅，统兵10万大军从河陇出征吐蕃。

此时，唐朝廷统治阶级的权力斗争已经波及各方势力，薛仁贵与副帅郭待封之间不能协调作战。八月，薛仁贵10余万大军在大非川（今青海共和西南切吉滩）遭到吐蕃军队毁灭性打击。薛仁贵损失了全部的辎重，被迫与吐蕃约和才得以退回。这是唐军遭受的建国以来最大的一次军事失败。

仪凤三年（678）唐朝廷再令李敬玄率兵18万与吐蕃军战于青

海，唐军再次战败，副帅、工部尚书、右卫大将军刘审礼被俘虏。

调露元年（679），西突厥贵族阿史那都支联合吐蕃起兵反唐，进逼安西都护府。与此同时，留居长安的波斯王子泥涅斯要归国。唐朝廷任命吏部侍郎裴行俭为使节，王方翼为副使，护送波斯王子回国，同时负责平定阿史那都支叛乱。

裴行俭与王方翼一行人以打猎游乐为名，麻痹阿史那都支，从长安到西州（今吐鲁番盆地一带）路上召集了英雄豪杰近万人，并且迅速向阿史那都支的营地靠近，在阿史那都支犹豫未决之际，一举抓获阿史那都支及其子侄，平定了叛乱。任务完成之后，裴行俭押解都支返回长安，留下王方翼负责修筑碎叶城，安西都护府一带暂时稳定。

第二年，永隆元年（680）七月，吐蕃会同东突厥再次向河源（今青海西宁一带）地区发起进攻。此时，朝中大臣刘仁轨先与李敬玄不和，刘仁轨奏请李敬玄镇守西边，李敬玄则以“素非边将之才”而拒绝不从。

高宗却坚持说：“仁轨若须朕，朕即自往，卿不得辞也。”就这样，李敬玄被任命为洮河道大总管，兼安抚大使，仍检校鄯州都督，率兵以御吐蕃。

实战中，李敬玄真不是“边将之才”，怯懦畏敌，导致前军战败。幸亏唐军在河源的军经略大使黑齿常之率领众将守住了河源防线。

吐蕃见河源防线牢不可破，被迫将主攻方向改为西域和剑南两地。西域因安西都护王方翼经营有方，令吐蕃无计可施，只好改向剑南（治益州，今四川成都）发展。

开耀元年（681），唐朝廷决意对吐蕃用兵，黑齿常之奉命出击。黑齿常之率精骑万余乘夜突袭吐蕃兵营，唐军大获全胜，斩首2000级，缴获羊、马数万，吐蕃首领噶尔·赞婆等逃走。

永醇元年（682），突厥余部阿史那骨咄禄、阿史德元珍再起事端，入袭并州（今山西太原）及单于府（今内蒙古和林格尔西北）北境，杀岚州刺史王德茂。

唐朝廷授予薛仁贵右领军卫将军、检校代州都督，前往云州（今山西大同），出击突厥的阿史那元珍。最终大破敌军，斩首万余级，俘获2万人。此后，唐军与突厥在山西境内战事不断。

强邻的兴起动摇了大唐的国际盟主地位。

表面上，唐王朝国力强大，可以支撑连年征战。但是，常年的征战影响了社会经济发展；兵役、徭役频繁，百姓苦不堪言；连年水、旱天灾交至的自然灾害令百姓生活困苦。弘道元年（683），关中大饥馑，米价一下涨至300文，是盛平时的七八十倍。

在这内外交困之时，唐高宗李治的病情愈发严重。他目眩不能视物，屡医无效，身体更加虚弱，弘道元年（683）十二月，56岁的高宗驾崩于洛阳宫贞观殿。

高宗临终前遗诏太子李显在柩前即位，令宰相裴炎辅政。军国大事由武则天决断，并诏将褚遂良的子孙返归故里。

明朝游上苑，火急报春知。

花须连夜发，莫待晓风吹。

——〔唐〕武则天《腊日宣诏幸上苑》

日月当空女皇帝

弘道元年（683）十二月，28 岁的李显正式即位，是为中宗。

李显即位后，首先尊称武则天为“则天皇太后”。但是，武则天根本没有归政的打算，继续掌控着皇权。

为了削弱李显的地位，巩固自己的统治，在李显即位后的几天里，武则天开始以皇太后的名义给皇室成员加官晋爵，而且史无前例地一口气加授十多名位尊望重的亲王为一品大员。

同时，武则天还对原班宰相的阵容进行了调整，将太子少傅刘仁轨转为宰相，黄门侍郎刘景先升为宰相，兵部侍郎岑长倩升为兵部尚书，等等。

为了防止突变事件发生，武则天派遣左威卫将军王果、左监门将军令狐智通、右金吾将军杨玄俭、右千牛将军郭齐宗分别到并、益、荆、扬四大都督府，与各大都督府负责官员一起主持镇守事务，以备不豫。

然而，已经成年的李显，并不甘心做傀儡皇帝，他也要培养自己的势力。李显打算把岳父韦玄贞从四川普州的一名参军，提拔为侍中（宰相），另外想授乳母的儿子为五品高官。李显的想法遭到辅政宰相裴炎的反对。李显气愤地脱口而出：“我就是把天下都给了他又有什么不可！别说一个侍中了。”就是这句话，给了武则天废黜李显的把柄。即位刚刚两个月的唐中宗李显，因为刚愎自用，被武则天贬为庐陵王，软禁在均州（今湖北省丹江口），后又转到房州（今湖北房县）。

接着，武则天另立小儿子李旦（662—716）为皇帝，是为唐睿宗。

李旦即位后，武则天以太后身份临朝称制，李旦只能居住在别殿，不能到正宫上朝听政，更不能参与朝政。

为进一步彰显不容动摇的统治地位，武则天将东都洛阳改称“神都”，以备将来作为都城之用。之后，又对唐朝文武百官的名称进行了改动：尚书省改成文昌台，左右仆射改为左、右丞相，门下省改为鸾台，侍中改为纳言，中书省改为凤阁，这些名称明显地体现了其女性统治者的特征。

原来的宰相名称“同中书门下平章事”改成了“同凤阁鸾台三品”；尚书省下属的六部同样改了名称：吏部改成天官，户部成了地官，礼部是春官，兵部是夏官，刑部是秋官，工部是冬官。御史台分成了左肃政和右肃政两台，由左台负责监察朝廷，右台负责纠察地方州县。

在武则天干政的十余年里，她在以铁腕消灭政敌的同时，也为自己制造了死硬的反对势力。双方斗争逐渐从地下转向地面，以至于公开挑战。

光宅元年（684），即武则天废中宗李显这年，早期被武则天贬出朝的旧臣徐敬业、骆宾王等人，以拥戴中宗李显为号召，召集了10万兵马从扬州起兵反对武则天。

骆宾王，7岁能诗，有“神童”之称，为“初唐四杰”[①] 之一。当时被徐敬业任为艺文令，掌管文书机要。

起兵前，骆宾王起草了慷慨激昂、气吞山河的《讨武氏檄》（即《代李敬业传檄天下文》）：“班声动而北风起，剑气冲而南斗平，暗鸣则山岳崩颓，叱咤则风云变色。以此制敌，何敌不摧，以此图功，何功不克。……请看今日之域中，竟是谁家之天下！”

这是一场生死搏斗，武则天不敢有丝毫放松，她立即做出反应。十月初六，武则天命左玉钤卫大将军李孝逸为扬州道行军大总管，将军李知十、马敬臣为副大总管，率军30万，进讨徐敬业。

结果李孝逸指挥不利，居然“惧而不进”。随后，武则天又派黑齿常之为江南道行军大总管，增援李孝逸。最终，朝廷军高奏凯歌，徐敬业连遭失败，他和骆宾王先后被部将杀死。

经过这次危机之后，武则天再对人事做了调整。在徐敬业事

---

① 初唐四杰是指唐朝初年四位文学家，分别为：王勃、杨炯、卢照邻、骆宾王。

件中，宰相裴炎不仅与徐敬业遥相呼应，还要求武则天还政睿宗，结果被武则天处死；左武卫大将军程务挺出面为裴炎辩解，被一同处死。其他几个态度暧昧的宰相也被罢免。

随后，武则天任命韦方质、武承嗣（武则天的侄子）、韦思谦为宰相。在以后的两年内，为了建立效忠于己的亲信班底，武则天对宰相集团进行了频繁调整。

随着地位巩固，武则天心中酝酿已久的“代唐称帝”梦想仅是时间的问题了。

然而，李唐皇族岂肯拱手相送？为了保住李唐的天下，他们再次孤注一掷、铤而走险。垂拱四年（688）八月，琅邪王李冲在博州（今山东聊城）、越王李贞在豫州（今河南汝南）相继起兵。八月下旬，武则天派左金吾将军丘神勣讨伐李冲，九月初一又派左豹韬卫大将军崇裕、岑长倩等统兵10万讨伐李贞。

遗憾的是，此时的李唐皇族，既无军事奇才也无与武则天对抗的军事实力，这一博如同以卵击石。李冲在起兵7日后兵败；而平息李贞的反叛，也不过20天。在平息这场反叛的过程中，武则天痛施辣手、追根问底，凡参与谋划的李氏王公个个伏诛，无一幸免。

经过一番较量，李氏诸王被诛杀殆尽，内政巩固，人心思定，朝廷内外无人再能够挑战武则天的权威。

天授元年（690）九月，这一年武则天66岁。刚刚从八品官提拔为侍御史的傅游艺投其所好，上表武太后，请武则天当皇帝，改国号为“周”。武则天虽然没有接受这一提议，却立即提拔傅游艺为给事中。

大家一看，都明白了：武太后欣赏什么，自己该做什么。

随后，文武官员、王公贵族、远近百姓、各族首领、和尚道士等6万多人上劝进表，请求太后即位称帝，甚至唐睿宗李旦也明确表态，支持武则天称帝。第三天，大臣们又上奏一致声称：有凤凰从明堂飞入上阳宫，又飞回停在左台的树上；还有数万只象征大周火德的朱雀飞集在朝堂。这一“百鸟朝凤”的演绎，极大地满足了武则天的心愿，于是顺从“天意民心”，接受了皇帝及群臣之请。

九月初九重阳节，武太后隆重登基称帝，大赦天下，降睿宗皇帝为皇嗣，赐姓武氏，改国号为“周”，改元“天授”。

大概是有感于自己的绝顶聪慧、超霸气天资，武则天给自己起了一个亮堂堂的名字，叫“曌”，这是一个专门创造出来的汉字，意思是武则天如日月当空一样光芒万丈，永世辉煌。

宠辱不惊，闲看庭前花开花落；

去留无意，漫随天外云卷云舒。

——〔明〕陈眉公《幽窗小记》

武周王朝归李唐

武则天的胜利，意味着唐朝最高统治集团内部的元老集团为新进官僚集团所击败。为了扩大其政权统治的社会基础，武则天进一步扶植新势力——非士族地主官僚，有意提高他们的社会地位。

武则天大胆破格任用人才，鼓励各级官吏举荐可用之人，并且允许自荐。无论是被荐还是自荐的人，只要有才能，就会很快被补、提、升。

由于武则天对官吏的录用不讲门荫资历、出身背景，一时间，很多长期沉陷于下层的普通地主、寒门俊杰，登上了封建社会的政治舞台。每年，吏部接纳的选人成千上万，每年人流数超过1400人次，比往常需要补充的人数高出几倍。这些人进入官僚队伍以后，成为武则天推行自己政治路线的得力工具。

唐初，科举已经成为平民阶级登上政治舞台的阶梯，武则天更是充分利用这一选才工具，大开科举之门，进一步完善考试内容，增加录用人数，广招贤良。

想当年，唐太宗贞观年间，进士共 205 人，而武则天涉政的 45 年中，取进士达 1000 多人。武则天登基当年，就开始亲自策问举人，以示对科举的重视，从此开创了“殿试”的先河。同时还开设了武举，扩大选官的范围。以往各地选送举人都排在贡物之后，武则天则改为“先人后物”，表示对人才的重视。

武则天的一生充满了帝王权谋，对于身边的朝臣们，她更多地使用权术来笼络、打击甚至逼迫众臣为己效力。其中，武则天最喜欢使用也最见成效的方法便是重奖和重惩。只要是效忠自己的，无论是赏予重金还是高官，都立时兑现，绝不食言。而对于重奖不能打动的人，武则天就会采用贬官、放逐、下狱甚至诛除等手段。

当然，武则天对于官员的要求不仅仅是要忠诚，还要称职，否则会被毫不客气地罢、斥、降、免，甚至诛杀。对于真正有德有才的人，她还是很少杀，通常采取保护政策。因此，在武则天身边，出现了宰相魏元忠、狄仁杰、姚崇、宋璟等名臣。

由于武则天放开手脚，广开仕途，官僚队伍急剧膨胀。面对热闹非凡的官场，她驾驭有方、应对自如，不仅有一套措施来考核、奖惩、升赏和黜贬各级官员，还主持编撰了《臣轨》和《百僚新诫》等书，将其管理官员的思想理论体系和教育大纲付诸文字。其中，《臣轨》一书保存至今。

纵观历史上每次改朝换代，都要进行一场依靠军事力量屠杀忠于前朝宗室的贵族、士大夫们的大清洗。武则天特立独行，启用酷吏，对朝中上层官吏和皇室宗族展开大清洗，以实现改朝换代的目的。

徐敬业起兵叛乱以后，武则天任用索元礼、周兴、来俊臣、侯思止等酷吏，奖励告密，对抱有反抗意图的唐宗室、贵族和官僚进行严厉镇压。武则天在御史台下专门建立了推事院，使其自成独立的刑审系统。当时，被杀的唐宗室贵戚有数百人，大臣达数百家，而被杀的中下级官员更是多得难以计数。

在武则天的纵容和支持下，那些“嗜血如命、天良丧尽”的酷吏们，也滥杀了不计其数的无辜者。

在所有的酷吏中，来俊臣被任用得最久，作恶也最多。来俊臣是无业游民出身，曾因抢劫入狱，因告密为武则天所重用，官至左台御史中丞。他每次审囚，“多以醋灌鼻，禁地牢中，或盛之瓮中，以火环绕炙之，并绝其粮饷”，任何人（包括亲王、宰相）只要由他逮捕审讯，很少能活着走出狱门。

但是，这些人都是武则天的使用工具而已。待政敌被肃清之后，为了平息众怒，武则天就顺从众望，逐步以各类名义诛杀酷吏，以树立自己的威望。

当然，武则天不只关心手中的权力，也关注社会经济的发展。在位期间，武则天强调“建国之本，必在务农”，“务农则田垦，田垦则粟多，粟多则人富”。光宅元年（684），武则天下诏，奖励农桑。并强调凡是做到耕地增加、家有余粮的地方，地方官可以得到奖赏。

但是，由于土地兼并日益严重，逃户现象屡禁不止，那些为了摆脱统治阶级剥削的农民，纷纷逃亡到荒原僻地去垦荒种地，或附于王公百官富豪之家。逃户的增加直接影响到中央税收，为了使逃户还乡，武则天对其采用优待政策。逃户如果归乡，将归其原有田地，课役全免。此外，还规定，如果户口减少，地方官则要受处分。

因此，在她统治时期，社会经济继续稳步发展，民户数量也不断增加。永徽三年（652），也就是武则天被立为皇后的前年，全国民户有 380 万户，到武则天退位时，增加到 615 万户。

但是，由于官吏集团急剧膨胀，农民的负担也随之增加。此外，由于武则天尊崇佛教，到处筑寺造像，又建明堂，修天枢，铸九州鼎，建三阳宫、兴泰宫等，耗费无度，繁重的徭役加重了人民的负担，也加深了阶级矛盾。

为了加强国家边防，抗击外来入侵，在改善相邻各国的关系方面，武则天也做了很多努力。

长寿元年（692），吐蕃贵族入侵边境，武则天一面派大将王孝杰领兵收复安西四镇，一面争取恢复和亲。经过双管齐下的努力，双方关系得到缓和，朝廷又置安西都护府于龟兹。

为了进一步巩固西北边疆，长安二年（702），武则天又在庭州（今新疆吉木萨尔）设置北庭都护府，打通了一度中断的通向中亚地区的“丝绸之路”。同时，武则天从称帝之初便在西北边防大规模地开展屯田运动，增加西北防务，其中，娄师德任检校丰州都督时其“屯田积谷数百万，兵以饶给”；大足元年（701），郭元振任凉州都督，坚持屯田五年，“军粮可支数十年”。大范围的长期屯田，减轻了百姓的转输之劳，对巩固边防起到了积极的作用。

武则天称帝时已经66岁，随着时间的推移，皇位继承问题越来越无法逃避。建立周王朝之后，她让侄子们做了宰相和将军，掌握了朝政大权，其余大臣有了功劳也赐给武姓，而不是李姓。她还免掉了武姓的田赋，把自己的故乡文水县改为武兴县。虽然儿子李旦已经被武则天赐姓“武”，作为后太子，成为法定的继承人。但是，无论这姓氏如何更换，都无法更改李旦身体里流淌着李姓血液的这一事实。

长寿二年（693），武则天在万象神宫举行祭典大礼时，有意冷落儿子李旦，让侄子武承嗣为亚献，武三思为终献。武则天也一直考虑废除李旦，改立侄子武承嗣为太子。

但是，武则天的意愿遭到了宰相狄仁杰等人的激烈反对，这让武则天非常矛盾。思前想后，武则天的心在“武姓”娘家与“李姓”婆家之间往返徘徊，反复掂量恩怨情仇，最终她还是放弃了对“武姓”的执着，决定恢复李氏皇族的地位。

圣历元年（698）三月，武则天派徐彦伯等人去房州召回李显。李显回到洛阳，满朝文武都不知道。九月，武则天正式立庐陵王李显为皇太子，原皇太子李旦改封相王。为了避免在自己死后侄子和儿子们相互残杀，武则天把太子李显、相王李旦、太平公主、武姓的侄子们召集到明堂，然后祭告天地，立下了铁券[①]，将其收藏在史馆，以为佐证。

长安四年（704）年末，武则天病倒在床上，几个月也不召见朝臣，只在寝宫处理朝政大事，而侍奉其左右的只有张易之、张昌宗两位男宠侍。这令大臣有些六神无主，并担心张易之、张昌宗两人趁武则天病重，窃弄权柄。于是，宰相张柬之联合大臣中台右丞敬晖、司农少卿桓彦范、相王府司马袁恕己等人，策动兵变。

神龙元年（705）正月，张柬之等人率左右羽林军五百余人，控制玄武门。并从玄武门攻入宫中，一直到武则天养病的迎仙宫，将张易之、张昌宗斩首，迫使病中的武则天让位。十一月二十六日，做了15年女皇的武则天病逝在上阳宫，终年82岁。

临终时，武则天立下遗诏：去帝号，称则天大圣皇后，葬在乾陵，与高宗合葬。最终，武则天还是把自己归入李唐王朝的后妃中。

---

① 铁券，是封建帝王颁发给功臣、重臣的一种带有奖赏和盟约性质的凭证，类似于现代普遍流行的勋章，最早的雏形是战国时期的“铜节”。“铁券”一词最早出现在西汉。铁券镌刻的内容一般包括四个方面：一、赐券的日期，赐予对象的姓名、官爵、邑地；二、记载被赐者对朝廷的功勋业绩；三、皇帝给被赐者的特权，如免死等；四、皇帝的誓言。按朝廷的有关法律，持有铁券的功臣、重臣及其后代，可以享受皇帝赐予的种种特权。铁券上的文字在汉时用丹砂填字，称作“丹书铁契”，亦即“铁券丹书”。

刻木牵丝作老翁，鸡皮鹤发与真同。

须臾弄罢寂无事，还似人生一梦中。

——〔唐〕李隆基《傀儡吟》

唯卿所欲，不相禁御

神龙元年（705）正月，苦尽甘来的李显再度称帝，恢复唐国号，大赦天下。

为了感谢弟弟相王李旦、妹妹太平公主对自己的支持，加封李旦为安国相王，拜太尉、同中书门下三品；加封太平公主镇国太平公主的称号。张柬之、崔玄暐等政变功臣更是不能落下，同样加官晋爵。

李显自从被废黜帝位、降为庐陵王之后，起初被幽禁在皇宫中一所冷落的庭院中。后来，被迁移到遥远的均州再至房州，这一去就是 18 年。在被流放的日子里，李显一直过着惶惶不安的日子，胞兄李弘的暴死、李贤被废黜之后的被迫自杀，这一切似乎暗示着，等待他的也是死亡。

在死亡的阴影笼罩下，李显常常寝食难安，经常从噩梦中惊醒。压力之下，他想过自杀。但是，他还是挺过来了，因为在这样的日子里，李显的妻子韦氏给了他强大的支持与安慰。在他想自杀的时候，韦氏劝他说：“祸福无常，宁失一死，何遽如是！”

在妻子的关心和抚慰下，李显勉强度日。妻子逐渐成了他的心理支柱，对妻子的感激以及依赖也超乎寻常。他曾对韦氏发誓：“他日如幸再见天日，当唯卿所欲，不相禁御。”

为了兑现诺言，李显登基后，立即册封太子妃韦氏为皇后，追赠皇后父亲韦玄贞为上洛王。由于自西汉以来，皇家就有“异姓不封王”的通制，因此，有臣工上书认为此举不妥，应以高宗封武后父亲为王之事引以为戒，但是唐中宗李显执意不听。

这时，全国灾害连年，边患不断。作为重新执掌李唐王朝的新皇帝，中宗复位就面临着严峻的考验。

神龙元年（705）四月，同官县（今陕西铜川）下了特大雨雹，被淹农家达400多户。神龙三年（707）三月，京师至山东一带发生瘟疫，民死不计其数；夏天，山东、河北20多州又发生旱灾，饿死、病死者达数千人。

可是，这一切，中宗并不放在心上。复位后，李显如同出笼之鸟，疯狂地享受着自由自在的天子生活，放浪形骸，将朝政完全“撂荒”。与李显不同的是，韦皇后是一个野心勃勃、权力欲极强的女人。李显对朝政没有丝毫兴趣，这给了韦皇后干政的机会。李显即位后，每次上朝韦皇后都坐他身后的帷幔中，如同当年高宗李治和武则天“二圣临朝”一样。

当时，武则天虽然死了，但以武三思为首的武氏势力仍然强大。中宗李显复位后，武三思被封为德静郡王。为了稳固地位，武三思通过上官婉儿将韦后的女儿娶为儿媳，稳固了自己的位置。

上官婉儿曾为武则天掌文书，后被中宗李显重用，并命其主持撰述诏书，晋封为昭容（宫中女官）。武则天在世时，上官婉儿与武则天的侄子武三思就关系暧昧。

李显即位后，武三思通过上官婉儿与韦后拉上关系，两人不仅结为亲家，还发展到不正常的关系。中宗对韦后与武三思之间的关系置若罔闻。也许，中宗在实现自己的诺言——重见天日的时候，任凭妻子随心所欲（自然也包括和别的男人寻欢作乐），决不干涉。

对于这种状况，张柬之等人曾数劝中宗诛杀武三思，但是中宗完全不听劝。

相反，武三思为了拔除异己，与韦后谋议，在中宗面前日夜谗言，说："张柬之、敬晖、袁恕己、崔玄玮、桓彦范五大臣恃功专权，图谋不轨。"昏聩的中宗相信了这些话，削去了五大臣的实权。给了武三思宰相之职，以掌握朝政大权。

在韦皇后的安排下，韦氏家族也进入中央的政府机构，堂兄韦温是礼部尚书，其他人有的也做了将军。在中宗的纵容下，朝中形成一个以韦氏为首的宰相武三思、韦后专政集团。有其母必有其女，韦氏的爱女安乐公主也来干预朝政。

安乐公主出生在李显和韦皇后迁徙庐陵的途中。也许是为了补偿女儿生下来所受的苦难。中宗即位之后，对安乐公主有求必应，为野心勃勃的安乐公主参政、干政大开方便之门。

安乐公主借着与母亲一道干涉朝政之机，大肆开府设官，贿卖官爵。买官的人，无论是干什么的，只要出钱 30 万，就可以得到一纸官员的任命书。不过这种任命书上的“敕”字是黑色的，封套上也用斜封，所以这些花钱买到的官被称为“斜封官”，被任命的斜封官名称有员外、同正、试、摄、检校、判、知官等五花八门的头衔，封授的官员多达几千人。

由于“斜封官”不用通过中书、门下两省走正式入职审核，而是皇家特权人士直接授予的，所以这两省的官员敢怒不敢言。而钱少的人，只要出三万就可以得到僧尼的度牒①，好处是永久免除租税和徭役。由此一来，不仅朝纲败坏，官场风气腐化，百姓利益也直接受到侵犯。

安乐公主还经常把诏书写好后用手遮住内容，让中宗签发。国家政务已被李显当成与女儿之间的游戏。

李显共有 8 女 4 子，其中，李重润、永泰公主、长宁公主、安乐公主是韦皇后亲生的。李重润已于长安元年（701）被武则天处死。其他公主、皇子是：李重福、李重俊、李重茂、永寿公主（早夭，追封永寿公主）、宜城公主、新平公主、定安公主、成安公主。

神龙二年（706）秋，李显的三子李重俊被立为皇太子，因为李重俊不是韦后所生，韦后处处看他不顺眼，朝廷中也无人重视

---

① 度牒是唐宋官府发给出家道士、女冠、僧尼的凭证。

这位太子。另外，武三思一心想恢复武氏王朝，一直欲图不轨，不想太子势力增强，便在私下怂恿儿子武崇训，唆使安乐公主凌辱李重俊。同时，数次劝公主请求中宗废太子。

安乐公主本来也看不起庶出的太子李重俊，因此，常对他指手画脚，并以太子不是韦后所生而称之为奴。此外，安乐公主也多次向中宗请求废掉太子立自己为皇太女，但是，中宗没有答应。

神龙三年（707）七月，不堪羞辱，更不愿“坐以待废”的太子李重俊，联合曾逼迫武则天退位的左羽林军大将军李多祚发动了兵变。

太子党假造中宗李显制诏，调发羽林千骑兵，杀了武三思与武崇训。随后欲杀韦后和安乐公主时，羽林军发现接奉的是假圣旨，于是，转过头攻击李重俊和李多祚，李多祚当场被杀，李重俊虽然出逃鄠部县（今陕西卢县），但是不久被部下谋害。

平定了太子李重俊之乱后，安乐公主和韦后更加肆无忌惮，韦后又与擅长医术的散骑常侍马秦客、擅长烹调的光禄少卿杨均私通。对于韦后的风流韵事，李显对此熟视无睹。

至于朝中大事，中宗李显更是依附韦后行事，在上官婉儿的劝说之下，韦后决定步武则天后尘，也要称帝。

李显对妻女的溺爱最终却换来的是杀身之祸。韦后想坐上皇帝宝座，而安乐公主也有成为皇太女的梦想，在这对母女眼里，李显已经是最大的障碍。

权欲熏心使母女两人丧失了人性。经过一番密谋，景龙四年

(710)，韦皇后、安乐公主与马秦客、杨均决定，由杨均做饼，马秦客在饼中下毒，韦后母女再将饼亲奉中宗李显。就这样，一生懦弱无能的中宗李显，经过 18 年囚禁后，只做了 5 年的逍遥皇帝，便死在爱妻爱女手中，终年 55 岁。

清溪奔快，不管青山碍。

十里盘盘平世界，更著溪山襟带。

——〔南宋〕辛弃疾《清平乐·题上卢桥》

螳螂捕蝉，黄雀在后

唐中宗李显被毒死，韦后做贼心虚，担心事情败露，秘不发丧。

为了确保自己临朝掌政，韦后先把亲信召入宫中，商议安身之策。经过讨论，决定由刑部尚书裴谈，工部尚书张锡处理国政；下令从各府调来 5 万人马，分左右营屯驻京城，由韦后的哥哥韦温总负其责；外甥和韦后的其他兄弟分晋左、右营和羽林军，保卫皇宫；韦后没有儿子，最后决定立李显跟姬妃生的 16 岁的温王李重茂为皇太子；由上官婉儿起草中宗遗制。

一切准备就绪，景龙四年（710）六月，韦后在太极殿宣布中宗的遗制，立温王李重茂为皇太子，皇后知政事，临朝掌政。太子李重茂在柩前即位，尊韦后为皇太后，皇太后临朝摄政。

韦后临朝后，亲信宗楚客、女婿武延秀（武崇训被杀后，安乐公主再嫁武延秀）劝韦后，应该效仿武则天，别立新朝。

于是，一场更大的密谋在宗楚客、韦温、安乐公主之间悄悄进行着，密谋除去李氏宗室的相王李旦、太平公主，当然还有新皇帝李重茂。

然而，韦氏母女只高兴了 19 天，宫中的形势再起变化。

六月二十日，李显的侄子“临淄王”李隆基率禁军冲入皇宫，杀了韦皇后、27 岁的安乐公主、上官婉儿及诸韦子弟，迫使李重茂让位，立相王李旦为帝，是为睿宗。

李隆基是李旦的儿子，因为看到朝政日非，便私下聚结了一批才勇之士。他厚结隶属羽林军的“万骑”首领，积蓄力量，以备捍卫李唐社稷，等待时机对付韦后。李隆基的想法得到姑姑太平公主的支持，太平公主还派儿子薛崇简做李隆基的助手。

韦后临朝后，一直依附韦后、武三思的兵部侍郎崔日用，从宗楚客那得知了密谋消息，在衡量了一番宫廷形势之后，崔日用觉得韦后等人成功的概率太小，恐祸及自己，于是遣人向李隆基告密。

李隆基一得到消息，便决定先发制人。那天傍晚，李隆基联合太平公主和公主的儿子卫尉卿薛崇简、禁苑总监钟绍京等人发动兵变，诛杀韦后及其党属。

兵变结束后，李隆基立即前去拜见父亲相王李旦，还蒙在鼓里的李旦，就这样稀里糊涂地被推上皇帝宝座。兵变第二天，李旦即位，仍称唐睿宗。少帝李重茂被封为温王，李隆基被立为皇太子，改元景云。

李旦看重骨肉亲情，却厌倦政务，也不是做帝王的材料。因此，他即位后，国家大事都交给李隆基和太平公主处理。李旦共有六子，长子李成器，次子李成义，三子李隆基，四子李隆范，五子李隆业，六子李隆悌，其中六子李隆悌早亡。

长子李成器曾被武则天立为皇太孙，中宗李显即位后改封宋王。睿宗在立太子问题上很为难，如果按常规，李成器是嫡长子，还是太孙。但是，眼前的江山社稷却是三子李隆基冒死夺来的。在睿宗拿不定主意的时候，同父亲一样忠厚老实、厌倦权术的李成器，主动向父亲提出立弟弟李隆基为太子。这让唐睿宗李旦深感欣慰，李隆基也非常感激哥哥。李隆基在哥哥死后，曾对群臣说："我的天下是哥哥让给我的，一般的谥号不足以说明我对哥哥的感情。"于是，给李成器加谥号为"让皇帝"。

纵观历史，数不尽的皇子之争血腥满篇，看不尽的帝王之家杀戮惨剧，为了皇权，兄弟、父子之间的亲情早已是不可得的"奢侈品"。而睿宗李旦与儿子之间体恤温情，俨然已是皇族家庭中少有的"孤品"。

李旦对妹妹太平公主更是特别信任。即位后，李旦赐给太平公主的食封[①]达万户之多。而唐初亲王食封不过800户，公主更是

---

① 亦称"食邑制"。中国古代君主封赐给宗室、外戚和功臣封邑的制度，盛行于周朝。受封者称封君，在封邑内按规定户数征收租税，享受这种特权者谓之"食封"。分封以宗法制度为根据，封邑大小按封爵等级而定，卿、大夫在封邑内享有统治权力并对诸侯承担义务，并可世袭。封邑内的劳动者是国家的编户齐民，对封君无隶属关系。封君必须奉行国家统一法令，不得拥有私兵，不得滥施刑罚，擅发徭役。国家将封邑内应征民户的赋税转让一部分给封君，作为俸禄。唐初，受封的贵族勋臣称封家，封邑内受剥削的民户称封户，封户只对封家提供赋税。

不超过300户。

太平公主聪慧、多权略，有其母武则天一样的政治野心，借着李旦对他的信赖，逐渐权倾天下，势震朝野。

当时，朝廷上有7名宰相，其中5人出自太平公主门下。因此“公主所欲，上无不听，自宰相以下，进退系其一言”。一些禁卫军将领也都私下到太平公主府中谒见，以求富贵。

但是，太平公主深忌太子李隆基的英明干练，担心太子一朝即位会不容自己，于是集结党羽散布流言说“太子非长子不当立”。欲改立懦弱者以巩固其权势。

景云二年（711），太平公主要求宰相们提议改易太子，此议一出令众人大惊失色，并遭到宰相宋璟的当面拒绝。太平公主与太子之间的矛盾公开化令睿宗李旦非常苦恼。

虽然李旦不关心政务，但是，他还不是个糊涂皇帝。而且，他和儿子李隆基之间，也充满了彼此的爱护和谅解。加之朝中有宰相宋璟和兵部尚书姚远之这样的贤臣，李旦始终能以清醒的头脑对待权力斗争。

经过一番权衡之后，李旦决定采纳姚、宋的建议：命太子监国，代替皇上处理日常事务；将长子李成器、高宗的长孙李守礼两个容易被利用在太子问题上做文章的人物调离京师，出任刺史；将掌握左、右羽林军的李隆范、李隆业两兄弟调任太子左、右卫率，以加强和巩固东宫的实力；将太平公主及其丈夫武攸暨安置于蒲州（今山西永济）。

太平公主探知这些建议出自姚、宋密谋之后，便大加责难太子。此时，李隆基对姑母的权势尚存惧心，因此，赶忙采取以退为进的策略，上奏皇帝，称姚元之、宋璟离间姑侄、兄弟关系，请加罪。

为了平息太平公主的怒气，李旦贬姚为申州刺史、宋为楚州刺史，继而又罢去宰相韦安石等五人职务。随后，按太平公主的意愿任命刘幽求、魏知古等人为相。两天后，又取消对李成器、李守礼的调任令。不过，仍然安置太平公主在蒲州；李隆范、李隆业两兄弟仍然为左、右卫率“以事太子”。

两个月后，唐睿宗李旦召见三品以上的重臣，与他们商议传太子皇位的事宜。可是，竟然没有人敢表示同意，还遭到公主派系势力的极力反对，太子本人也不同意。

然而，李旦并没有放弃。为了维护太子李隆基的地位，他采取了一个过渡的方式，诏令太子全权处理政事，其他军国大事、死刑的批准以及五品以上官员的任免等事，需要先与太子商议，拿出处理意见，再由他最后决断。这样，李旦虽然没有正式让位，却已经把实权交给了太子。为了安抚妹妹，“许”太平公主自蒲州返还京师长安。

太平公主回到京师后仍然不罢休。延和元年（712）七月，天象出现了异常。太平公主借机指使术士向睿宗报告：“根据天象，彗星出现预示除旧布新。帝座及前星有灾，这显示皇太子要做天子。”也就是说，根据天象，睿宗要么传位，要么就应当另立太子，不然天灾就会降临。

睿宗听了术士的话非但没有废除太子，反而坚定了传位太子李隆基的决心。索性顺势而为对李隆基说：“社稷所以安定、我所以得天下，都是你‘诛凶定乱’的功劳。现天意人事，都已成熟了，所以传位给你，不必疑虑!”

八月，李旦正式将皇位传给了太子李隆基，自己做了太上皇。

李旦虽然退居太上皇，也还保留一定的权利，如：四品以下的官员任免由李隆基来决定，三品以上的官员任免则由太上皇李旦亲自决断。但是，他同时下诏说：“朕将高居无为，自今后军国刑政，一事以上，并取皇帝处分。”意喻自动彻底放权。

先天元年（712）八月，李隆基即位为帝，史称玄宗，改年号为“先天”。

李隆基称帝后，太平公主亦不收敛，继续发展自己的权势，宰相7人中，仍有4人依附太平公主，满朝文武，“太半附之”。

面对太平公主的咄咄攻势，李隆基因顾及父亲与太平公主骨肉情深未采取行动。

先天二年（713），太平公主终于按捺不住，与宰相窦怀贞、侍中岑羲、中书令萧至忠、左羽林大将军常元楷、右羽林将军李慈等人密谋推翻唐玄宗，拥立太平公主登基当皇帝。

宰相魏知古闻讯后，立报玄宗，李隆基不敢再拖，决定采取行动。玄宗颁布密旨，命岐王李范，薛王李业，兵部尚书郭元振等人，引兵入宫，斩杀常元楷和李慈，控制羽林军，捕杀数十名党羽。太平公主发现形势不妙，逃进圣善寺，几天后又回到家中。最后，被李隆基赐死于家中。

平息了太平公主政变之后，自武则天退位以来，历时八年半的一连串宫廷政变，终告结束。历经数场政治风暴之后，李唐政权终于重新步入正轨。

鲁卫情先重，亲贤爱转多。

冕旒丰暇日，乘景暂经过。

戚里申高宴，平台奏雅歌。

复寻为善乐，方验保山河。

——〔唐〕李隆基《过大哥宅探得歌字韵》

励精图治创盛世

平定了太平公主之乱，结束了纷乱的宫廷政治斗争，李隆基终于掌握了皇帝应有的权力。

回想当年，李隆基是以亲王的身份，通过平定韦后专政赢得太子之位，进而取得天下的。因此，他深知宗室亲王仍然是威胁皇位的最大隐患。虽然已经取得了胜利，但在经历了复杂的政治斗争之后，李隆基不得不防止再有人谋反。为此，他加强了对诸亲王的防范。

对于同胞兄弟，李隆基继续加强与他们的手足之情，以免离心离德。同时，解除诸亲王的兵权，减少了起兵造反的可能性。随后，分封诸王到各州任刺史，以减少京官与诸王之间的接触，防止被对立党派利用。还规定“宗王以下每季两人入朝，周而复始”，使诸王不能扎堆留居京师，减少了诸王间的接触。

对于自己的儿子们，虽然李隆基大封他们在各州的官职，却都只是虚名，这些皇子们并不到封地任职。即使在京城的宅所，也由玄宗李隆基的亲信宦官监管，防止有能力、有野心的亲王造反。

排除威胁皇位的隐患之后，28 岁的李隆基决心励精图治，再创大唐盛世。

开元元年（713）十一月，李隆基自加尊号为“开元神武皇帝”，改年号为“开元”。同时，改尚书左、右仆射为左、右丞相，中书省为紫微省，门下省为黄门省、侍中为监。从此，拉开了开元盛世的序幕。

这时的唐王朝已历经百年，虽然经过八年半的乱政，国家经济受到一些破坏，但却未伤筋动骨。因为唐太宗李世民开创的贞观盛世，已经给唐王朝奠定了坚实的政治、经济、军事、文化基础；武则天虽然另立周朝，但是在她的领导下国家经济仍然稳步发展。这一切都为李隆基开创下一个盛世提供了根本保障。

年轻的李隆基具有卓越的政治才能，他知人善用，量才任官。首先，召回先前被贬的姚崇①，开元元年（713）十二月，任命姚崇兼紫微令（中书令改称），为宰相之首。

在唐玄宗要任命姚崇为宰相时，姚崇并没有立即答应，而是

---

① 即姚元之，三朝为相。才思敏捷，通达知变。唐朝廷改年号后，姚元之为避“开元”这一尊号，使用复名“崇”，遂称姚崇。

向玄宗提出“十事要”，如果玄宗能够接受这十件大事，他才能做这个宰相。这十件事包括：

1. 施行仁政，结束酷吏；

2. 宦官不准干预朝政；

3. 国亲不任台省官；

4. 严禁外戚干预朝政；

5. 严格执法，赏罚分明；

6. 不求边功；

7. 停建寺观；

8. 除租庸赋税外，杜绝额外贡献；

9. 允许朝臣对朝政提出批评建议；

10. 对待部下要以礼相待。

这十件关系社稷安危的大事，玄宗李隆基都诚恳接受，并将其作为施政大纲，成为“开元之治”的重要内容。

玄宗李隆基的用人特点是“用人不疑，疑人不用”。姚崇为宰相时，一次向李隆基奏请几个郎吏晋级的事，他连奏三次，玄宗却不理他，只是仰视殿顶，这令姚崇不知所措，以为自己说错了什么，只好忐忑退出。

玄宗的贴身太监高力士见状劝谏说：“陛下日理万机，宰相来奏事，应该当面给予答复，这样不予理睬好吗？”

李隆基说：“朕任元之以宰相，国家大事自当来奏闻，与朕共议，像郎吏这样的官吏升迁之事，他自己决定就行了，为什么还要来麻烦朕呢!”高力士将李隆基的这番话转述给了姚崇。姚崇这才转忧为喜，放手施为，以感激唐玄宗李隆基的信任之情。

继姚崇之后，玄宗还先后任用了正直干练的宋璟、张嘉贞、张九龄、韩休为宰相。这些人都是通晓治国方略、尽心操劳国事的名臣，可谓“贤臣当国”。被后世誉为“开元之初，贤臣当国，四门俱穆，百度唯贞”。

在贤臣的辅佐下，李隆基励精图治，对时弊进行了改革。

李隆基登基之后，首先面临的是官吏冗多，官俸开支庞大的问题。早在武则天时期，唐朝廷官吏队伍的膨胀就已有“车载”“斗量”之说；中宗复位后，安乐公主、上官婉儿等纳钱卖官，更是导致斜封官遍天下，吏治腐败，国家开支大增。

针对这种情况，李隆基开始大量裁汰冗官，整顿吏治。大革奸滥，十去其九。同时，停废闲散诸司、监、署十余所，精简庞大的官僚机构。

在此基础上，开元二年（714），李隆基又下制：选京官中有才识之人派到外地任都督、刺史；选外地都督、刺史中有政绩的调回朝廷来任职。前面提到的宰相宋璟、张嘉贞、源乾曜、杜暹、萧嵩、裴耀卿等人都是从地方官直接升为宰相的。此外，这一方式也改变了多年来重京官轻外官的风气。

开元四年（716），玄宗在殿廷复试吏部新选的县令，淘汰 45 名不合格者。同时规定，每年十月，各道按察使要对地方官的政绩进行考核，以定黜陟。

针对武则天当政时残留下来的酷吏制，玄宗以立法形式将其废除。先天二年（713）八月，朝廷宣布："凡有刑人，国家常法。自今已后，辄有屠割刑人骨肉者，依法科残害之罪。"开元二年（714）又下诏，以涪州刺史周利贞等13人"皆为酷吏，宜终身铁齿（永不录用）"。

同时，令人删修格式律令，以完善法律建设。如开元三年（715），颁布《开元格》10卷；开元七年（719），颁布《开元后格》10卷、《开元令》30卷、《开元式》20卷。此后又相继颁布《格后长行敕》6卷、《开元新格》10卷、《格式律令事类》40卷等。到开元二十六年（738），唐朝廷完成了《大唐六典》30卷。

玄宗即位之初，由于前朝遗留下来的诸多问题，导致朝廷财政匮乏。对此，玄宗首先从食封入手，解决财政紧缺状况。

贞观时期，食封者不过二三十家，食封家的封户最多仅千余户。而到了中宗时，食封者则达到1400家以上，食封之家的封户最多达万户。食封之家不仅占取肥沃土地，而且还大量侵蚀租调。有的还用租调做买卖，放高利贷，导致许多封户不堪封家的剥削而破产逃亡。

玄宗即位后，那些参与政变的大食封家已被诛杀，使得封家对国家赋税收入的分割有所减少，但食封制度仍需改革。

开元三年（715），唐朝廷规定：封家的租调由官府统一征收，送入京师，封家在京城领取。在征收租调时，封家不准到封地催索，禁止放高利贷。此后又规定，凡子孙承袭食封的，户数减十分之二。这些规定不仅抑制了食封贵族的势力，也有效缓解了国家的财政困难。

其次，玄宗接受了晋陵县（今江苏常州）九品县尉杨相如的上书，遵循曾祖父“太宗抑欲而昌”的做法，刻厉节俭，屡禁奢靡。

开元二年（714），玄宗便针对当时“风俗奢靡”的社会流弊，采取了抑制措施，下令：“乘舆服御、金银器玩，令有司销毁，以供军国之用；其珠玉、锦绣，焚于殿前；后妃以下，皆不得服珠锦绣。”又对百官的服带、酒器等用品做出规定。随后，玄宗又下令将宫中多余宫女遣送回家。并且颁下一道《禁厚葬制》，令所司依据各自品位高低明加节制。

另外，自中宗时期以来，崇佛之风大肆盛行，贵戚们争建佛寺，私度僧尼。富户强丁往往用出家的手段，逃避徭役。全国僧尼人数膨胀到数十万。达官贵人倚势建佛寺度僧尼，隐占人丁口，增加私产收入，导致国家收入日减，府库空虚。

开元二年（714），玄宗接受姚崇的建议，命令裁汰僧尼，强使 12000 僧尼还俗。同年又下令，不得创建佛寺，并禁止民间铸佛像和抄写佛经。姚崇还禁止百官和僧、尼、道士往来，以此抑制佛教势力的发展，打击寺院地主势力，提高财政收入。

当时，民众的逃亡也直接影响着朝廷财政收入。开元九年（721），玄宗接受监察御史宇文融的建议，以宇文融为劝农使，率领判官 29 人到各地实行检括逃移户口和籍外田（不纳租税的隐田）。颁布法令，规定逃户自首，于所在地附籍，可免除6年的租调和徭役，只收轻税。

经过几年的努力，清理户口工作到开元十二年（724）结束，新增户80余万，得钱数百万贯和相当数量的田地，所得田由各州县安插在均田土地上，在一定程度上缓和了阶级矛盾。

革除弊政，犹如切除附在唐王朝身上的一个个毒瘤。在这期间，玄宗不仅在用人上任人为贤，同时也敞开心扉，允许众臣谏纳言。不仅如此，当时的平民百姓，也多有上书陈时政、直言切谏。

孟子说："得道者多助，失道者寡助。"玄宗以开明的政治赢得政通人和，在宰相的勠力同心之下，实施利民的政策方针，促进了经济发展，社会安定，迎来了新的太平盛世。

忆昔开元全盛日，小邑犹藏万家室。

稻米流脂粟米白，公私仓廪俱丰实。

九州道路无豺狼，远行不劳吉日出。

齐纨鲁缟车班班，男耕女桑不相失。

——〔唐〕杜甫《忆昔》

开元盛世

开元时期，政局稳定，经济发展，大唐帝国再度呈现一派百舸争流、万物欣欣向荣的景象，进入中国古代史上一段并不多见的全盛时期。

这一时期，物产丰富、国库钱物堆积如山。国库的充盈，源于全国各地物产的富饶，例如，齐纨、鲁缟、蜀锦、吴绫；邢窑、越瓷；江南的稻米、水产；岭南的玳瑁、珊瑚；西域的琉璃、珠宝；北漠的驼马牛羊；等等。这些琳琅满目、富饶的物产从四面八方通过水陆贡道源源不断地运往洛阳、长安两处京师之地①。除珍贵物品贮存在宫禁中，供宫廷消费，其他物品则送到两京的

① 717 年初，玄宗将朝廷从长安迁往洛阳，直到 718 年冬。在以后的 20 年中玄宗共在洛阳度过 9 年，朝廷的迁移不下 10 次。

市场上出卖。当时，店肆林立，百货盈集。

据杜佑《通典》所记："至开元十三年封泰山，米斗至十三文，青齐谷斗至五文。""人家粮储，皆及数岁，太仓委积，陈腐不可较量。""自后天下无贵物，两京米斗不过二十文，面三十二文，绢一匹二百一十文。"这说明，当时粮食、布帛的产量相当丰富，而且物价低廉。

史学家杜佑还记述说："东至宋（今河南商丘南）、汴（今河南开封），西至岐州（今陕西凤翔），夹路列店肆待客，酒馔丰溢。每店皆驴赁客乘，倏忽数十里，谓之驿驴。南指荆襄（今湖北江陵、襄阳），北至太原、范阳（今北京），西至蜀川（今四川成都）、凉府（今甘肃武威），皆有店肆，以供商旅，远适数千里，不持寸刃。"从中可以看出，当时的交通顺畅、繁忙，行旅也相对安全。

随着经济发展，全国人口数量也逐年上升，到开元二十年（732），全国有民户786万余户，人口4540余万，户口比唐初大大增加，人口数也创下了有史以来的最高纪录。到了天宝八年（749），全国粮食储藏量达到1260余万石，其中洛阳城中的国家粮库"含嘉仓"的储粮就有580余万石。正如诗人杜甫所说："稻米流脂粟米白，公私仓廪俱丰实。"

这一切繁荣景象，得益于玄宗李隆基在开元之初实施的一系列促进经济发展的政策措施。

李隆基即位伊始，立即在夏收之际停修大明宫，要求"以农务方勤，罢之以待农闲”。为了保证农业生产，朝廷在这一时期也加强了水利灌溉工程的建设。

开元二年（714），李隆基命戴谦在文水（今山西文水）开掘，引文水开甘泉、荡沙、灵长、千亩四渠，可溉田数千顷。此后又在新息（今河南息县）疏浚玉梁渠，溉田3000余顷；在和州乌江县（今安徽和县东北）开凿沟渠，引江水至郭下，溉田500顷；在彭山（今四川彭山）修筑通济大堰一、小堰十，自新津邛江口引渠南下，长120里，溉田1600顷。这些灌溉工程对促进农业生产起到了重要作用。

在开元初年，山东、河南、河北等地连岁蝗灾，许多大臣认为“杀蝗有祸”，民间也惶恐不安，老百姓在田旁“焚香膜拜，设祭而不敢杀”。这时，具有唯物论思想的姚崇自请指挥捕蝗。玄宗李隆基采纳姚崇的建议，破除迷信，遣御史督州县大力捕杀蝗虫，减少了农业损失。

为了缓和自然灾害的冲击，唐朝廷振奋精神，采取措施，与饥荒积极斗争。开元二年（714），玄宗下诏，指示全国扩大自永徽六年（655）唐朝廷在京师实行的常平仓制。也就是说，在丰足之年，这些国家粮仓以高于市场的价格收购农民手中的余粮；在饥馑之年，再以低于时价的价格出售储粮、平抑飞涨的粮价，以此来保持粮食价格的长期稳定，保护农民种粮的积极性，减少自然灾害给农村、农业和农民带来的损失，从而巩固邦本、维护安定团结。

开元七年（719），为了进一步扩大常平仓制的惠及范围，唐玄宗又命令北方诸道、长江流域和四川的大城市建立常平仓，并给每个州拨专款，作为专项资金用于惠农事业。

同时，李隆基也极力主张恢复唐初实行的“义仓制”，并在原来的基础上加以改革。义仓的设置，目的是在荒年救灾、青黄不接时向农民免息贷种。每州的义仓本应该保存一定流量的税收储粮，灾年救灾，常年转运税粮。但是，后来这些粮食逐渐被作为一般岁入运往京师，丧失了义仓的功能。开元四年（716），唐朝廷下令禁止这种做法，保证了义仓的储粮在救济饥荒之时发挥作用。

随着相关措施的实施，到玄宗末期，各地义仓的粮食储备充足，关内、河东、河北、河南等最易发生饥荒之地，义仓建设更是完备。国家储粮制度的完善，解决了“谷贱伤农”的问题，也在很大程度上抑制了自然灾害的冲击。

在巩固既有成果的同时，唐玄宗还下令大兴屯田，一些荒芜的山岭地带都得到了垦辟，垦田面积在500万亩左右，进一步扩大了大唐帝国的农业根基。

农业的发展促进了手工业的进步，纺织、陶瓷、造纸、印刷等行业都有较大的发展。其中，棉纺织在这一时期发展显著，长安城内“卖白衫、白叠布（棉布）行，邻比廛间”，可见棉布产量之多。同时，关联产业印染工艺也得到提高，例如，早期发明的用镂板印染“夹缬法”的技术，在玄宗时期得到提高并广泛流行。

这一时期，富商大贾们更是活跃四方，辗转求利，许多贵族、官吏也兼营从商。在两京都长安和洛阳、运河到长安必经之地汴州、富庶的江南都会扬州、南海贸易最盛的口岸广州，处处都有富商的身影。

随着大量货币财富逐渐积聚于富商手中，这些有钱人也开始“积存钱帛，乘时射利”。先天元年（712），谏议大夫杨虚受上书指出：“商贾积滞，富家藏镪，兼并之家，岁增储蓄。”

不仅如此，富商大贾与贵族官僚们还经营高利贷以谋暴利。对此，开元十五年（727），玄宗李隆基发布《户部格敕》称：“应天下诸州县官，寄附部人兴易及部内放债等，并宜禁断。”试图以此禁止官员放贷。次年又诏：“比来公私举放，取利颇深，有损贫下。”此后朝廷还多次诏书屡禁自营官当，但是，收效甚微。显然，金融业的萌兴也是大唐经济社会发展的必然产物，中央政府面对这种新事物却不能领会，驾驭无方，一味禁止，违逆了经济规律，难以奏效也是正常现象。

经济的发展呼唤陆路、水路交通的改进，于是，玄宗对漕运进行了改革，以便各地的庸调能够顺利地转输到京城，此举也促进了海外贸易的发展。

开元二十三年（735），益州长史章仇兼琼重修隋初蜀王杨秀在温江所开的新源水。五年后，又重修通济堰。开元二十六年（738），为了缩短江南漕船，另辟河道 30 余里；开元二十七年（739），朝廷开通了广济新渠。同时，在淮河流域其他河道上，也做了几项航运工程。开元二十八年（740），魏州刺史卢晖开通济渠，自石灰窠引流至魏州贵乡城而西，注魏桥，使江淮货运畅通。

水路增修扩建的同时，陆道也在加紧建设。开元四年（716），时任左拾遗、内供奉官的张九龄上书皇帝，建议新辟大庾岭驿路，以解古道阻塞的困境。此后，大庾岭取代湘桂走廊和骑田岭，成为进入岭南的重要驿道。

这一时期，唐朝的对外交通也是四通八达，对外交往的国家达 70 多个。据《新唐书·地理志》记载，唐从国内入“四夷”的水陆道路有七条：

1. 从营州入安东道；

2. 从登州海行入高丽渤海道；

3. 从夏州、云中至蒙古草原道；

4. 自受降城入回纥道；

5. 从安西入西域道；

6. 从安南至天竺（印度）道；

7. 从广州通“海夷”道。

此外，还有水陆通道，可通往朝鲜、日本、中亚、印度和东南亚各国。道路的通畅，密切了唐王朝与外国经济、文化的交流，这也使得长安城聚集了大批外来人口。有记载称：长安外来居民主要是北方人和西方人，即突厥人、回鹘人、吐火罗人和粟特人等，还有许多大食人、波斯人和天竺人。在众多的外来人口中，又以胡人[1]居多。其中，西域人主要有于阗尉迟氏、疏勒裴氏，龟兹白氏，昭武九姓胡人（康、安、曹、石、米、何、火寻、戊地、史）、波斯诸国胡人等。

当时，胡人的饮食和服饰风行，“贵人御馔，尽供胡食”。具有翻领、对襟、窄袖、锦边特征的胡服也成为“士女皆竞”的服饰。

大唐经济的繁荣促使文化事业空前发展，诗歌进入历史上的黄金时代。许多杰出诗人，创作出了大量优秀的作品，流传至今。唐诗反映了社会生活的丰富内容，具有优美的艺术形式。继唐初诗人“四杰”——王勃、杨炯、卢照邻、骆宾王之后，活跃在盛唐时期的著名诗人有李白、杜甫、王维、王昌龄、高适、岑参、孟浩然等。其中，李白、杜甫都曾深受玄宗的赏识。

此外，绘画艺术也在这一时期走出了以往以人物画为主的局限，各尽其态的山水、花鸟、牛马等万物开始尽现于咫尺卷轴，充满了鲜活灵动的生活气息。

玄宗本人也是一位多才多艺的皇帝，他妙解音律、会作曲，擅长演唱和演奏乐器。他的兄弟们也都具备音乐才情。在他的影响下，开元时期的音乐歌舞艺术得到了空前的发展。

玄宗还在宫中的一片梨园设了“梨园亭”，作为排练歌舞的场所，选300名年少貌美的人在这里练习歌舞、戏曲，“声有误者，帝必觉而正之”，这些人也被称为“梨园子弟”。李隆基自己还担

① 胡人，泛指西域各少数民族。

任了梨园的“崔公”，相当于今天的曲艺学校校长或院长。崔公以下有编辑和乐营将（又称魁伶）两套人马。还设有宫内梨园法部、梨花园、太常系统的梨园别教院、洛阳梨园新院等，促进了歌舞艺术的发展。

世人熟悉的“梨园”和戏曲从业者被称为“梨园子弟”都来源于此。后世民间戏曲界供奉唐玄宗为祖师。“戏如人生，人生如戏”，不论唐玄宗的帝王戏演得如何，就其个人而言，他还真不是一个乏味的人物。

这一时期，天文学领域也有新的突破。开元十三年（725），唐玄宗诏令天文学家一行和尚（683—727）主持修订历法，两年后完成，取名《大衍历》。在修订历法的实践中，为了测量日、月、星辰在其轨道上的位置并掌握其运动规律，一行和尚与梁令瓒共同制造了观测天象的黄道游仪。通过观察，一行发现了恒星位置移动的现象。这一发现，比英国天文学家哈雷于 1718 年提出的恒星自行的观点早了将近一千年。

综观开元前 20 年，玄宗把国家治理得非常成功。这主要归功于他对贤臣、良相的知人善用。这 20 年中，玄宗每 3 年左右对辅臣班子做一次调整，使得位高权重的大臣既无法争斗不休、形成朋党，又不会出现专权势力，保证了朝政安定，天下大治，从而开创出光耀史册的开元盛世。

但是，盛世之下仍然隐藏着许多危机，这些危机在玄宗任用李林甫为宰相之后便开始显现出来，以至天下大乱。

柄国年深巧蔽欺，如何方面用胡儿。

只知怙宠身为计，不道渔阳乱已基。

——〔宋〕徐钧《李林甫》

错用奸佞，宰相误国

开元二十四年（736）前后，做了20多年太平皇帝的李隆基，滋长了骄傲怠惰的情绪，开始厌倦国政，贪图享乐。

宰相张九龄看到这种情况十分着急，就给唐玄宗提意见，但是李隆基对此置若罔闻。在这种状态中，李林甫脱颖而出。

李林甫史称“口蜜腹剑”之人，李隆基在李林甫死后曾评价他说：“这人嫉贤妒能，举世无比。”

可见，唐玄宗非常了解这个人。然而，就是这样一个人，玄宗竟然让他居宰相之位达19年之久，任其独持国柄，何以如此？

李林甫出身宗室，曾祖父是李渊的堂弟长平肃王李叔良。以辈分而论，李林甫当是玄宗的远房叔叔。最初，李林甫凭借祖荫担任千牛直长，也就是个普通的宫廷侍卫官。随后，依借舅舅与宰相源乾曜是儿女亲家，升为东宫谕德，早晚侍候、规谏太子。这是个闲职，李林甫并不满意。开元十四年（726），在中丞宇文融的引荐下，李林甫又升为御史中丞，后来又历任刑部、吏部侍郎。

李林甫是一个不学无术的人，却善于搞政治权术。其仕途一路平坦，也不奇怪。开元二十二年（734），李林甫升为礼部尚书、同中书门下三品，正式进入宰相班子。

最初，玄宗李隆基跟张九龄商量，要把李林甫提为宰相。张九龄知道李林甫是个什么人，就对玄宗说："宰相的人选，关系到国家的安危。如果李林甫为相，只怕将来国家要遭到灾难。"

但是，李林甫当时已经通过各种关系，讨得了另一位宰相韩休的赏识，还讨得了李隆基的宠妃武惠妃的欢心。这样，外有宰相引荐，内有武惠妃吹风，李林甫还是如愿以偿地当上了宰相。进了国家最高决策层。不过，当时同在相位的张九龄为中书令、裴耀卿为侍中，而李林甫资历浅、威望低，还不是主要掌权者。

李林甫性情缜密、城府极深，外人很难看清他的心思，而且他擅长耍阴谋，懂得如何"巧伺上意"。与李林甫相比，宰相张九龄则博学多识，为人耿直，但也拘泥固执，性情急躁，动辄争吵。

开元二十四年（736），当时，玄宗居住在东都洛阳，由于急于回长安履行祭祖礼仪，于是决定移驾长安。对此，宰相张九龄和裴耀卿表示反对，因为这时正值收割庄稼时期，迁移所经地区可能会给百姓带来困苦。

然而，李林甫却抓住机会，站出来支持玄宗，声称：两京是皇上轮居之地，只要皇上愿意可以自由选择迁移的时间。李林甫的话说到了皇上的心坎上，有了宰相的声援，李隆基自然心安理得，于是，便返回了长安。

还有一次，玄宗又找张九龄商量，要提拔朔方（今宁夏灵武）的守将牛仙客。此人虽然目不识丁，却善于理财。对此，张九龄还是不同意。这回玄宗李隆基真不高兴了。

李林甫则乘机离间玄宗与张九龄的关系，对玄宗说："牛仙客是任宰相的人选，张九龄是个书呆子，不识大体。"此后，李林甫多次利用机会离间玄宗与张九龄以及其他宰相之间的关系。由于李林甫为性狠狡，"国人谓林甫精神刚戾，常如索斗鸡"。就这样，在李林甫的强势攻击下，张九龄也发现自己不是李林甫的对手，为此还写下《归燕诗》：

海燕虽微渺，乘春亦暂来。
岂知泥滓贱，只见玉堂开。
绣户时双入，华堂日几回。
无心与物竞，鹰隼莫相猜。

尽管在诗中张九龄收其锋芒，显露出向李林甫"示弱"的态度，但是，开元二十四年（736），张九龄、裴耀卿还是被玄宗免去宰相职务，任命李林甫兼中书令、牛仙客为同中书门下三品。

这一年不仅是开元盛世由治趋乱的转折点，也是大唐历史由强盛走向衰落的分界线。

在排挤了张九龄、裴耀卿之后，为了专权固位，李林甫竭力堵塞言路，想方设法把唐玄宗与文武百官隔绝开来。

一次，他公然把谏官们召集在朝堂说："现在皇上圣明，做臣下的只要按皇上意旨办事就可以，用不着大家七嘴八舌。你们没看到立仗马（皇宫前做仪仗用的马）吗？它们吃的饲料相当于三品官的待遇，但是哪一匹马要是叫了一声，就被拉出去，到时后悔也来不及了。"

谏官杜琎不惧李林甫的权势，继续上书言事。结果，第二天便被贬到外地去做县令了。此后，谏官们人人缄默保身，谁也不敢向皇上提意见。高高在上的玄宗，自此耳根清净，"耳目"皆失。

这期间，玄宗也为接二连三的家事大伤脑筋。玄宗的皇后是王皇后，是李隆基任临淄王时的原配夫人，因婉淑贤顺，在宫中上下深受拥戴。但是，这位王皇后与高宗的王皇后一样无儿无女，而受宠的武惠妃却为玄宗生儿育女，这令王皇后备感失落。

而自恃娇宠的武惠妃也开始觊觎皇后位，试图排挤王皇后。为了摆脱威胁，王皇后听从了哥哥王守一的劝告，行厌胜之术(一种咒术)，寄希望从旁门左道谋求生路。这种法术是宫中明令禁止的。不久，武惠妃得知此事，将王皇后告发。唐玄宗得知此事后，大为震怒。开元十二年（724）七月，王皇后被废为庶人，王守一被赐死。开元十四年（726），太子李瑛的生母赵丽妃又突然死去。此后，武惠妃受宠权倾后宫，但是玄宗却一直未再立皇后。

既然自己不能成为皇后，惠妃就把希望寄托在儿子身上，开始为儿子寿王李瑁的政治地位苦心经营。

武惠妃得宠，其子寿王也成为最受玄宗钟爱的儿子，这令太子李瑛备感郁闷。于是常与异母兄弟鄂王李瑶、光王李琚聚在一起发牢骚，言语之间流露出对武惠妃的怨恨，有时难免也涉及玄宗李隆基。

天下没有不透风的墙，他们的言谈很快传进了武惠妃耳中。惠妃乘机向玄宗告状，说太子暗中结党，要加害她们母子，还指斥皇上。玄宗听后大怒，意欲废掉太子。

宰相张九龄以“太子天下本，不可轻摇”为由坚决反对，此事一时被搁置。但是，废立太子之争，已然公开化。

开元二十三年（735），武惠妃为亲生女咸宜公主大办婚礼。随后，大张旗鼓地为儿子李瑁册妃、纳娶杨玉环，以示重视。

开元二十四年（736），张九龄被罢免之后，武惠妃指使女婿杨洄诽谤太子李瑛与颚王李瑶、光王李琚合谋篡位。唐玄宗利令智昏，偏信了杨洄的一面之词。次年，下令废太子兄弟三人为庶人，随即赐死，一举铲除了觊觎皇权的三个儿子。

这时，早已经依附惠妃的李林甫，趁机劝立寿王李瑁为太子，期待新皇帝登基后，自己照样把持国政大权。

但是，玄宗的三子忠王李玙（后改李亨）年长，而且仁孝恭谨又好学，李隆基想立李亨为太子。

同年底，40岁的武惠妃还未看到儿子坐上太子之位，就因病匆匆离开了人世。武惠妃是李隆基最宠爱的妃子，她的死令玄宗十分伤心，而太子未立也令玄宗寝食不安。

这一切，被他的心腹宦官高力士看在眼里，急在心头。

高力士深谙玄宗的心思，最终，他的一句“推长而立，谁敢复争”的话，坚定了玄宗立忠王为皇太子的决心。开元二十六年（738）六月，李亨被册立为皇太子。

李林甫对此很不高兴，等待时机想除去皇太子李亨，再立寿王。

表面上，李林甫对待任何人都和颜悦色，也从不在朝堂上当面斥责政敌。可是背转身后，他定将对方置于死地。因此，人称他是“口有蜜、腹有剑”。为了独柄朝政，李林甫对于功业、才望超过自己的人，开始“百计去之”。

玄宗李隆基很欣赏兵部侍郎卢绚，李林甫得知后，担心玄宗任卢绚为宰相。于是，让人传话给卢绚，说朝廷要调他去边远地区任职，如不想去，李林甫可出力，帮他争取去洛阳做个闲职。

卢绚得知后，果然怕去边远之地任职，便申请去洛阳。李林甫乘机任命他为华州刺史。到任不久，又被诬说他身体不好，不称职，再一次降了职，卢绚的仕途之路就这样莫名其妙地走到了头。

另外，还有个官员叫严挺之，被李林甫排挤到外地当刺史。一次，唐玄宗想起他，跟李林甫说：“严挺何在？这个人很有才能，还可以用呢。”李林甫心中甚是恐慌，退朝后，忙把严挺之的弟弟找来，对他说：“你哥哥不是很想回京城见皇上吗，只要叫他上一道奏章，说他得了病，请求回京城来看病就可以。”

严挺之真的上了一道奏章，请求回京城看病。李林甫就拿着奏章去见玄宗，说：“真太可惜，严挺之现在得了重病，不能干大事了。”不知内情的玄宗，只能惋惜地给了严挺之一个闲职。

为了取得玄宗的信任，李林甫绞尽脑汁地笼络得宠的嫔妃和有地位的宦官，另外，无论是侍奉皇帝左右的宫女还是做饭的伙夫，只要是玄宗身边的人他都不放过，都不惜重金收买。目的就是要对李隆基的一举一动，甚至一个心思都了如指掌，待到玄宗与其谈事，他就会完全顺着皇上的思路说与做，让玄宗舒服、满意。

久而久之，玄宗李隆基便对李林甫形成了依赖，对他的宠幸也与日俱增。李林甫也逐渐实现了梦寐以求的愿望——独揽朝政。

杨家有女初长成，养在深闺人未识。

天生丽质难自弃，一朝选在君王侧。

回眸一笑百媚生，六宫粉黛无颜色。

春寒赐浴华清池，温泉水滑洗凝脂。

侍儿扶起娇无力，始是新承恩泽时。

云鬓花颜金步摇，芙蓉帐暖度春宵。

春宵苦短日高起，从此君王不早朝。

承欢侍宴无闲暇，春从春游夜专夜。

后宫佳丽三千人，三千宠爱在一身。

——〔唐〕白居易《长恨歌》

从此君王不早朝

李林甫处心积虑独揽大权之时，唐玄宗却沉溺于声色之中。

武惠妃死后，玄宗李隆基不胜悲痛，由于用情专深，武惠妃的谢世曾一度带走了他对儿女之情的兴致。后宫佳丽三千，竟然无人令他心动，伤心之际，他还焚烧了宫中那些触目生情的珠玉锦绣，放逐宫女数千人，却依然整日沉湎于对武惠妃的追忆之中。

高力士担心玄宗从此一蹶不振，力劝唐玄宗征选天下绝色多情美女，借以摆脱孤寂的心境。李隆基被高力士说动，派他亲自出京操办此事。

这高力士也是下足了功夫，从汉江顺流向东，经江汉、广陵、钱塘又到福建，一路明察暗访，搜寻美女，终于在福建莆田的珍珠村找到了一位才貌双全、知书达礼、性情温婉、清秀脱俗的江采萍。

玄宗一见到江采萍，就将她选入宫中，且大为宠幸。江采萍天生爱好梅花，所居阑槛种有许多梅树。玄宗对江采萍爱如至宝，因其喜欢梅花而封为“梅妃”。只是，梅妃的好景不长。玄宗又看上了儿媳妇——寿王李瑁的妃子杨玉环（719—756）。

杨玉环天生丽质，性格婉顺，体态丰满性感，眉目妩媚，长得与武惠妃有几分相似。杨玉环出生在蜀郡（今四川成都），出身宦门世家。曾祖父杨汪是隋朝的上柱国、吏部尚书，唐初被李世民所杀；父亲杨玄琰曾任蜀州司户；叔父杨玄珪曾任河南府士曹。杨玉环在四川生活到10岁左右，父亲去世，三叔杨玄珪就把她带到洛阳抚养、教育。杨玉环很有才华，精通音律，能歌善舞，弹得一手好琵琶。

开元二十二年（734），15岁的杨玉环嫁给唐玄宗第18子寿王李瑁为妃。婚后，两人度过了五年甜美的生活。

开元二十八年（740）的某一天，唐玄宗在骊山行宫泡温泉，高力士为了讨皇帝欢心，怂恿唐玄宗传召美貌的寿王妃前来陪驾献舞。此时，21岁的杨玉环花开正艳，来到行宫后，56岁的唐玄宗一下子被她的美艳和娇媚所倾倒，正所谓“回眸一笑百媚生，六宫粉黛无颜色”，李隆基从此再也放不下这个儿媳妇了。

杨玉环的出现，令唐玄宗心惑神迷、色令智昏。他决心“父夺子妻”，将杨玉环占为己有。为了掩人耳目，在臣官高力士的安排下，让杨玉环主动申请出家为尼，法号“太真”，出家的地点是道观太真宫（宫廷的庙宇之一），不久还俗，纳入宫中。从此，李隆基日日笙歌，夜夜专房，沉溺于声色之中，国事都交给李林甫处理。

玄宗在位已经30年，经过前20年的努力，此时的大唐王朝国力强盛。太子的问题也已经解决，又得一姿容出众的宠妃。这一切令他陶醉于伟大帝业的巨大成就感之中。

新春伊始，他下诏大赦天下，改开元三十年为天宝元年。改侍中为左相，中书令为右相，尚书左、右丞相复为仆射，东都洛阳为东京，北都长安为西京，改州为郡，刺史为太守。

自得意满的玄宗，开始整日沉浸于歌舞美色之中，“春宵苦短日高起，从此君王不早朝”。

天宝的最初三年间，玄宗与杨贵妃每年都要去骊山温泉宫，每次逗留都在30天以上，有时一年去两次。朝中事情都交给李林甫，自己落得清闲。

天宝三年（744），李隆基觉得自己的丰功伟绩已经超越了历代帝王，除三代（夏、商、周）以前的唐尧、虞舜之外，无人能与之相比。便仿效《尔雅·释天》中“唐、虞曰载”的说法，下诏“改天宝三年为三载”。

同年，沉溺于新欢之中的玄宗对高力士说：“朕不出长安近十年，天下无事，朕欲高居无为，悉以政事委林甫，何如?”高力士则直言“天下大柄，不可假人”。玄宗听罢顿时龙颜不悦。足见其倦怠、厌政之深!

天宝四载（745）八月，李隆基封杨玉环为贵妃。此前，为了安抚儿子寿王，李隆基于七月为李瑁选妃，册立韦氏为王妃。

杨贵妃在宫内的礼遇与当年的武惠妃相等，仍然是皇贵妃的名号，宫中呼为“娘子”。玄宗虽然不曾给她荣册皇后的名号，但杨玉环享受的礼数实同皇后。

玄宗太爱杨贵妃了，在情感上对杨贵妃百般爱恋，在物质方面更是煞费苦心地为她营造纸醉金迷的生活氛围。李隆基把杨贵妃住的地方命名为“贵妃院”，专门为她选用上千名织锦刺绣的工匠、数百名雕刻熔造首饰的工匠，日夜不停地为她制作锦衣华服、珍宝玩好。

皇帝国戚们更是投其所好，纷纷向杨贵妃进献最昂贵的物品。地方官们也不堪落后，在百姓身上大肆搜刮之后，或购得或抢得奇珍异宝贡献给杨贵妃。

杨贵妃生长在四川，从小爱吃荔枝。这产于热带之地的水果，要想运到长安需要十几天，而经过十几天，荔枝也就不新鲜了。为了博得杨贵妃的欢心，玄宗像对待国家大事一样，命令驿站用传递紧急公文的方式，从岭南急递专程运到长安。

有关这段荔枝的故事，唐代大诗人杜牧在《过华清宫》中写道：

长安回望绣城堆，山顶千门次第开。

一骑红尘妃子笑，无人知是荔枝来。

唐玄宗大肆挥霍，朝中贵臣也就饰巧求媚，以满足李隆基的奢侈消费。有人提出实施赋税与贡献分开制度，即“赋税当委于有司，以给经用；贡献宜归于天子，以奉私求”。由此，天子便可独享天下“贡赋”中“贡”的部分，任其挥霍。

这样一来，玄宗更以为“国用丰衍，故视金帛如粪壤，赏赐贵宠之家，无有限极”。

在皇帝的影响下，民间也大行奢靡之风。一些富商更是挥霍无度。据记载：“长安富家子刘逸、李闲、卫旷……每至暑伏中，各于林亭内植画柱，以锦绮结为凉棚，设坐具……”

被玄宗称为“天下之富”的富商王元宝则“起高阁，以银镂三棱屏风代篱落，密置香槽，香自花镂中出，号含薰阁”；富商杨崇义，“家富数世，服玩之属，僭于王公”。

当李隆基倾其财力、精力去爱他的妃子之时，李林甫则接过玄宗授予的权杖为所欲为。

从天宝四载（745）起，李林甫铲除“不附己者”的方式有了很大的改变，不再是以简单的诡计排挤政敌，而是大肆制造冤狱、诛杀异己。御史台的两个亲信酷吏吉温、罗希奭，按照李林甫的意图，大兴冤狱。时人称“罗钳吉网”。

当时，同为宰相的李适之也没逃脱李林甫的毒手。李适之是太宗太子李承乾的孙子，因有才干很受玄宗赏识，任兵部尚书兼左相。李适之自恃才望门第，没把李林甫放在眼里，这令李林甫心生怨恨。

天宝四载（745），李林甫无端向兵部发难，妄加其罪名，以酷刑逼使兵部大小官员 60 余人招供。李适之对此束手无策，自请辞相职。

第二年，李林甫又开始对太子李亨下手。前面已经提到，李亨做太子很不顺他的意，李林甫对此一直耿耿于怀。为了铲除太子，李林甫从太子妃的哥哥下手。

太子妃韦氏的哥哥韦坚，当时担任江淮转运使时，因政绩突出受玄宗恩宠。另外他与李适之关系不错，因此，李林甫拿他开刀，随手制造一起“韦坚案”，也称“东宫案”。这一案件，不仅害死了一批人，贬官流放了数十人，太子李亨也被逼休掉韦妃。

庆幸的是，在太子问题上李隆基仍然没听李林甫的，因此李亨再次保住了太子位。

此后，杜有邻、王忠嗣、杨慎等冤案接连发生，只要威胁到李林甫利益的，他都会毫不留情地加以迫害。因此，李林甫把持朝政期间，唐朝廷政治日趋黑暗、腐败，冤假错案数不胜数。

在李林甫大肆铲除有识朝臣之时，玄宗眼里除了杨贵妃似乎什么也看不到、听不到。

即位之初，李隆基曾对姚崇允诺——“禁止外戚干政”，但是，当遇到杨玉环之后，这个允诺便失去作用，杨氏家族一夜间权倾朝野。杨贵妃的两个哥哥，一个被任为殿中少监，另一个则娶了武惠妃的女儿太华公主，为驸马都尉；三个姐姐，又都以“皆有才色”，被玄宗封为韩国夫人、虢国夫人、秦国夫人，使其“出入宫掖，并承恩泽，势倾天下”。在他们面前，公主也不敢坐。

杨氏五家的门口像市场一样热闹，因为有太多的人希望攀上他们的关系。为了让杨氏五家都满意，不仅行贿的人必须送五家，就连李隆基也对他们的赏赐也是五家一样，不偏不倚。

杨氏一家仗着李隆基的宠爱，成了政治上和经济上的暴发户，常常横行于世，百姓是敢怒不敢言。民间流传着这样的民谣：“生男勿喜女勿悲，君今看女作门楣。”

而杨氏中以杨贵妃的堂兄杨国忠的权势最为显赫。

杨国忠原名杨钊，曾是个游手好闲的人，30 岁时在四川从军，做过新都尉这样的小官。任期满后，生计没了着落。这时，搭上了杨贵妃这趟快车，迅速飞黄腾达。

当时，沉溺于声色之中的玄宗又迷上了赌博，正愁没人陪着玩时，听说杨国忠会以掷骰子决胜负，于是召见他。果然，玄宗发现杨国忠确实是赌博的行家。每次掷完骰子，杨国忠都能很快口算出输赢结果，而且分毫不差。这令玄宗大开眼界，甚为欢喜，为了能让杨国忠进入宫廷方便，授以他金吾兵曹参军之职。此后，在短短两年里，杨国忠先后任 15 种职位，骤然从一个混混升到监察御史的位置。

杨国忠的迅速崛起引起了李林甫的兴趣，两人相识之后，结果是臭味相投，很快成为知己。杨国忠为了向上爬，竭力讨好李林甫，李林甫也因为杨国忠是皇亲国戚，尽力拉拢。在李林甫策划的一系列冤狱中，杨国忠充当着实际指挥的角色。两人狼狈为奸，横行于朝廷内外。

天宝七载（748），为了满足玄宗的虚荣心，杨国忠建议玄宗把各州县库存的粮食、布帛变卖掉，买成轻货送进京城，各地丁租地税也变卖布帛送到京城，因为这样可以使国库看上去更充盈。

玄宗觉得这个建议不错，就采纳了。此后，杨国忠常对玄宗说，如今国库充实已属古今罕见。玄宗对此很好奇，于是在天宝八载（749）二月，率领百官去参观太府寺左藏署。

玄宗到了那一看，果然如杨国忠所说的那样，高兴得玄宗立即赐杨国忠紫金鱼袋①，兼太府卿，专门负责管理钱粮。

杨国忠越来越受到唐玄宗的宠幸，地位也扶摇直上，让李林甫心生不安。不久，两人在新旧贵族之间争权夺利的问题上产生了矛盾，而玄宗对杨国忠的信任日益增加，开始疏远李林甫。

天宝十一载（752）十一月，李林甫病死。受宠的杨国忠顺理

---

① 赐金鱼袋，是一种恩宠。从唐代开始：三品以上紫袍，佩金鱼袋；五品以上绯（大红）袍，佩银鱼袋；六品以下绿袍，无鱼袋。官吏有职务高而品级低的，仍须按照原品服色。例如，任职宰相而不到三品的，其官衔中必带赐紫金鱼袋；州官刺史也不拘品级都穿绯袍。这种服色制度，到清代才完全废除，只在帽顶及补服上分别出品级。

成章地被任命为宰相，兼文部尚书，同时还兼领40余职。

杨国忠的胆子比李林甫更大，在阻挠下情上达的同时，还整天发号施令，乱理政事、排除异己。导致玄宗后期的政治更加昏暗不堪。历史上评价他是一个祸国殃民的宰相，与奸相李林甫齐名。

自古稻粱多不足，至今鸂鶒乱为群。

且休怅望看春水，更恐归飞隔暮云。

——〔唐〕杜甫《官池春雁》

横空出世节度使

开元年间，虽然国力得以增强，但边疆并不安定。

为了巩固边疆军事力量，玄宗加强了多事地区的驻军力量。这里的多事地区是指唐朝边疆的那些被收复和归顺的区域。

在太宗李世民统治时期，唐朝的内地的行政区域分为十道。到唐玄宗李隆基时，内地行政区域分成了十五道。为了安置归顺的游牧部落，李隆基还对边疆各地实施羁縻府州制。

羁縻府州制是一种自治制度，唐廷在各部族地设都督府或州，以当地部族首领为都督或刺史，官职可以世袭。各部族拥有自主权，但也有向唐朝廷朝贡和出兵助战等义务，并受唐廷诸道都督府或都护府统领。

对于唐朝廷来说，这种边疆各部族与唐朝廷的内附关系只是一种国力强大的象征，却没有太多实际利益，因羁縻州“贡赋版籍，多不上户部”。国力兴盛之时，羁縻州争先恐后归附；衰落时，又纷纷脱离。

贞观之后，唐朝廷忙于宫廷斗争，一些羁縻州纷纷脱离与唐的关系。即使依附唐廷的羁縻州也不安定，这些部族多为游牧民族，擅长骑射，其实力也不容忽视，也时常发生扰边之事。

因此，为了加强多事地区的驻军力量，玄宗诏令各地，大兴屯田，垦田面积达500万亩左右，全国共建设军屯920屯。

同时，在北方和西北边区采取积极的防御政策，将原来对周边民族的行政性控制转变成军事控制，增设军镇，辖管几个州，监督控制所在地区各民族。行军总管称为节度使，节度使的势力在当时被称为藩镇或方镇。

早在睿宗时期，节度使就是正式的官职，只是没有形成规模。节度使最初也只是特派员，监察管理军事工作而已。但是，随着玄宗对边疆重视程度的提高，节度使的权利范围也在扩大，不仅统管领域内的军事还兼管行政和财政，地位近乎一方诸侯。

与此同时，府兵制的瓦解也造成了节度使职高权重的局面。

前面提到，唐朝初期实行的是府兵制，而府兵制与均田制又是紧密相连的。唐初，由于人口少，均田制在推行之时，农民能分得一定数量的土地，使得府兵制得以维持。但是，经过了几度和平安定时期，唐王朝人口大量增加，人均土地相对减少。唐朝廷虽然不断鼓励农民开荒种田，但是，显贵们大肆吞并土地，使得均田制在土地分配上捉襟见肘。虽然朝廷不断颁布法规，限制土地兼并，但土地还是渐渐集中到少数人手里，均田制逐渐走向解体。“皮之不存，毛将焉附?”附着其上的府兵制自然也就难也维持。

按照府兵制度，各个兵员必须具有相应的身份。其中，府兵的三卫要求最严格，充任者必须是五品以上官员的子孙；普通卫士则要求是六品以下官员的子孙和编户百姓。

而大量失去土地的农民为了生存便四处流亡，他们没有什么户籍，没有户籍也就成了没有身份的人，自然也就不在征兵范围之内。而拥有土地的农民，由于家庭人口的增加，人多地少，土地的产出越来越难负担沉重的兵役。因此，每逢增兵之时，农民宁可烫伤手足，也不去充军，这使得兵源日渐枯竭。

在这种情况下，兵制改革势在必行。

开元十年（722），玄宗采纳宰相张悦的建议，招募壮士充京师宿卫。逐渐地，以募兵制代替府兵制，当兵成为一种专门的职业，兵器、粮食以及服装都由朝廷发放，兵农分离。募兵制对兵员只强调身体健壮，而无其他限制，兵源一下子变得充足了。

第二年，朝廷又在京师及附近诸州选府兵和白丁 12 万人，号称“长从宿卫”。开元十三年（725），改名为“彍骑兵”，分属十二卫。起初，镇守京师的彍骑兵多为精兵壮士，且注重军事训练。但是，到玄宗后期天宝年间，彍骑兵队伍中则多为市井无赖。

开元二十五年（737），朝廷又下令各军镇招募丁壮充边镇戍兵，号称“长征兵”，由于对边疆的重视，使得精兵猛将都聚集在边镇；内地各道有地方守备队，亦称团练，但是装备差、数量少。

兵制改革虽然从根本上解决了兵源问题，却也改变了府兵制地方兵力分散、中央集权的军事体制。到玄宗晚年，藩镇武装力量不断坐大，节度使权势越来越重，连朝廷的宰相也常常出任节度使，节度使有功的也往往入朝任宰相。由此可见其权位的重要性。

到天宝初年，唐朝陆续设置了九个节度使和一个经略使，分别是：

安西（治所龟兹城，今新疆库车）：镇抚西域诸国。

北庭（治所北庭都护府，今新疆吉木萨尔北）：防御突骑施等部落。

河西（治所凉州，今甘肃武威）：阻断吐蕃和突厥。

范阳（治所幽州，今北京市西南）：控制奚、契丹。

平卢（治所营州，今辽宁朝阳）：镇抚室韦、靺鞨，防御契丹。

陇右（治所鄯州，今青海乐都）：防御吐蕃。

朔方（治所灵州，今宁夏灵武）：与河东节度使共同防御漠北的突厥等族。

河东（治所太原府，今山西太原）：与朔方节度使共同防御漠北的突厥等族。

剑南（治所益州，今四川成都）：防御吐蕃，镇抚蛮、獠。

岭南五府经略使（治所广州，今广东广州市）：镇抚南方。

当时，唐朝的全部兵员约为 57 万，而分散于边镇的兵力就达 49 万，战马 8 万余匹。中央和内地兵力仅有 8 万余人，而且久疏战阵。唐朝的军事形势也由原来的“内重外轻”向“外重内轻”转变。

最初，除了西部各藩镇外，大部分节度使为高级文官，同时身兼其他高级职务。对于他们来说，期满后及早调回中央政府是他们心中梦想。节度使在藩镇的时间很少超过四年。因此，节度使掌管藩镇之初，这些强大的军区仍然处在朝廷的轻松控制之下。

这一制度实施之后，唐朝边境战事捷报频传：

开元二十三年（735），幽州长史张守珪，计杀契丹头目屈剌、可突干等人，契丹势力为之一蹶不振。

开元二十六年（738），节度使王忠嗣率 10 万骑兵北伐契丹，与契丹在桑干河进行会战，三战三捷，契丹联军全军覆没，36 部投唐，从此几十年不敢作乱，唐朝威行漠北。

天宝元年，王忠嗣再度集中优势兵力与吐蕃会战于青海湖，最终全歼吐蕃军，并俘虏了 8000 依附吐蕃的吐谷浑军。

天宝六载（747）三月，大将军高仙芝远征西域，攻破吐蕃军事要塞连云堡（今阿富汗境内），破小勃律国，活捉小勃律国王及吐蕃公主，并灭掉了现在塔什干地区的“石国”，大掳金银财宝无数。

天宝七载（748），封疆大吏哥舒翰采用“步步为营”的军镇策略向吐蕃腹地推进，最终收复失陷多年的黄河九曲之地，继王忠嗣之后，唐朝在对吐蕃的战争中再次取得了全面胜利。

天宝九载（750）二月，高仙芝再次率兵击败竭师国（今巴基斯坦奇特拉尔）的军队，俘虏了竭师王勃特没。至此，唐朝西域势力已经直接统治塔里木地区、伊犁河流域和伊塞克湖地区，并控制了帕米尔山谷地区，同时还是吐火罗地区、喀布尔和克什米尔的保护国。

这时的大唐帝国，军威四达，东征西讨，战功赫赫。

然而，兵权过于分散的迹象，并没有引起玄宗李隆基的警觉，反而随着收复边境失陷州县以及征服四夷的能力加强，更加放纵任用节度使。不仅延长节度使的任期、多年不予调换，还大肆放权，节度使经常一人兼管多镇。例如，王忠嗣曾兼领河西、陇右、朔方、河东四镇，统兵 26.7 万余人；安禄山兼统范阳、平卢、河东三镇，统兵 18.39 万余人。

在李林甫掌权期间，为了排挤朝廷的贤能，反对文臣出任节度使之职，他向玄宗上言："文臣为将，怯当矢石，不若用寒畯胡人。"也就是说，文臣不当为将，应专用寒士和胡人。因为胡人勇决习战，寒士孤立无党，必能为朝廷尽死。

在李林甫看来，胡人文化低，不会被调到朝廷当宰相，也就不会威胁到自己的地位。而此时的玄宗因为有"吞并四夷"的野心，认为提高军队的战斗力最为重要，因此接受了李林甫的建言。

到天宝六载（747），诸道节度使中，有安禄山（康国人）、安思顺（安国人）、高仙芝（高丽人）、哥舒翰（突厥人）四名"胡人"将领。

其实，在这种制度下，无论是重用"胡人"还是重用汉人，节度使只要集军、政、财权于一身，就会因久任一方而培植私党、亲兵，就会不可避免地加剧地方与中央的矛盾。同样，藩镇拥兵自重、割据成势直至尾大不掉，还会进一步刺激各节度使攫取更大、更高权力的欲望和野心。

一场叛乱就在不知不觉中酝酿而成。

随人玄养宁知父，负主恩私岂有君。

逆气终然招逆报，可怜四海乱如云。

——〔南宋〕徐钧《安禄山》

谁给了安禄山机会

天宝十四载（755）十一月，一场撼动唐王朝根基的“安史之乱”轰然爆发。始作俑者是安禄山（703—757），因为伙同其部将史思明（703—761）一起叛乱，因而史称“安史之乱”。

能把大唐帝国搅得天翻地覆，此人想必一定有过人之处。其实，安禄山是个貌似忠厚、憨直，实际却是个性情阴险狡诈、善于逢场作戏、揣度人心的人，同时他也是个很走运的人。

安禄山原名叫轧荦山，出生在营州柳城（治所龙城，今辽宁朝阳），是混血“胡人”，据说其父亲是粟特人，母亲是突厥人。安禄山从小丧父，一直随母亲住在突厥部落，母亲后来嫁给了突厥将军安波注的哥哥安延偃。安禄山也就随其姓安，名叫禄山。

青年时期，安禄山与表兄安思顺来到幽州（治所蓟县，今北京城西南）。安禄山因会说 6 种民族语言，而成为互市牙郎（贸易居间人）。这期间，安禄山的同乡好友史窣干也是互市牙郎，也是混血“胡人”，日后因被玄宗赏识而赐名“思明”。

不久，两人从军投奔在幽州节度使张守珪旗下，皆以勇猛而闻名，均被张守珪提拔为捉生将。由于安禄山为人狡猾，精于钻营，善于揣摩上司心意，深受张守珪的喜爱，并收其为养子。

在任捉生将期间，安禄山也小有军功。他曾用计诱捉与唐朝为敌的契丹人，也曾数次带领几名轻骑兵袭敌，活捉几十名契丹人。因他熟悉边境一带的山川地形，屡建“战功”，所以不断被提拔，很快升为左骑卫将军，担任平卢讨击使。

开元二十四年（736）对于安禄山来说，是死里逃生的一年。这一年，由于轻敌，安禄山在征讨奚、契丹叛军时大败，按军规应当斩。张守珪的奏斩之请，得到宰相张九龄的批准，决定严肃军纪，斩杀安禄山。

但是，张九龄的决定，意外被唐玄宗李隆基否决了。因为玄宗皇帝看了张守珪的奏章之后，认为安禄山是位精明强干的人，所以决定让他戴罪立功，降为一般士兵继续在军前效力。

宰相张九龄为此与玄宗力争，他说：“安禄山违反军令，损兵折将，按军规必杀。”而且“观其貌有反相，不杀必为后患”。张九龄的看法并没有对玄宗产生影响，因为玄宗很自负，他坚信自己不会看错人，认为安禄山会是个忠臣。

就这样，安禄山在命悬一线之时，冥冥之中如有神助，让他逃过了一劫。可见，安禄山是幸运的，遇到了唐玄宗这个天大的贵人。不过，玄宗这位贵人却非常不幸，他的这一慈念为唐王朝留下了祸根。

俗话说，大难不死必有后福。安禄山不仅保住了性命，还使自己留在了天子的脑海中。同时，这个“宰相力杀而皇上力保”的人一时间也成了震动朝野的知名人物。

回到幽州后，张守珪对他另眼相待，处处为安禄山创造立功赎罪的机会，还让他负责接待朝廷派往幽州的各方面人员。安禄山借机使出浑身解数，曲意巴结、厚赂朝廷来的官员及玄宗的亲信大臣。

开元二十九年（741），安禄山的努力终于有了回报，他被授予营州都督，平卢军使、两蕃（奚、契丹）、渤海、黑水四府经略使的职务。

走马上任后，安禄山以其特有的逢迎谄媚、窥伺人情、工于心计的本事，很快便赢得朝廷各方面的一片赞誉，就连“口蜜腹剑”的李林甫和宦官高力士都在玄宗面前为他说好话。同时，安禄山也不断为自己虚报战功，以骗取玄宗的宠信。

安禄山能如此平步青云，也是因为他下足了功夫。每年他都以奇禽异兽、珍玩贡献给朝廷。而对于玄宗，他更是百般逗趣以博得欢心。为了解玄宗的喜好，安禄山与李林甫一样，收买皇上身边的太监、嫔妃，随时了解玄宗的去向，知晓玄宗的喜好。

李林甫看出安禄山的心思，也看出玄宗对他的信任，便决定拉拢安禄山。安禄山对此惊喜万分，他正需要宰相作为自己的保护伞，加大仕途平安的保险系数。同时，为了不让李林甫看出自己的野心，安禄山一再向李林甫表示，自己只愿做宰相的骁将，不敢有给宰相捧书、献墨的念头。李林甫放心了，安禄山更放开胆子向上爬。

为了表忠心，安禄山上书给玄宗说：“臣出生在边远地区，得到陛下的宠爱与重用太多，臣没有什么特殊的才能为陛下效力，只有一条性命，愿随时为陛下献出。”

玄宗当年没杀安禄山，就是因为相信自己没看错人。此时，安禄山的这番表白，更令玄宗确信自己眼光超拔不凡。

一次，安禄山进京朝见玄宗。玄宗让太子出来与安禄山相见，安禄山见了太子故意不下拜行礼。待玄宗左右为此责问他时，安禄山回答道：“臣是胡人，不懂礼节，不知太子是什么官职?”

玄宗说：“是未来的皇帝。”

安禄山恍然大悟，说道：“臣真是愚笨之人，只知道有陛下，不知道有太子。”这才下拜太子。安禄山表现出来的憨厚朴实，令玄宗更加喜欢。

天宝元年（742），安禄山晋升平卢节度使，成为雄踞一方的封疆大吏。天宝三载（744）又兼范阳节度使。天宝六载（747）正月，朝廷又加授安禄山兼御史大夫。

有一次，安禄山进京汇报完工作，准备离京返回任所。玄宗皇帝竟然敕令三品以下正员外郎长官、诸司侍郎、御史中丞皆前往为他饯行。在历代武臣中，享受如此礼遇的并不多见。可见，安禄山在朝臣中的地位已非一般人所能企及。

为了彻底巩固住自己的地位，安禄山决定将功夫用在杨贵妃身上。杨贵妃擅长歌舞，通晓音律。当初，玄宗命乐工演奏《霓裳羽衣曲》，杨贵妃随即在音乐中翩翩起舞，令玄宗心动不已。知道杨贵妃喜欢跳舞，安禄山便使出看家本领，投其所好。安禄山体态臃肿，行动困难，但是舞蹈技术绝非一般。当他跳起胡旋舞时，飞转如飞，久而不知累。安禄山与杨贵妃对舞的情景，更是令玄宗看得兴致勃勃，目不转睛。

白居易的《胡旋女》中写道：

天宝季年时欲变，臣妾人人学圜转。

中有太真外禄山，二人最道能胡旋。

因为这项技能，安禄山为自己赢得了宫中胡旋舞教头，这给了他更多接近杨贵妃的机会，赢得杨贵妃的欢心。

不久，50 多岁的安禄山执意拜 20 多岁的杨贵妃为干妈，成为贵妃的“宠儿”。有了这一层“亲戚”关系，玄宗更视安禄山如己出，每次有重大活动，都特令安禄山坐在身边，其他人看了也只能腹诽，不敢面谏。

由于长期出入京城，安禄山对唐王朝的政治腐败、武备弛废的情况早已了如指掌。随着手中权力及地位的提高，安禄山也越来越不满足现状，逐渐萌生了叛逆之心。于是，在骗取玄宗的信任同时，安禄山也在暗中为叛乱做准备。天宝六载（747）正月，他派出心腹部将刘骆谷常驻京城长安，以窥探朝廷的一举一动，并及时将朝廷的各种动向报往远在渔阳（今天津蓟州区）的安禄山，以便他迅速做出反应，采取相应对策。

在安禄山的阵营中，不乏才华出众的文人武将，如汉人高尚、严庄。这二人很有才华，内政方面也颇有建树，是安禄山叛乱的主要策划人。武将有勇猛善战的史思明、蔡希德、田承嗣、崔乾祐、尹子奇、何千年、孙孝哲、安守忠、李归仁等30余名，都非等闲之辈。同时，安禄山征集了边境罗、奚、契丹等少数民族部落降兵8000人，号称“曳落河”，意为壮士；养家童习练弓箭100余人，一可当百。

安禄山每次向中央政府提出的调拨钱粮、兵马请求时，玄宗都不拒绝。玄宗认为，只有全力支持安禄山，才能将他笼络在身边，为己所用。就这样，安禄山很快就备养战马数万匹，牛羊5万多头，储备大量的兵器，只待时机成熟，发动叛乱。

天宝六载（747），四镇节度使的王忠嗣揭露安禄山欲“谋反”，结果因李林甫出面袒护，王忠嗣反遭迫害。

天宝七载（748）元月，玄宗赏赐安禄山铁券（免死牌）。

天宝九载（750）五月，玄宗又赐封安禄山为东平郡王，开唐朝将帅封王的先例。

天宝十载（751）二月，安禄山升至平卢、范阳、河东三镇节度使，拥兵18. 39万，占当时全国兵力的32%，真正做到了雄霸一方。这一年，安禄山率三镇6万兵马进攻契丹，结果全军覆没，玄宗却仍然对其宠信有加。

这期间，宰相李林甫已是老病不堪，行将离世。安禄山满心欢喜地等待李林甫死后，自己能当上宰相。

天宝十一载（752）十一月，李林甫死去，可坐上宰相之位的不是安禄山，而是志大才疏的杨国忠。安禄山对此很不服气。

安禄山因军政实力强大而不把杨国忠放在眼里。杨国忠因无法控制安禄山而屡次对玄宗说安禄山要谋反。就这样，两人完全成了死对头。

实际上，玄宗也知道杨国忠是个无能宰相，但是为了杨贵妃，他已经不再以江山社稷为重。而且，玄宗宁愿相信“忠厚”的安禄山，也不愿意去相信不学无术的杨国忠。

后来，安禄山的族弟、朔方节度使安思顺也曾反复上奏，称安禄山将要谋反，但是玄宗对此不予理睬。

天宝十一载（752）十月，安禄山与时任御史中丞、京畿、关内道采访使的吉温结盟为生死兄弟，希望借吉温的耳目刺探朝中的高级情报。此后，杨国忠及朝中高层官员的动向，安禄山都了如指掌。

眼见安禄山羽翼已丰，玄宗对安禄山也开始不放心。虽然感觉有些不对劲，但是，年老体衰的玄宗不想劳心费神，宁愿自欺欺人地相信只是自己多虑。

天宝十三载（754）春，杨国忠再次对玄宗说，安禄山必反。这时，玄宗对安禄山已经产生怀疑，因此，立即召见安禄山进宫。此时已经有人将杨国忠及玄宗的举动密报给了安禄山，所以安禄有备而来。

见到玄宗后，安禄山立即就是一番哭诉：“臣是蕃人，不识字，得到陛下的提拔，可那杨国忠看着生气，所以想办法要杀臣。”

安禄山表现出来的委屈，再一次打消了玄宗对他的怀疑。此后，人人皆知“安欲反”，却无人再敢进言。杨国忠和安禄山之间的矛盾也到了不可收拾的地步。

次年二月，由于安禄山手下有不服从管理的汉将，为此安禄山奏请撤换其所属部队中的 32 名汉将，为起兵兴乱做好各种准备。而这一年也是杨国忠执政的第三个年头。

三年里，杨国忠把朝政搞得乱七八糟。为了笼络人心，发展自己的势力，他在选官方面讲论资排辈，不论贤能，致使官员素质下降。这期间，杨国忠还先后发动了两次征讨南诏的战争。结果都是大败，损兵折将近 20 万人，导致田园荒芜，民不聊生。

天宝十二载（753），关中地区连续发生水灾和严重饥荒。玄宗想要了解庄稼遭到损害的程度，杨国忠便派人挑回完好庄稼给玄宗看，以便让玄宗不再操心政事。随后，有人上报当地水灾的实情，杨国忠便叫御史出面弹压，从此再没有人敢汇报实情。

杨国忠的专权误国，导致官吏贪渎，政治腐败，民怨沸腾。这也给摩拳擦掌的安禄山找到了叛乱的借口。

天宝十四载（755）十一月初九，安禄山率范阳、平卢、河东三镇 15 万兵马，号称 20 万，以“奉旨入朝讨伐杨国忠”为名，在范阳悍然起兵叛乱，企图颠覆大唐王朝，夺取皇位。

这场从边关到唐朝统治中心的叛乱历时 8 年之久，不仅将唐王推上了不归路，也为杨氏兄妹敲响了丧钟。

太液芙蓉，深不似、旧时颜色。曾记得、春风雨露，玉楼金阙。名播兰馨妃后里，晕潮莲脸君王侧。忽一声，鼙鼓揭天来，繁华歇。　龙虎散，风云灭。千古恨，凭谁说。对山河百二，泪盈襟血。客馆夜惊尘土梦，宫车晓碾关山月。问嫦娥、于我肯从容，同圆缺？

——〔南宋〕王清惠《满江红·太液芙蓉》

渔阳鼙鼓动地来

忽然而至的叛乱，惊破了帝王家的轻歌曼舞梦，打破了中原百姓百年不识兵戈的太平日子。叛军一路南下如入无人之境，沿途官员不是望风而逃就是举兵归降。

安禄山叛乱的消息传到京城，玄宗却不相信。他再次认为，又是哪位看不上安禄山的大臣在造谣。当各地急报频传之后，残酷的事实方令唐玄宗大为震惊，随即召集大臣们商量对策。面对现实，唐玄宗仍然期望事态没有恶化，盲目乐观地相信杨国忠的看法，即“反者只是安禄山本人，所部将士并不愿意随其叛”。当时，唐朝的军事部署完全是“外重内轻”的状况，京畿地区已无可调之兵。于是只派出特进[1]毕思琛去东都（今河南洛阳），金吾将军（中央禁卫军军事长官之一）程千里到河东（今山西中部北部地区）募兵。

天宝十四载（755）十一月二十一日，唐玄宗下令将安禄山的儿子安庆宗斩首示众，赐安庆宗的妻子荣义郡主自尽。

为了应付叛军，玄宗封安西节度使封常清为范阳、平卢节度使，赶赴洛阳，招募新兵。10日内，匆忙招募新兵6万人；调任朔方节度使安思顺为户部尚书，任朔方右厢兵马使郭子仪为朔方节度使。

情急之下，玄宗还首次在关中一带设节度使，即设河南节度使，任命卫尉卿张介然为节度使，管辖陈留（治所浚仪，今河南开封市）、睢阳（今河南商丘南）、灵昌、淮阳（今河南周口市淮阳区）、汝阴（今安徽阜阳）、谯（今安徽亳州谯城区）、济阴（今山东菏泽市定陶区西北）、濮阳（今河南濮阳）、淄川（今山东淄博市）、琅琊（今山东青岛市琅琊台西北）、彭城（今江苏徐州市）、临淮、东海（今江苏连云港市西南海州镇）等十三个郡。

同时，在京师募兵10天，征得11万人，组建部队，号“天

---

① “特进”是唐朝官制的品阶，类似于我们熟悉的军衔的概念。比如说，一位师长，他的级别是正师，军衔是大校，那么这个“大校”就类似于“特进”。从级别上讲，特进当然不只是师级干部的水准，按唐制算，它属于文散官的第二级；而第一级，就已经是“开府仪同三司”了——换言之，这个第二等级的“特进”，也是很高级别的品阶了。

武军”。任命荣王李婉（玄宗第六子）为元帅，右金吾大将军、高丽人高仙芝为副元帅，率军东征。

十二月，命令高仙芝领兵5万，出关屯守陕郡（治所陕城，今河南三门峡市西）。为了防止再出现第二个安禄山，玄宗专门派宦官边令诚作为监军，从此开宦官监军的先河。

唐玄宗的一番部署看似妥当，却不知这些刚刚募集的新兵因未经训练，战斗力极差。双方一交手，安禄山的精兵劲旅立刻控制了局势。叛军渡过黄河后，向东、南、西三面继续攻城略地，一路势如破竹，连败唐军，接连攻陷陈留、荥阳（今河南荥阳）等地。

起兵兴乱的第35天，安禄山顺利攻陷了东都洛阳。把守洛阳的唐军主帅封常清，虽然力抗强敌，无奈手下6万乌合之众无力应战，封常清率余众退至陕郡，与高仙芝会合。

叛军入城后，烧杀抢掠，无恶不作。

陕郡是潼关的前沿阵地，而潼关则是京城长安的东大门，又是拱卫京城的最后一道屏障。潼关自古为雄关要塞，是进入关中和京城的最后一道屏障。此地城防坚固，地势险要，易守难攻。为了确保战事不再顺着一边倒的趋势恶化，封长清与高仙芝决定退守军事要塞潼关。

退守潼关后，唐军积极做好防御准备。这时，安禄山的部将崔乾祐也率叛军随后而至，向潼关守军发起猛攻。封、高二人率领5万没有经过任何军事训练的士兵，据险还击，叛军攻城不下，退至陕郡。

此时的唐王朝，正值生死存亡的危急之时，急需朝廷上下振奋精神，同心同德，扭转整个战局、平叛战乱。更需要一国之君能以国家的安危为重，鼓舞士气，调动官兵的斗志。

然而，此时的唐玄宗由于常年倦怠朝政、沉溺声色、亲近邪僻奸佞，已经堕落成偏听偏信、猜忌多疑的昏君。

听说封常清兵败后，唐玄宗立即免去其职务，贬为普通士兵在高仙芝军中效力。此时，各地援兵尚未赶到京师，长安守备空虚。长安城中人心惶惶，骚动不安。高仙芝任命封常清为巡监左右厢诸军，二人决定加固潼关的防卫。

关键时候，宦官边令诚向玄宗诬告高仙芝、封常清："常清以贼摇众，而仙芝弃陕地数百里，又盗减军士粮赐。"

边令诚只是个太监，平日寸步不出宫门，不懂政治，更不懂得军事，摇身一变做了监军之后，多次向高仙芝提出自己的迎敌策略，高仙芝对他不予理睬，他便怀恨在心。

深受安禄山造反刺激的唐玄宗，这时已经完全失去了判断力，轻信了监军边令诚的话，下令在潼关就地处死高仙芝、封常清。久经沙场的两位名将就这样冤死了。"临阵斩帅"无疑是兵家大忌，也成为平叛战争的不祥之兆，唐军再度陷入困境之中。

不得已，玄宗调遣河西、陇右节度使哥舒翰为兵马副元帅，镇守潼关。

天宝十五载（756）正月初一，安禄山在洛阳称帝，国号大燕，改天宝十五载为“圣武元年”，建立了割据政权。安禄山叛乱的真实意图已昭然天下。

这时，安禄山的后方也出现变乱，常山（今河北正定）太守颜杲卿、平原（今山东德州）太守颜真卿等河北 17 郡的地方官吏联合起来讨伐安禄山，决心归顺唐朝廷。

安禄山派出大将史思明、蔡希德兵分两路攻破常山，颜杲卿被杀，城内一万多兵民惨遭杀害。

二月，朝廷派出河东节度使兼河北节度使李光弼率朔方军万余人、太原郡弓箭手 3000 名，从山西出井陉（今河北井陉北井陉山上），夺回常山。

四月，朔方节度使郭子仪出井陉与李光弼会合，集 10 余万兵力大破史思明的叛军，切断了安禄山大本营洛阳与根据地范阳之间的通道，叛军一时陷入混乱之中。

此时，唐玄宗急于结束这场叛乱，命令坚守潼关的哥舒翰，从潼关出兵进攻洛阳，并且命令各路兵马围攻洛阳。

对此，朝中将领都觉不妥。在河北战场的郭子仪、李光弼向皇帝提出告诫：潼关大军不可轻率出征，如潼关失守，京师长安必陷危急，天下之乱就不可平；哥舒翰也称叛军利在速战，在当时形势下，坚守潼关是上策。

然而，唐玄宗此时已听不进任何良言。又因为哥舒翰是胡人，唐玄宗和杨国忠也开始对他产生了猜忌。特别是杨国忠，极力怂恿玄宗命令哥舒翰出关东征。哥舒翰无可奈何，知道出关必败，不禁拊膺恸哭，引军出关。

哥舒翰虽有十几万大军，却都是临时拼凑起来的杂牌军，结果一战即溃，哥舒翰被反叛的部将诱捕，献给了叛军。

一招失误，满盘皆输。六月，叛军长驱直入潼关，长安陷落。郭子仪、李光弼听到潼关失守后，放弃河北，分别退入井陉、灵武，河北郡县又落入史失明之手。李、郭二人在河北的战果因形势突变而前功尽弃。

六月十三日，长安陷落之前，唐玄宗、杨国忠带领杨贵妃姊妹，诸皇子、朝官及一些随从逃离长安奔向四川避难。几天后，玄宗一行人马抵达马嵬驿（今陕西兴平西）。此时，皇帝的扈从部队又累又饿，疲惫不堪。

兵荒马乱之时，匆忙逃离京城的皇帝已经食不果腹，士兵们就更是米粒不进。饥饿使人脾气更加暴躁，有人开始大声抱怨，痛骂杨国忠为罪魁祸首。随行中的龙武大将军陈玄礼更是压抑不住心中的怒火，在他看来，天下大乱都是杨国忠一手造成的，心中早有杀之以平民愤的想法。在他的影响下，士兵们群情激奋。突然，有人向杨国忠射了一箭，这一箭迅速撩拨出将士们的满腔怒火，众人一拥而上，杨国忠还没有弄明白是怎么回事，就草草踏上了黄泉路。随后，众军士一不做二不休，又杀了杨国忠的长子户部侍郎杨暄，连同杨贵妃的两姐姐韩国夫人、秦国夫人也一同杀死。

接着，陈玄礼又上奏玄宗说：“杨国忠谋反已被诛，贵妃不宜带在身边，希望陛下忍痛割爱，将其正法。”

此时，将士们已包围了唐玄宗和杨贵妃休息的驿站。这突如其来的兵变让玄宗不知所措，更是别无选择，只得命令太监高力士在佛堂缢死了杨贵妃。这一年，唐玄宗 72 岁，杨贵妃年仅 37 岁。

厥不云乎，惟其惟时。

上天所保，福禄不亏。

——〔唐〕李亨《梦丹书》

李亨乱世称帝

经过安禄山叛乱、马嵬驿兵变这一系列的打击，唐玄宗的帝王之气尽失，如惊弓之鸟，一心只想尽快逃到四川。此时，随行的大臣只剩下宰相韦见素一人，其他人都已不知去向。玄宗伤感不已，任命韦见素之子韦谔为御史中丞，兼任置顿使，负责安排皇帝此行食宿工作。

就在玄宗一行准备继续赶路之时，当地的百姓集体出来拦驾，请求玄宗留下。在这危难之时，一国之君的动向关系到百姓的命运。玄宗离京出逃，让当地的百姓担心皇帝一去不回，将他们扔给叛军。

然而，暮年的玄宗去意已决，他已经顾及不到其他人的生死。玄宗一意孤行，失去了人心。百姓转过来请求玄宗的三子太子李亨，希望他留下来，并纷纷表示愿意追随太子讨伐叛军。

李亨面对突如其来的状况也没了主意，但是，东宫宦官、太子的亲信李辅国劝他留下。同时，儿子建宁王李倓以及太子妃张良娣[1]都鼓励他留下。人人都觉得对他来说，眼前正是执掌皇权的机会。于是，在身边人的鼓励下，犹豫不决的李亨留了下来，并派长子广平王李俶前去禀告玄宗。

知子莫若父，玄宗看出了太子李亨的心思。只是到了这个时候，他已经无力阻止什么，只能下旨留下太子李亨在关陇一带鼓舞士气，待他日收复长安。太子李亨从此与执意向西逃跑的父皇分道扬镳。

天宝十五载（756）七月初九，李亨在宦官李辅国的安排下，来到朔方节度使所在地灵武（今宁夏灵武市）。当天，44 岁的李亨在御史中丞裴冕、朔方留后[2]杜鸿渐的建议下，半推半就地登上了皇帝宝座。

李亨在灵武城南楼即帝位，改天宝十五载为至德元年，是为唐肃宗。遥尊玄宗为上皇天帝，并大赦天下。

太子李亨在灵武郡登基的消息一经传开，各地官僚、士绅、老百姓都争相前去投奔。可见，天下人心依然向着唐王朝。

此时，避难成都的玄宗还不知道太子李亨已经称帝。就在李亨称帝前三天，玄宗还下诏：任命太子李亨为天下兵马元帅，但只统朔方、河东、河北、平卢四节度使兵马。同时也对其他诸皇子加封都督，分封地盘。足见事到如今，玄宗仍然没有让位的

---

① 按照唐制，东宫的内官有妃、良娣、宝林三级。

② 留后指的是暂代理，未正式任命。

打算。

玄宗下诏几天后，就得到李亨即位、天下易主的消息，玄宗无奈地接受了“太上皇”尊号，并派韦见素、房琯、崔涣三人奉传国宝、玉册赶赴灵武，正式传位。

唐肃宗李亨即位时，身边文武官员不足30人，任命朔方度支副使、大理司直杜鸿渐为兵部郎中；朔方节度判官崔漪为吏部郎中；任命御史中丞裴冕为中书侍郎、同中书门下平章事；河西兵马使周佖为河西节度使，陇右兵马使彭元晖为陇右节度使，前蒲州刺史吕崇贲为关内节度使兼顺化郡太守，陇右节度使郭英乂为天水太守兼防御使。

此后，又任命宦官李辅国为殿中监，兼太卿、判元帅府行军司马，不仅掌管宫内事务，还统领宫廷内外禁军，成为唐朝宦官执掌军权的第一人。

仅凭借这些人的力量想平定叛乱，显然力不从心。于是，李亨请来自己当太子时的好友李泌[①]，任命他为元帅府行军长史（相当于军师），共议国事。接着，郭子仪、李光弼率领五万军队从河北赶赴灵武，河西、北庭、安西节度使也派兵前来会合。

---

① 李泌，长安人，有“神童”之称。青年时曾上奏玄宗对国家大事提出建议，深受玄宗赏识，欲赐官职给他，却被李泌以自己太年轻而推辞。玄宗要他和太子李亨交了朋友，之后，常到东宫去。李亨很喜欢与李泌交谈，把他当作老师看待。

针对当时的情况，李泌为肃宗皇帝制定了军事计划：建议让李光弼出井陉，郭子仪出河东，兵分两路进军河北，攻击叛军首尾，使叛军来回疲于奔命，以拖垮、削弱叛军。然后，李光弼出井陉，建宁王李倓迂回塞北，合击叛军根据地范阳，先覆其巢穴，几路唐军再会合聚歼叛军。李亨接受了这个计划。

接着，叛军内部发生了变乱。至德二载（757）正月，安禄山在内部叛乱中被儿子安庆绪杀死，安庆绪即帝位。

针对这突如其来的变动，李泌建议李亨抓住机会出兵攻取范阳，捣毁叛军的老窝，以便彻底消灭叛军。然而，此时的李亨一心只想回长安，没按李泌的计划行事，这为日后史思明作乱提供了机会。

李亨决定从河东召回郭子仪，任命其为天下兵马副元帅，率兵攻打长安。结果，郭子仪兵败。随后，郭子仪建议肃宗向回纥部求援。九月，回纥4000余精兵抵达凤翔（今陕西凤翔），会同郭子仪、广平王李俶集结的兵力共15万人马，收复了沦陷一年多的长安。叛军安守忠、田乾真率残部逃出潼关。

安庆绪杀死父亲安禄山，抢得皇帝宝座之后，只知纵酒享乐。长安兵败，叛军军心动摇，郭子仪乘胜率军攻打洛阳，安庆绪率余部逃向河北，占据邺郡（今河南安阳）。唐军乘胜反攻，收复了洛阳。

此前，安庆绪派遣尹子奇率13万兵马攻打睢阳（河南商丘）。睢阳是通向江淮的要道，而江淮又是唐朝的重要财富来源地。其间，双方在南阳也展开了激烈的战斗。南阳是江汉的屏障，叛军为了切断唐朝廷的经济命脉，对这两地进行反复猛攻。

在睢阳，真源县令张巡与睢阳太守许远集合 6800 人死守不弃，苦战大小百余战，杀叛军 12 万，有效地延缓了叛军前进的步伐，但终因寡不敌众，城池陷落。

在南阳，唐将鲁炅也艰难地苦守了一年，南阳陷落后，又退保襄阳，牢牢地拖住叛军前进的脚步。直至长安被唐军收复，叛军终因无力向江淮推进，使得大唐的江汉和江淮两地得以保全。

至德二载（757）十月二十三日，肃宗李亨从凤翔回到长安。当时，城中百姓出城 20 里迎接。在肃宗回长安的前几天，李泌归隐衡山，重新过上了他的隐居生活。

十二月，肃宗李亨将玄宗接回长安。第二年正月，玄宗在宣政殿将传国玺授予李亨。张良娣被册封为淑妃。二月改至德三载为乾元元年。

唐朝廷收复长安、洛阳之后，守在范阳的史思明见大势已去，决定举兵归顺大唐。朝廷接受了史思明，下诏任命他为范阳长使、河北节度使，但是唐朝廷并不信任他，害怕他再次作乱，于是又派人秘密监视。唐朝廷对史思明的不信任令其耿耿于怀。

玉树歌终王气收，

雁行高送石城秋。

江山不管兴亡事，

一任斜阳伴客愁。

——〔唐〕包佶《再过金陵》

干戈不肯休

肃宗李亨在乱世中登上了皇帝宝座，依仗李泌、郭子仪、李光弼等人的辅佐全力平定叛乱，却对后宫、宦官势力膨胀现象不加以限制，最终导致张皇后干政，宦官李辅国掌管军权执政，任意废置天子的悲剧发生。

张皇后就是前面提到的张良娣，此人颇有些来历，她的祖母窦氏是玄宗李隆基的姨母。玄宗九岁丧母，窦氏便替姐姐抚养李隆基。李隆基视姨如母，对姨母十分尊敬。李隆基称帝后，窦氏的五个儿子去感、去疑、去奢、去逸、去盈都被封为大官。张良娣就是去盈的女儿。

由于李林甫陷害，李亨被迫休掉韦妃。之后，担任后宫女官良娣的张氏得到机会，专门服侍太子。张良娣是个遇事有主见，又善于揣摩他人心意的人。《新唐书》记载：“良娣慧中而辩，能迎意附和。”相反，太子李亨却是个性格懦弱的人。

李亨随唐玄宗出逃长安时，张良娣正怀孕，一路奔波没少受罪。李亨离开玄宗奔向灵武的途中遇到贼寇，儿子建宁王李倓带兵应战时，张良娣挺身挡在肃宗前，以防有人袭击。张良娣的行为无论是出自真心还是作秀，老实厚道的肃宗李亨都被她深深地感动了。

在灵武期间，张良娣生下了定王李侗，产后 3 天，便起身给将士缝补战衣。肃宗心疼地制止她，张良娣却说："现在不是我休养的时候，应以大局为重。"

张良娣善于言谈，又能够体会和理解李亨的心思，肃宗更加宠爱她，并与李泌商量想册封她为皇后。李泌则希望肃宗先以大事为重，家事要等太上皇的命令，不宜操之过急。对此，张良娣很不悦，却也无奈。

宦官李辅国见张良娣得宠，知道她将被立为皇后，便事事依附于她。李辅国一直跟随肃宗，深受肃宗的信任。李辅国外表恭谨，寡言少语，内心却极有主意，是一个阴险的人。对于张良娣来说，要想得到皇帝宠爱，也需要个能在皇帝面前说上话的宦官，所以两人一拍即合，走到了一起。

肃宗即位时，想立广平王李俶为太子，因玄宗不在身边，为了等待太上皇的诰命，暂时先任命李俶为天下兵马大元帅。

张良娣恃宠生骄，想趁自己被肃宗宠爱的时候为幼子李侗谋得将来的储君位置，而眼前已经成才的广平王李俶和建宁王李倓显然是她的绊脚石。

建宁王李倓性情直爽，看不上张、李二人，在肃宗面前多次揭发张良娣和李辅国勾结之事。因此，张、李二人决定先除去建宁王。不久，二人在肃宗面前进谗言，陷害建宁王，说："建宁王因为没被任命为大元帅，一直怀恨在心，想要谋害广平王。"

肃宗对于张、李的话丝毫也不怀疑，大怒之下立刻下令将建宁王李倓赐死。一切来得太突然，李倓不明不白地就被处死了。兔死狐悲，广平王李俶噤若寒蝉，不敢有丝毫张扬，而李、张二人则更加狂妄。

回到长安之后，肃宗李亨封李辅国为成国公，同时追封张良娣去世的父亲为尚书左仆射，母亲窦氏也被封为义章县县主，姐姐被封为清河郡主。

乾元元年（758）四月，肃宗正式宣立李俶为太子，十月又把太子的名字改成李豫。同时，诏告天下，立张良娣为皇后。

肃宗李亨登基之前做了20年左右的太子，生性懦弱的他已经习惯了谨小慎微的行事方式。此时，玄宗虽然已经是太上皇而且不再干涉朝政，但是，肃宗总有所顾虑，在处理事情时，常常担心会做出错误决定，所以凡事都与张良娣商议。这样一来，张皇后干预朝政的机会就越来越多。久而久之，张皇后与李辅国开始不顾肃宗的感受，明目张胆地干涉朝政，肃宗虽然有时也不高兴，却又不忍心责备他们。

在灵武期间，李辅国作为元帅府行军司马，每天伴肃宗左右。

无论是宣布诏命，还是四方的奏文、军中的印符以及军队的号令集训等事，全都交给他处理。收复长安后，李辅国又掌管禁军，虽然不能控制京师以外各地的军队，却掌控着京师和宫内外的禁军，进而控制着皇帝和百官。肃宗下的诏敕，都必须经过李辅国签署才能施行，百官有急事上奏也得先通过李辅国这一关，方可上奏给肃宗。

张良娣与李辅国忙于篡权之时，逃到河北的安庆绪也在着手征兵买马扩充实力。

乾元元年（758）九月，唐肃宗命郭子仪，与河东节度使李光弼等九节度使率兵 20 万讨伐安庆绪。九位节度使中，郭子仪、李光弼战功最多，威信最高，肃宗担心他们功高震主，所以这 20 万大军没设主帅，而是任命宦官鱼朝恩为观军容宣慰处置使，以统帅大军、总揽全局。

十月，唐军围攻邺郡（今河北临漳一带），安庆绪向史思明求援。史思明深知安庆绪的成败对他有极大的影响，他也知道唐朝廷对自己不信任，于是决定与唐朝廷决裂。

乾元二年（759）正月，史思明在魏州竖起反旗，自称“大圣燕王”。二月，率部 13 万兵马救援安庆绪。次月，史思明的援军与唐军展开激战，唐军在鱼朝恩的胡乱指挥下大败而归。鱼朝恩将责任推到郭子仪身上，肃宗不问是非就罢免了郭子仪的兵权。

史思明在解除了邺城之围后，又杀了安庆绪，留下儿子史朝义，自己回到范阳。四月，史思明自称大燕皇帝，年号“顺天”。

随后，史思明再度出兵南下，九月攻取汴州，李光弼退守河阳，史思明占据洛阳城继续攻打河阳，结果兵败，退守洛阳。

上元二年（761），肃宗命李光弼出兵攻取洛阳，李光弼一再请求伺机而动，不可贸然进攻，这时鱼朝恩与仆固怀恩极力怂恿肃宗催促李光弼出兵。仆固怀恩曾是郭子仪手下干将，骁勇善战，但为人刚愎自用，依仗有功，横行霸道。郭子仪对他及其部将很宽厚包容，但到了李光弼手下，就不一样了。李光弼治军极严，对手下违纪之事从不包容。因此仆固怀恩怀恨在心，处处与李光弼唱反调。

肃宗不断派出宦官，命令李光弼出兵，李光弼迫不得已，只好硬着头皮出征。结果兵败邙山（今河南偃师北），河阳、怀州重又陷入叛军之手。战败后，李光弼向肃宗请罪，固求自贬。

唐军大败令朝廷上下大为惊恐，肃宗赶快增兵驻守陕州。肃宗偏听偏信的用人方式，给了史思明反攻的机会，并决定集聚兵力攻取长安。唐朝廷得知消息后大为震惊，一旦长安失守，皇帝出逃的往事将再度上演。

就在这时，风云突变，史思明的儿子史朝义竟然对父亲下了毒手。上元二年（761）春，史朝义杀了史思明，自即帝位，改元显圣。

史思明死后，唐朝廷趁机用兵反攻。但是，大唐宫廷内部斗争也愈演愈烈。宦官李辅国、张皇后在朝中再度兴风作浪。

太上皇玄宗回长安后，一直陪伴玄宗左右的高力士、陈玄礼等人因从来不巴结李辅国，甚至没把他当回事，令李辅国怀恨在心。于是，李辅国想方设法挑唆肃宗与玄宗的父子关系。虽然玄宗已经不再过问朝政，一心安度晚年生活。但是，他的存在对李亨来说就是压力，再加上李辅国的再三挑拨，李亨渐渐也默许了李辅国的做法。

上元元年（760）七月初，肃宗患病，李辅国借机将太上皇李隆基强行迁往西宫的甘露殿，使其断绝与外界的接触。七月二十八日，李辅国将李隆基的贴身宦官高力士流放到巫州（今湖南黔城），王承恩流放到播州（今贵州遵义），魏悦流放到溱州（今重庆綦江区），陈玄礼被勒令退休。

上元二年（761）八月初一，李辅国又被肃宗加封为兵部尚书。得寸进尺的李辅国手握兵权、扬眉吐气，越发骄横放纵，甚至直接向肃宗请求要当宰相，只是未得逞。

次年（762）四月初五，玄宗李隆基在极度郁闷中溘然去世，终年 78 岁，庙号“玄宗”，谥号[①]“至道大圣大明孝皇帝”，故亦称为唐明皇。

此时的肃宗也已患病在床，接连几个月不能上朝视事。玄宗病逝使得肃宗病情突然加重。四月十五日，病重中的肃宗传旨，改上元三年为宝应元年，诏令太子李豫监国。

这时，曾与李辅国结为一党的张皇后开始行动。由于李辅国

---

① 谥号是后人根据死者生前事迹谱写的一种称号，有褒贬之意。

越来越嚣张，张皇后认为李辅国太过专权，于是招来太子，打算与太子一起诛杀李辅国。

但是，在太上皇刚刚离世，肃宗病重之时，太子李豫不愿介入李辅国和张皇后之间的争斗之中，因此拒绝了张皇后的要求。

随后，张皇后想改立越王李系为太子，以便利用监国令来杀李辅国。

四月十六日，张皇后伙同越王李系假以皇帝之命召见太子李豫，并且事先在长生殿后埋伏了200名宦官，准备把太子抓住杀掉。

宦官内射生使程元振是李辅国的党徒，他得知此事后忙将此情报告了李辅国。随即，李辅国、程元振率兵埋伏在凌霄门。等太子要进宫时，李辅国将实情告诉太子，太子不信，李、程两人索性强行将太子送到飞龙殿，监视起来。

尔后，李辅国传令禁兵入宫，将越王李系等人抓住，投入狱中。张皇后闻变，惊忙逃入肃宗寝宫躲避。李辅国派兵追入寝宫，当着肃宗李亨的面逼张皇后下殿。

当时，长生殿里一片混乱，卧床不起的肃宗只能看在眼里，急在心里，却也毫无办法。身为一国之君，却无法保护自己的妻子，看到妻子被家奴押走，突如其来的惊吓和羞辱加重了李亨的病情。

第二天，四月十八日，肃宗死于长生殿，终年52岁，庙号“肃宗”。当天，张皇后和越王李系也被李辅国杀掉。随后，李辅国迎接太子李豫入宫即位，是为代宗皇帝。

大车扬飞尘，亭午暗阡陌。

中贵多黄金，连云开甲宅。

路逢斗鸡者，冠盖何辉赫。

鼻息干虹霓，行人皆怵惕。

世无洗耳翁，谁知尧与跖！

——〔唐〕李白《古风·大车扬飞尘》

家奴乱朝纲

宝应元年（762）四月二十日，36岁的李豫柩前即位。

当时，玄宗、肃宗先后辞世，皇后、皇子被杀，朝中上下人心惶惶。为了稳定政局、平抚人心，也为了梳理玄宗、肃宗时期淤结的政治遗留问题，五月，唐代宗李豫在丹凤楼颁布了大赦制书，并对皇室成员进行平反昭雪。玄宗时被废黜为庶人的王皇后、太子李瑛、皇五子鄂王李瑶、皇八子光王李琚等人均被恢复了封号，对因擅兵而被废为庶人的皇二十三子李璘等人也予以昭雪。

代宗李豫的做法令朝臣感觉轻松不少，人们纷纷期待着新天子能给混乱的国家带来新的气象。然而，革旧迎新并非易事。

在人事安排上，代宗李豫没有做太大的调整，依然重用宦官秉持朝政，对拥立自己的功臣李辅国尊称为“尚父”，而不直呼其名。五月，又任李辅国为司空兼中书令。

前面提到，李辅国曾公开向肃宗要宰相官职，但未得逞。这次做了最高决策机构中书省的最高长官中书令，宰相梦终于实现。出于对李辅国的尊敬，李豫事无巨细都征询他的意见，而大臣们出入宫中也都要先去拜见他，这使得李辅国越发忘乎所以，竟然对代宗说："大家（指皇帝）但居禁中，外事听老奴处分。"也就是说，让代宗在家中待着，有什么事他来处理就行了。

代宗为人宽容敦厚、性格沉着内敛，在兵荒马乱中成长，历练了他遇事不慌的性格。亲历宫廷变乱，代宗变得更成熟稳重。亲政时，代宗 36 岁，已经具备成熟政治家的心理素质，喜怒不形于色。如何处置李辅国，代宗早有打算，李辅国的嚣张气焰坚定了代宗除掉他的决心。

在提升李国辅的同时，代宗也同样提拔程元振为左监门卫将军[①]，并且大封诸皇子为王。代宗重用程元振，希望以其制衡李辅国，果然，程元振也不是个省油的灯，看到李辅国专权跋扈既羡慕又妒忌。虽然曾经与李辅国是同党，但此一时彼一时，程元振希望能夺取李辅国的权力。于是，"密言于上，请稍加裁制",

---

① 监门将军掌管宫门的门籍、禁令。凡是在京任职、需要经常出入宫禁的人员，都要取得入宫的门籍，文武官九品以上者，每月都要将自己的门籍送交监门卫。左监门卫将军负责按门籍审核入宫人员，右监门卫将军负责审核出宫的人员。每月都要更换新的门籍，以防止不法之徒假冒。皇帝的舆驾出宫时，左右监门卫卫士在皇帝宿营的行宫各门户监守。

手中握有兵权的程元振做出这种请求，让代宗对处置李辅国更有把握了。

宝应元年（762）六月十一日，代宗下令解除李辅国行军司马及兵部尚书的职务，将这些军权交给程元振。突如其来的变化令李辅国有些害怕，为了试探代宗的态度，十三日，李辅国“上表逊位”。代宗也不客气，接受了李辅国的请求，罢免其中书令一职。为了防止李辅国“狗急跳墙”，代宗再加封李辅国为博陆王，以示安慰。

七月十九日，代宗提升程元振为骠骑大将军兼内侍监。三个月后，代宗决定彻底除去李辅国。也许是觉得李辅国杀张皇后拥立自己有功，代宗没有公开对李辅国治罪，而是在十月十七日晚，派刺客潜入李辅国的宅第，悄无声息地送李辅国上了黄泉路，然后代宗追赠李辅国为太傅。

除去李辅国，代宗继续重用宦官程元振。这真是“前门拒狼，后门迎虎”，这个程元振后来给代宗带来了更大的麻烦。铲除李辅国后，代宗将矛头锁定在自立门户称帝的史朝义身上。

史朝义自从杀了父亲史思明即帝位之后，也没过上几天安稳日子，因为唐朝廷一直用兵试图将其平定，史朝义因此遭遇了几场败仗。

宝应元年（762）四月二十五日，代宗上台后颁布的第一道诏令，就是任命长子奉节王李适为天下兵马元帅。正所谓“国之大事，戎马为先”。代宗此举表明为李适任太子奠定地位，如同当初肃宗任命代宗李豫为元帅一样。八月，李适晋封雍王。

宝应元年（762）十月十六日，代宗以雍王李适为天下兵马元帅，以兼御史中丞药子昂、魏琚为左右兵马使，以中书舍人韦少华为判官，以给事中李进为行军司马，会诸道节度使及回纥兵于陕州进讨史朝义。代宗本打算以郭子仪为副元帅，却受到两个握有实权的宦官程元振、鱼朝恩等的阻挠，只好改派朔方节度使仆固怀恩领诸军节度行营，作为雍王李适的副手。

唐军与回纥军很快到达洛阳郊外，分兵攻下怀州，随后在洛阳大败史朝义军。这一战，叛军有 6 万余人丧命，2 万余人被捉，史朝义仅率残部东逃。

唐军收复洛阳后，仆固怀恩留回纥兵于河阳扎营，派其子右厢兵马使仆固玚及朔方兵马使高辅成率步骑万余人，乘胜追击史朝义。

途中，叛军将领田承嗣率军接应史朝义，但是，此时叛军大势已去，连战连败。随后，回纥兵赶到，与唐军会合追击。史朝义欲回范阳，但是，范阳守将李怀仙已经降唐。

宝应二年（763）正月，史朝义仅率数百骑逃奔广阳至温泉栅（今河北丰润东）时，被李怀仙的追兵赶到。走投无路的史朝义被迫于林中自杀。长达 8 年的安史之乱就此平息。这年七月二十日，代宗改宝应二年为广德元年。

平定安史之乱的喜讯令全国上下为之振奋。但是，为了收复洛阳而借调回纥军之举，也为百姓带来了灾难。史朝义退出洛阳后，收复洛阳的回纥兵就大肆掳掠，杀人万计，城中大火十几天不灭。不仅如此，就连唐朝的朔方兵、神策军也在收复失地之后，纵兵抢掠达 3 个月才停止。平叛大军所过之处，邑落为墟，比屋荡尽。时正值隆冬，饥寒交加的百姓只能用纸当衣服，令人辛酸。

平定安史之乱之后，唐军还没有凯旋回朝，边境又再起事端。自从两京失守后，为了平定叛乱，边镇兵力相继调入中原，导致西北边防削弱，吐蕃、党项等乘机屡屡内扰，数年间便蚕食了西北数十州的土地。

广德元年（763）七月，吐蕃军队攻入大震关（今陕西宝鸡陇县西）。随后，边将连连告急，而把持朝政的大宦官程元振却表现出极端控制欲和变态心理，严密封锁前线消息，使得代宗李豫完全不知天下大乱，更无法及时做出军事部署。

此时的程元振，权力已超过了当年的李辅国，而且更加专横跋扈。吐蕃大军一路如入无人之境，九月，吐蕃攻陷泾州（今甘肃泾川），泾州刺史高晖不仅献城投降，还引吐蕃军深入内地。直到十月攻入邠州（今陕西彬州）时，代宗才知道吐蕃入侵了。仓促之下，代宗急忙任命雍王为关内元帅，起用闲居在家的郭子仪为副元帅，出兵咸阳应敌。

郭子仪受命之后从长安赶奔咸阳，由于长安已经无兵可用，只临时找到了 20 个骑兵上路。赶在吐蕃大军之前到达了咸阳。郭子仪到咸阳后的第一件事情就是派人去催促朝廷增兵支援，结果程元振拒不召见，再次瞒报军情。

随后，吐蕃率领吐谷浑、党项、氐、羌将领 20 万大军，浩浩荡荡杀向长安。途中只在盩厔（今陕西周至县）遇到了渭北行营兵马使吕月将率领的 2000 精兵的迎战，但终因寡不敌众而溃败。

吐蕃军逼近长安，代宗不得已仓皇逃离京城，出逃陕州（河南三门峡市陕州区），军士百官纷纷散去。吐蕃军队随后进入长安大肆烧杀抢掠。

郭子仪迅速从商州（今陕西商洛市商州区）到武关（今陕西商洛市商州区东）一路收集兵马四千，首先派出左羽林军大将长孙全绪，带领 200 轻骑到蓝田城北面。白天，唐军敲锣打鼓摇旗呐喊，夜晚又四处燃起火堆，故作声势浩大的样子与吐蕃军打起心理战。

同时，郭子仪派遣禁军将领王甫潜入长安，暗中联结京城中的少年豪侠作为内应。当地百姓也虚张声势，称郭子仪已经率不计其数的大军将攻打长安。这一系列措施果然令吐蕃军摸不到头绪，搞不清状况。

随后，郭子仪集中兵力，迅速攻入长安，打得吐蕃兵措手不及。吐蕃兵以为郭子仪大军驻扎蓝田，所以直扑而去，结果中计，待反应过来时，陷落 15 天的长安已经被郭子仪收回，吐蕃兵不战而走，慌忙逃离。

广德二年（764）二月初一，在陕州避难的代宗下诏，册封李适为皇太子。十一月，代宗从陕州回到长安。次月，宣布明年正月改元永泰。

一切平复下来之后，太常博士柳伉上奏请斩程元振，但是，代宗却顾念旧情，只削去了程元振的官爵，让他回乡居住。

遗憾的是，经过李辅国、程元振乱政之后，代宗还没有吸取教训，仍然继续走在重用宦官的路上。不知是代宗用宦官顺手了，还是不愿意改变现状，继程元振之后，取而代之的是声名狼藉的大宦官鱼朝恩。

翻手为云，

覆手为雨，

梁间存寡燕，

树杪没慈乌。

——〔清〕蒋士铨《空谷香·店缢》

翻手为云，覆手为雨

在安史之乱的打击下，唐王朝创伤累累，百事待举。无论是中央还是地方，都陷入财政困竭之境。恢复社会经济、解决财政收入问题成了急中之急。

对于这些问题，从玄宗末期到肃宗时期，唐朝廷曾不断采取各种应急措施，户部大臣走马灯似的一再更换，却始终未见起色。

代宗李豫即位后，立即任用刘晏为长安京兆尹、户部侍郎兼任判度支、铸钱、盐铁使及转运使。刘晏是一位经济改革家、理财专家，在肃宗时期就任户部度支郎中，主管财政的收支。他的才能在代宗朝得到了充分的施展。

当时，由于漕运不畅导致关中米价高涨，百姓生活受到严重影响。为此，刘晏首先恢复、改进江淮漕运，解决向京师运粮之事。经过一番努力，漕运逐渐通畅，每年运输的漕粮已达 40 万石，有时多达百万石。既节省了运费，又保障了京师的粮食供应，即便关中发生水旱灾害，米价上涨幅度也不会过高。

刘晏接管盐务之后，还改革了“榷盐法”，防止偷漏盐税，稳定市场，控制了盐价。朝廷盐利收入因而增加了十倍之多。此外，刘晏还调整了征税方式，稳定了民心，保证了政府的财税收入。

这一时期的商业发展促进了经济的繁荣。

安史之乱以后，黄河流域成为藩镇割据混乱的角逐地，而江南地区要相对安定。因为北方战乱，所以人们多逃离至江南一带，这为当地增添了不少劳动力。江南社会经济的发展，促进了长江流域的商业繁荣。

当时的扬州，已经是漕米、海盐、茶叶等商品的集散地，阿拉伯的波斯等国的珠宝商纷纷来到这里做起了买卖。“扬州富庶甲天下，时人称扬一益二。”可见，除扬州之外，益州（今四川一带）也是西南地区的经济发达地区。这里的丝织业和造纸业十分出名，盛产食盐、瓷器等物品，周边类似货物都集聚在这里，远销全国各地。

与此同时，唐朝的对外贸易也在繁荣发展，特别是在广州、泉州、明州等著名的对外贸易城市。大历五年（770），到达广州的外国商船达 40 多艘。当时，进口的货物主要是香料、药品、象牙、犀牛角、珍宝等，而出口则为瓷器、丝绸等物品。

代宗在位 17 年，在刘晏的辅佐下，唐王朝渡过了严重的财政危机，得以延续下去。

安史之乱带来的财政困境得到了有效的缓解。但是，叛乱之后带来的藩镇割据，仍然是历任皇帝最头痛的问题。

玄宗时期，唐朝廷为了平叛安史之乱，开始在内地（主要是叛军南下的必经之地）设置节度使。而肃宗、代宗时期，为了早日平定叛乱，鼓励叛军自动投降，准许他们在原地任官，继续为唐朝效力。这条“杀人放火受招安”的终南捷径，虽然能解燃眉之急，但却是治标不治本，留下了军阀割据的病根。

安史之乱平定之后，叛将薛嵩、张忠志、李怀仙、田承嗣见到仆固怀恩都非常恐惧，纷纷表示愿意为他效力。仆固怀恩认为自己功高，而且叛乱已经平定，同时也想发展个人势力，于是请求朝廷以河北之地封给这四人。

广德元年（763）正月，代宗任命降将薛嵩为相卫（今河南安阳）节度使，统治今河北西南部及山西、河南各一部；六月，改任田承嗣为魏博（今河北大名北）节度使，统治今河北南部、山东北部；李怀仙为卢龙（又名幽州或范阳，今北京）节度使，统治今河北东北部。形成成德、魏博、卢龙三镇，即河北三镇。

这些节度使表面上归顺唐朝廷，实际上各有打算。在节度使管辖的地区，唐朝廷既不能任免官吏、征收赋税又不能任意调动军队。节度使的职位，或父子相承，或由大将代立，朝廷无法过问。实际上变成了风雨不透的“国中之国”。

在淄青（又名平卢，今山东益都）镇，大将李正己发动兵变，赶走了节度使侯希逸。对于这种军乱，唐朝廷不仅不处理，还接受既成事实，授予李正己节度使的称号，准其统治今山东地区。

此后，河北三镇与淄青镇互为表里，各拥精兵数万，严重威胁着中央集权，藩镇割据的局面初步形成，与唐朝中央政权形成分庭抗礼之势。

代宗牺牲中央集权，安抚了降将，却没有安抚好仆固怀恩。仆固怀恩平定安史之乱有功，战后被封为尚书左仆射兼中书令、河北副元帅、朔方节度使，加封户四百。不久，仆固怀恩加封太子少师，奉命送回纥兵返回，结果，回纥兵沿途搜掠财物。于是，有朝臣猜测，仆固怀恩心存反意。

这种猜测一经传开，就发生了“疑邻盗斧”的效应。仆固怀恩的举动稍有异样，就被人怀疑，以至于辛云京、李抱玉、骆奉先、鱼朝恩等四大臣都说仆固怀恩有反意。

代宗没把众人的猜测当回事，不久又封仆固怀恩为太保，增封五百户，赐以免死铁券，在大唐功臣博物馆——凌烟阁——悬挂他的画像。

但是，仆固怀恩并不买账，认为自己是功臣，现在遭人诬陷，朝廷却不为自己雪冤，于是上书，言辞激烈，责问朝廷，并且心生反意。代宗见状，一再好言安抚他，可是代宗的安抚并没有平息仆固怀恩的怒气，反而更令他打定主意造反了。

广德二年（764）八月，仆固怀恩招引回纥、吐蕃联军 10 万人入侵唐朝，京师大为震惊，急诏郭子仪出奉天前往抵御。次月，郭子仪派长子、朔方兵马使郭晞率军万人前去救援。十月，仆固怀恩引回纥、吐蕃军进逼奉天，郭子仪严阵以待，不给敌军进攻的机会。结果，回纥、吐蕃军见无机可乘，不战而退。

永泰元年（765）九月，仆固怀恩又谎称唐代宗和郭子仪都死了，再次引诱回纥、吐蕃、党项、吐谷浑、奴剌等部联军号称30万进攻长安。不料，行军途中仆固怀恩突发急病而死。

郭子仪得知剩下的吐蕃军和回纥军都抢着做统帅而不和，于是单骑入回纥游说。回纥人一直很敬慕郭子仪，斗智斗勇之后，郭子仪凭借其人格魅力和威望成功地劝说回纥与唐朝言和盟誓。

随后，郭子仪集中兵力攻击吐蕃军，在灵台（今甘肃泾川东）斩吐蕃军5万，大获全胜。

直至仆固怀恩死于反叛的途中，代宗仍然对其反叛一事心存怀疑。得知他的死讯后，代宗恻然道："怀恩没有谋反，只不过被左右之人所误罢了。"随即赦免了原仆固怀恩手下的有功将领。

代宗李豫的宽容感动了仆固怀恩的侄子仆固名臣。永泰元年（765）十月二十四日，仆固名臣率1000骑归顺。

永泰二年（766）十一月，代宗再度调整心态，去晦气换心情，更改年号"永泰二年"为"大历元年"。

退去的吐蕃并未因一时的失败而罢休。大历二年（767）九月，吐蕃又以数万人围攻灵州（今宁夏灵武）。结果再度碰壁，损失2000多人马之后败走。此后，至大历十一年（776），吐蕃又先后三次大举入侵。唐军在郭子仪的率领下，屡次击败吐蕃军，使得唐朝有惊无险。

代宗是幸运的，因为有郭子仪这样的功臣在护佑着他。同时，他也是不幸的，因为总有李辅国、程元振、鱼朝恩这样专权不轨的宦官给他添麻烦。广德元年（763）十月，代宗仓促逃往陕州时，禁军大多离散，只有鱼朝恩率领神策军[①]从陕郡奉迎代宗。从此，代宗对鱼朝恩格外恩宠。十二月，代宗回到长安，封鱼朝恩为天下观军容宣慰处置使，专领神策军。

鱼朝恩专掌禁军，权倾朝野之后，又走上了李辅国、程元振的老路子，各件朝政事务他都要参与，倘若不让，他就毫无顾虑地怒斥说："天下事有不由我者耶!"

目中无人的鱼朝恩常常侮辱宰相、欺压大臣，令朝廷内外人人恶之。不仅如此，鱼朝恩还不吸取李、程二人的教训，竟然也不把代宗放在眼里。

一次，他向代宗为其认养的幼子令徽求赐紫衣[②]，还没等代宗下旨，已经有人拿出紫衣给令徽，而且令徽也不待代宗皇帝下

---

① 神策军本是陇右节度使所属驻守临洮城西的军队。安史之乱中，这支军队千余人由军将卫伯玉率领入援，参加了乾元二年（759）围攻安庆绪的相州之战。唐军溃败，卫伯玉与宦官观军容宣慰处置使鱼朝恩退守陕州。当时神策军故地已被吐蕃占领，卫伯玉所统之军仍沿用神策军的名号，卫伯玉为兵马使。卫伯玉入朝，此军归陕州节度使郭英乂；郭英乂入朝，神策军遂属鱼朝恩。广德元年（763），吐蕃进犯长安，代宗奔陕州，鱼朝恩率此军护卫代宗，随入长安，从此成为禁军。

② 在唐朝朱紫色为尊贵的象征，紫也是三品以上官员官服的颜色。

令就立即穿上，再向代宗拜谢。代宗看了非常生气，但表面上还是允许了。

宰相元载看出了代宗对鱼朝恩的不满，就找机会上奏说鱼朝恩专权不轨，建议代宗除掉他。在代宗的默许下，元载开始计划除去鱼朝恩。这宰相元载也绝非善类，他出重金收买了鱼朝恩的心腹，以便掌握其动静。为了避免打草惊蛇，代宗对鱼朝恩仍然恩遇如常。

大历五年（770）三月初十，这一天是传统的寒食节①，代宗在宫中设宴。宴后，代宗下旨，留鱼朝恩议事。

谁知，代宗并不是找他商议国事，而是责备他平日的作为。鱼朝恩根本没把代宗放在眼里，以更加强硬的态度回应代宗。却不知，代宗早已准备好，一声号令，左右立即将鱼朝恩拿下，将其当场缢杀。事后，代宗对外声称鱼朝恩是受诏自缢，还赐给其家人 600 万钱作为安葬费。

除掉了鱼朝恩，宰相元载受到代宗的宠信。元载得势后，大权独揽、志得意满。

元载在肃宗统治时期，曾任租庸使，大肆追征江淮百姓天宝年间以来积欠的 8 年租调，对不服者严刑威逼，使得百姓家破人

---

① 唐代把清明节、寒食节合为一个节日，把寒食节禁火的习俗与清明节扫墓的传统结合在一起，前后放假 7 天。这期间还举行荡秋千、蹴鞠、打马球等娱乐活动。

亡。如今，元载得势，更是恶行不减，招权纳贿，鱼肉百姓，专权跋扈。

代宗非常清楚元载的所为，考虑到元载除恶有功，希望他能有所收敛，因而单独召见并劝诫。可是，元载不思悔过，让代宗心生厌恶、再动杀机。元载最终也成为代宗巩固皇权的殉葬品。

鱼朝恩死后，代宗逐渐对上层进行人事调整，任用不依附元载的大臣，以削弱元载的势力。大历十一年（776）代宗收到一封状告元载“图为不轨”的密奏，于是命令将军吴凑趁元载到政事堂议政之际，当场将他逮捕，并“赐载自尽”。

统治阶级内部的残酷斗争，令代宗心力交瘁。

大历十一年（776），代宗的宠妃独孤氏病死，让他伤心不已。他把独孤氏的遗体一直殡于内殿，不忍下葬，直到两年后，大历十三年（778）八月，才不得不让她入土为安并追赠为贞懿皇后。

经过这番煎熬，代宗的身体状况大不如前。大历十四年（779）五月初二，代宗李豫患病不起，几天后就已无法上朝。五月二十日，李豫下诏令皇太子监国，当晚，在紫宸之内殿辞世，终年 53 岁，十月葬于元陵，庙号代宗。

立朝何必无纤过，

要在闻而遽改之；

千古怙终缘宠恋，

问君恋得几多时？

——〔清〕郑板桥《立朝》

欲展恨不生双翅

唐代宗李豫运用皇权，逐个铲除了乱政的宦官及宰相，为他的后代巩固了皇权。大历十四年（779）五月，37 岁的太子李适柩前即位，次年改年号为“建中”，这便是历史上的唐德宗。

李适带着满腔热情，怀着雄心壮志，试图光复大唐曾经的辉煌。他即位后，立即诏告天下，厉行节俭，显示出新君登临的新气象。

诏书中提出，停止诸州府、新罗、渤海岁贡鹰鹞；命令山南枇杷、江南柑橘每年进贡改为一次；废止南方一些地区每年向中央进献奴婢、春酒、铜镜和麝香等；禁令天下进贡珍禽异兽；禁止百官兴建豪华官邸；等等。

为了给朝臣起到表率作用，唐德宗下令将文单国（今老挝）所献 32 头舞象，放养到荆山之阳；放走专供皇帝狩猎的五坊鹰犬；减撤梨园乐工300人；等等。

唐德宗采纳宰相杨炎的建议，对赋役制度进行较全面的改革。

此前，唐朝廷的主要财政税收来自农民的“租、庸、调”赋税，以及以亩计征的“地税”、按户计征的“户税”、每亩附加的“青苗钱”等。代宗时期，刘晏曾对税制进行了改革，京畿地区废除了租、庸、调制。但是，其他地方依然存在税制混乱的问题，层层官吏中饱私囊，朝廷收入不断减少，影响到朝廷正常财政开支。

建中元年（780）二月，德宗李适下诏正式实行新税法——“两税法”。两税法是以原有的地税和户税为主，统一各项税收而制定的新税法。由于分夏、秋两季征收，所以称为“两税法”。两税征收的对象是民户和土地。户按资产的多少来征收税额，地按亩数征收。也就是按贫富等级，征收产税及土地税。

两税法的主要内容是：

1. 取消租庸调及一切杂徭、杂税，保留户税和地税。

2. 量出制入，朝廷先做出一年的开支预算总额，再计算出国家各项收入预计达到的收入总额，根据这两项数据以确定赋税的多少，然后分摊于各州，各州分摊于各地。

3. 不分主户（当地土著户）、客户（外来户），一律以当时居住地为准登录户籍，交纳赋税。

4. 户税按户等高低（分上上至下下九等）征钱，户等高者出钱多，低者出钱少。划分户等，是依据财产的多寡。户税在征收时大部分钱要折算成绢帛、征钱只是很少一部分。地税按亩征收谷物。纳税的土地，以大历十四年的垦田数为准。

5. 没有固定住处的行商也要纳税。税额初为其收入的三十分之一，后改为十分之一。

6. 每年分夏、秋两次征收，夏税要在六月交完，秋税要在十一月交完。

然而，实行两税法后，土地兼并不再受任何限制，农民失地、土地集中的现象越发严重。同时，由于连年征战，军费开支猛增，致使税额不断增加，后来在两税之外又增加了许多苛捐杂税。

不过，两税法推行之初，还是适应了当时的社会发展的。以往不交或很少交税的官僚、贵族、富户、不定居的商人等人分担了税额，增加和保证了政府的财政收入。失地农民则因可以少纳税或不纳税，而减轻了负担。因此，两税法的推出，在一定程度上有利于社会经济的发展和社会的稳定。

打眼一看，德宗亲政之初，唐王朝瞬间呈现出令人鼓舞的新气象。却不知，这只是昙花一现而已。德宗李适虽然很有主见，但本性却猜忌刻薄，因而“小人易入”。他也因此常常偏听偏信、自作聪明，令自身陷入困境之中。

建中二年（781）十月，德宗迫使55岁的杨炎自杀，这时杨炎刚任宰相不过一年而已。

实行两税法之后，杨炎曾备受德宗信任。谁知，杨炎是个心胸狭窄、报复心极强的人。代宗时期，杨炎是宰相元载的亲信。

当年代宗决定杀元载时，刘晏曾参与密议。元载被除之后，杨炎被贬为道州司马。大历十四年（779）八月，杨炎被德宗李适直接提拔为宰相，也是因为他是元载的亲信。

原来，代宗在位时，曾因宠爱独孤贵妃而想废掉太子李适，改立独孤贵妃所生的儿子李回为太子。当时，宰相元载出面极力反对，李适才保住了太子的地位。所以，李适非常感谢元载，为此，李适一上台就破格提拔了元载的亲信杨炎。杨炎得势后，首先要为元载报仇。此时的刘晏，已升任尚书左仆射。杨炎出任宰相时，刘晏见势不妙，便提出辞职，德宗鉴于刘晏的能力及威望，竭力挽留。

建中元年（780），杨炎向德宗进谗言，说刘晏参与了当年废太子的阴谋。杨炎的这一招果然触到了德宗的痛处，因为德宗对皇位的问题格外敏感，因此听信了杨炎的话。七月初八，德宗命令 66 岁的刘晏自杀。

刘晏无罪而死，震惊朝野，人人都为他叫冤。割据淄青镇的节度使李正己接连上表，问杀刘晏的罪名，朝廷因无法回答而陷于窘境。这时，杨炎害怕了，四下散布说，是德宗要杀刘晏，杨某不过是执行命令而已。

德宗听到这种传言，龙颜大怒，认为杨炎没有勇敢地承担责任替自己遮丑，倒是把过错都推到皇帝身上，于是，决定除去杨炎。德宗随即提拔卢杞为宰相，分减杨炎的权力。孰料，这卢杞也是个阴险狡诈的人，后世公认他是李林甫、元载之后又一个著名的奸相。卢杞对德宗多疑的心理了如指掌，对德宗说："杨炎建住宅，专门看哪里有王气，暗中是想当皇帝。"这番话，无疑是在戳德宗的心火，最终要了杨炎的命。

此后，在奸相卢杞的辅佐下，德宗性格的缺陷被继续放大，在局势的把握上更加偏激，致使唐王朝再度陷入大混乱中。

登基之后，德宗也曾把注意力投向北方的藩镇。此时，藩镇割据已经逐渐形成"天下尽裂于方镇"的局面，成为大唐的心腹之患。

建中元年（780）三月，德宗派出 11 位黜陟使（类似巡察钦差）分巡天下。河北黜陟使发现，魏博节度使田悦领兵 7 万余人，便下令裁军，结果 4 万多人被裁，遣返回乡务农。此举不仅触怒了田悦，还惊动了其他节度使。为了保护各自的利益，反叛朝廷的暗流顺势涌动起来。

第二年，成德节度使李宝臣去世，其子李惟岳请求承继。为了限制藩镇割据势力的扩大，德宗拒绝了李惟岳的请求。于是，李惟岳就和魏博节度使田悦、淄青节度使李正己、山南东道节度使梁崇义暗中联络，准备联合叛乱，对付朝廷。

五月，田悦起兵，德宗派唐将马燧、李抱真等率领昭义军、河东军，在临洺击败田悦叛军。这时，淄青节度使李正己去世，其子李纳奏请袭位，德宗不许。随后，李纳与李惟岳应田悦之请，联合起兵造反。

此时，郭子仪已经年老多病，德宗便以其部将李怀光（靺鞨人)、常谦光、浑瑊三人分掌兵权，以李怀光为节度使领兵应战。十一月，宣武节度使刘治联合李怀光率兵击败淄青、魏博兵于徐州彭城，不久，李惟岳败死。

朝廷军队连连取得胜利时，德宗作为最高领导人，又犯了赏罚不均的严重错误，使得各路将领心中不平，一些藩镇纷纷倒戈，加入叛乱的队伍之中。

建中三年（782）十一月，卢龙节度使朱滔因对朝廷不满，起兵叛乱；十二月，奉命平叛的淮西节度使李希烈自称天下都元帅、太尉、建兴王，也加入反叛的队伍，致使战事进一步扩大。

战事扩大，朝廷军需出现紧缺。为了保证军费开支，朝廷将目光盯到富商身上。从建中元年（780）起，随着商业的发展，唐朝廷的商税由原来的三十分之一增加到十分之一。太常博士韦都宾、陈京建议说：“货利所聚，皆在富商，请括富商钱以供军。”

建中三年（782）四月十二日，德宗下诏向商人借钱。此后又在建中四年加征“除陌钱”（印花税）。

一波未平一波又起，德宗万万没想到，当年祖父辈仓皇逃离京都的一幕，会在自己身上再度上演。建中四年（783）十月，德宗调泾原（治泾州，今甘肃泾川）兵5000人援救被李希烈叛军围困的襄城。因为时值寒雨天，泾原兵途经长安时希望能得到朝廷的赏赐。但是，饥肠辘辘的士兵们一无所获，只能以粗食劣菜果腹，引起群情激愤，张旗鼓噪，发生哗变，士兵们蜂拥而上，攻入京城。德宗匆忙出逃，避难奉天（今陕西乾县）。

叛军占领长安之后，拥立原泾原主帅、赋闲在长安的朱泚为王。朱泚自称“大秦皇帝”，改元“应天”，与河北三镇遥相呼应，攻打奉天。守在奉天城内的浑瑊率军全力守城。朱泚亲自督战，全力攻城达一个月，却久攻不下。

与此同时，李怀光率朔方军向奉天赶来救急，神策军大将军李晟也沿路收兵来救，马燧等各归守本镇，李抱真仍留河北。就在奉天城内食粮用尽、困饿的士兵体力不支之时，李怀光率 5 万大军赶到，击败叛军，解了奉天之围，朱泚退守长安。

李怀光在德宗危难之时大显身手，将其从困境之中解救出来。此时，德宗本应对其以礼相待、厚赏重赐，以鼓励李怀光乘胜收复长安，却偏偏听了宰相卢杞的话，诏令李怀光不必入朝见皇上，直接去收复长安。

卢杞为人阴险狡诈，嫉贤妒能。李怀光一向讨厌他，私下曾说：“等见到皇上，一定要请皇帝处死他。”卢杞就是担心李怀光见到皇上后，做出对己不利之事，因此极力加以阻挠。

德宗生性多疑，耳根又软，在习惯性地偏听偏信之后，再度为唐朝廷招来叛乱之祸。

几家宧寺，几遍藩王，几回戚里。

东扶西倒，偏重处，成乖戾。

待他年一片宫墙瓦砾，荷叶乱翻秋水。

剩野人破舫斜阳，闲收菰米。

——〔清〕郑板桥《帝王家》

都是疑心惹的祸

李怀光因受卢杞的排挤，见不到德宗。盛怒之下，领兵驻扎咸阳，拒不进军收复长安；同时，不断上书控诉卢杞，揭发其罪行。德宗迫于压力，于建中四年（783）十二月，贬卢杞为新州司马。接着，李怀光又迫使德宗杀了宦官翟文秀。

李怀光终于如愿以偿了，但是，仍不进军长安。因为此一时彼一时，他做好了谋反的准备。

次年（784）正月，德宗下令改“建中五年”为“兴元元年”，并在翰林学士陆贽的建议下，颁布了《罪己诏》。在诏书中，德宗检讨自己：因为“长于深宫之中，暗于经国之务；积习易溺，居安忘危，不知稼穑之艰难，不恤征戍之劳苦。所以导致天下大乱”。

对此，他愿意承担所有责任。今后朝臣上奏不得再用原来尊号中的“圣神文武”字样。宣布除朱泚外，赦免李希烈、田悦、王武俊、李纳、朱滔等人之罪，表示今后“一切待之如初”。

《罪己诏》一经颁布，顿时在叛镇的营垒中起到了分裂的作用。李纳、王武俊、田悦立刻去掉自封的王号，上表请罪，归顺朝廷。德宗任命王武俊为恒、冀、深、赵节度使；李纳为平卢节度使；田悦保留原节度使一职，加封检校左仆射官号。

只有不被原谅的朱泚、朱滔两兄弟和自恃兵强马壮的李希烈，仍然坚持反叛。同时，德宗的《罪己诏》也没有打消李怀光的反叛念头。

二月，李怀光联合朱泚共同起兵，迫使德宗再一次逃离奉天，躲往山南西道的梁州（今陕西汉中）避难。

这时，李晟率孤军移至长安东北边的东渭桥，准备进攻被朱泚占据的长安城。虽然夹在李怀光和朱泚之间，腹背受敌，但是李晟是个有勇有谋的人，大敌当前并不慌乱，凭借一身的勇气和坚定的决心激励着将士，使唐军将士在困难面前始终保持旺盛的士气。而驻守邠宁、奉天、昭应（陕西西安临潼）、蓝田等长安附近的唐军也纷纷表示愿意接受李晟的指挥，军威大振。

相反，李怀光起兵之后，他的部下都不愿意跟着反叛，内部摩擦不断。为了防止部下哗变，也为了避免遭受李晟大军的袭击，李怀光领兵东行，向河中奔去，途中掠夺泾阳等 12 县。李怀光的大将孟涉、殷威勇从三原带走数千人，投奔了李晟。

四月，流亡的德宗在梁州下旨，加封李晟为京畿、渭北、鄜坊、商华兵马副元帅，指挥集聚在关中地区的官兵；加封行营兵马副元帅浑瑊为朔方节度使，引兵屯奉天。两人东西呼应，进攻长安，收复被朱泚占领的京城。

自李怀光东走之后，朱泚孤军应战。五月二十五日，李晟率领声势浩大的唐军兵临长安城下，仅用了三天的时间就收复了京师。朱泚打算逃往吐蕃，被部将所杀。李晟率兵攻入长安城，号令严明，秋毫无犯。与此同时，浑瑊也顺利收复咸阳。而朱滔的3万大军在贝州（今河北省清河县）也被泽潞节度使李抱真率领的唐军击败，六月朱滔病死。

李怀光撤到河中后，按兵不动，继续与唐朝廷相抗。七月，德宗重返长安，结束了颠沛的流亡生活。随后晋封李晟兼凤翔、陇右节度使及四镇、北庭、泾原行营副统帅，晋爵西平王；加封浑瑊为河中绛州节度使；任命马燧为奉诚军、晋、慈、隰节度使。

第二年正月，德宗改兴元二年为贞元元年。这一年，据守河中的李怀光得知朱泚已灭，便派儿子李璀入朝谢罪。唐德宗也见好就收，顾念他的功劳，决定赦免他。但是，李怀光因为不能忍受朝臣对他的轻视，再度拒绝归朝。九月，浑瑊、马燧与韩游环等诸军合围河中，走投无路的李怀光自杀。

平息了李怀光叛乱之后，叛军只剩下自称“楚帝”的李希烈。

贞元二年（786），李希烈试图做最后的挣扎，接连派兵攻打襄州、郑州，均失败。四月，淮西将领陈仙奇杀死李希烈，主动投降，德宗便任命陈仙奇为节度使。七月，淮西兵马使吴少诚又杀死陈仙奇。为了不再引起藩镇叛乱，德宗不仅不治罪，还封吴少诚为淮西节度使。可见，此时的德宗已经被藩镇叛乱折腾得锐气全无，藩镇割据也已是积重难返。

李晟、浑瑊等在维护唐王朝的统一中，战功赫赫，名震四方。吐蕃欲进攻大唐，却害怕这几位能将。于是，想方设法离间德宗与众将之间的关系。此时的德宗，虽然已经历了数次功臣反叛的波折，却没有吸取教训，反而疑心更重，很轻易地又中了吐蕃的离间计，于十二月罢免了李晟的兵权。

贞元三年（787），浑瑊受命到平凉与吐蕃会盟，不料吐蕃打着和盟的幌子，早已在平凉埋下伏兵，试图捉获浑瑊。唐军毫无戒备，多数被杀，浑瑊夺马只身逃回。吐蕃的计划落空后，宰相张延赏因为主张与吐蕃会盟而引咎辞职。

危急关头，德宗决定起用李泌为宰相。在德宗看来只有李泌可以挽救唐朝廷的危局。德宗在用人上屡次出现失误，但这次算是用对了人。德宗表示说，自己能够接受李泌的谏诤，是因为李泌说理透彻，态度和顺，使人信服，不能不从。

李泌任宰相之后，推动唐朝廷北和回纥，南连南诏①，西结

---

① 南诏是唐代以乌蛮为主体包括白蛮等族在今云南地区建立的奴隶制边疆民族政权。乌蛮与今彝族有亲缘关系；白蛮与今白族有亲缘关系。七世纪初至中叶乌蛮部落在云南洱海一带征服了白蛮建立六个诏，即六个王国。分别是蒙嶲诏、越析诏、浪穹诏、邆赕诏、施浪诏、蒙舍诏，其中蒙舍诏在五诏的南边，故又称南诏。开元时期，南诏在唐玄宗李隆基的支持下，逐渐统一了洱海地区，建立了统一的南诏国。开元二十六年（738）唐朝册封南诏王皮罗阁为云南王，赐名蒙归义。南诏政权建立后，同唐朝基本上保持友好关系。但是从天宝九载（750）至九世纪中叶，双方关系时好时坏，南诏一直在不断扩大疆土，向四川西南部、贵州西北部以及整个云南扩张。

大食（阿拉伯帝国），扫除了外部压力，稳定了局势。

经过李泌劝说，德宗也暂且消除了对李晟、马燧二人的疑忌，缓解了君臣之间的紧张关系。但是，他最终还是没有恢复李晟的神策军兵权，而是坚持任用宦官专典禁军。

德宗即位之初，基本上是亲近朝官而“疏斥宦官”，但是遭遇了两度逃亡，德宗逐渐改变了对宦官的看法。因为在他仓促逃亡的日子里，一直追随他、扶保他、不离不弃的，只有他做东宫太子时的内侍宦官窦文场、霍仙鸣及其所率的百余名宦官。这与此起彼伏、你来我往的武将叛乱形成了鲜明的对比，深深地影响了德宗的用人观念。

回到长安之后，兴元元年（784）十月，德宗立即将神策军分为左右两厢，任用宦官窦文场、王希迁兼神策军左右厢兵马使，后来由宦官霍仙鸣代替了王希迁。

此时，神策军已经成为比羽林军、龙武军更加重要的中央禁军和精锐机动武装部队，驻扎在京师四周和宫苑之内。贞元二年（786），德宗进一步加强了神策军的军事力量，扩建为左、右神策军，依然重用窦文场等宦官担任监军。

贞元十二年（796）六月，德宗继续增加设置左、右神策军护军中尉职务，分别由窦文场和霍仙鸣担任。从此宦官掌典禁军成为定制。

贞元二十年（804）九月，太子李诵突然中风失去了言语功能。这令已是暮年的德宗心急如焚。当年年底，德宗也身患重病，卧床不起，而太子的病情也不见好转，令德宗伤心不已。

贞元二十一年（805）正月，德宗患病无法上朝，直到弥留之际，他们父子俩也没能见上一面。几天后，德宗去世，终年 64 岁，庙号德宗。

觉来窗牖空，寥落雨声晓。

良游怨迟暮，末事惊纷扰。

为问经世心，古人难尽了。

——〔唐〕柳宗元《独觉》

永贞革新

贞元二十一年（805）正月二十三日，德宗病逝的消息令文武百官忧心忡忡，如果瘫痪的太子无法即位，皇位空悬将导致局势混乱。为了平息众人的疑虑，当天，太子李诵身着孝服，出九仙门召见诸军使。二十六日，44岁的李诵在太极殿即位，是为唐顺宗。

史书上对唐顺宗李诵的评价是：“慈孝宽大，仁而善断。”

顺宗李诵做了26年的太子，在这漫长的岁月里，他亲历了藩镇叛乱的烽火，也耳闻目睹了朝廷大臣的倾轧与攻讦。由于德宗的猜忌心太重，因此李诵在这26年里过得谨小慎微，极少参与朝政事务。

尽管如此，李诵却时刻关注着朝政，对于德宗实施的一些弊政，他看在眼里记在心上。随着政治认识的日渐成熟，李诵有了变革新政之志，这一切也得益于他身边的政治团队，这股政治势力一直影响他到生命的最后。

对李诵影响最大的人是王叔文（753—806），他也是这个团队的领袖人物。王叔文不是科举出身，也不是什么贵族人士，只因他“读书明道”，又因擅长围棋而知名，因“有特长”被德宗召入宫中，派到东宫陪伴太子。

王叔文比太子李诵大 8 岁，有“复兴尧舜孔子之道，为民谋取安定”的理想。李诵虽然贵为太子，却视其为师长，二人很投机。下棋之余，王叔文也常与李诵谈论天下大事，议论民间疾苦。日久天长，李诵对王叔文更加信任，有什么事都依靠王叔文裁量谋划。这个团队中，另外晋列两个重要人物是王伾和韦执谊。此外，还有刘禹锡、柳宗元、韩泰、陆质等人。

此时的唐王朝局势一派混乱，宦官把持军权，无所顾忌，干政益甚，藩镇势力日渐加强，直逼中央。顺宗虽然身患重疾，属于“病夫治国”，但他头脑清醒，决心重振君威，抑制藩镇势力，打击宦官专权，重建中央集权。

顺宗一即位，便迫不及待地拉开了变革运动的序幕，大力提拔东宫旧臣，试图依靠旧部实现自己的政治抱负。即位当天，顺宗任命王叔文为翰林学士，该职如同皇帝的机要秘书，主要起草机密诏令，并轮流值宿内廷。当时，翰林院 6 位学士名额已满，但是，顺宗还是安排了王叔文入院，意在将来把朝廷的决策大权交给王叔文。

同时，顺宗还提升王伾为左散骑常侍。此前，王伾任翰林侍书待诏，历迁至正议大夫、殿中丞、皇太子侍书。这时仍为翰林待诏，直到三月份，王伾被任命为翰林学士。由于该团队以二王为核心，因此史称“二王集团”。

王叔文的资历不如韦执谊高，因此，王叔文提议让韦执谊任宰相，形成王叔文做决策、韦执谊来实施的合作方式。当时，顺宗因中风而面容扭曲、失声，无法上朝，只能在宫中由宦官李忠言和得宠的牛昭容（妃嫔的称号）侍候。

做了翰林院学士之后，王叔文出入宫廷只能到翰林院为止，不能像以往一样天天陪在顺宗身边。而王伾的左散骑常侍身份却可以出入大内，来到离皇帝寝殿更近的柿林院，见到李忠言和牛昭容。

这样一来，朝中事务要一经韦执谊，二经王叔文，三经王伾，四经李忠言，五经牛昭容，才能传达到内廷。顺宗通过点头或摇头表明自己的意见，然后，再以这个顺序倒传一回，最终由宰相韦执谊执行。

新官上任三把火，王叔文就职当天便燃起改革之火。他的第一把火烧向了贪官李实。此人是皇族，袭封道王，也是个贪财无比的奸人。在京畿一带，不分贫富、贵贱，人人都对他痛恨切骨。因此，王叔文不畏强权，动手拔了这颗钉子，世人无不称快，显示出改革者雷厉风行的气势。

紧接着，第二把改革之火烧向了宦官集团的势力范围，废除“宫市”、罢“五坊小儿”。宫市是一种虐政。德宗时期，令宦官为宫市使，负责在长安城中为宫廷购办日用货物。宫市使下置有数百名小宦官，他们常以替皇室采购为名，对平民进行掠夺，常常是付钱比实际价少，或赊账不偿，还有的根本不付钱。“五坊小儿”与宫市的性质一样。五坊，是指宫中的雕坊、鹘坊、鹞坊、鹰坊、狗坊，专门捕捉鸟兽给皇帝赏玩。“小儿”是指在五坊的服务者。五坊小儿常常以捕捉为名，将网张在住户门上及水井上，向百姓敲诈勒索。

王叔文的第三把火烧向皇帝的腰包，废除“常贡”以外的“日进”“月进”等进奉制度。这一制度始于玄宗后期，初为解决财政问题，后来便成为地方上的节度使讨好皇帝的途径。贪官们以进奉为名，向人民搜刮财富，弄得怨声载道、民不聊生。

随后，又罢除盐铁使“月进”钱。所谓盐铁使“月进”钱是在正常课税之外，每月向皇帝进贡的所谓羡余钱，专供皇帝私用。同时，下令蠲免民间对官府的各种旧欠，并降低江淮海盐价，从每斗 370 钱降为 250 钱，减北方池盐价为每斗 300 钱。这些措施减轻了百姓的负担，却也断了朝廷的重要财源。

革新团队成员均为寒族出身，势单力薄，根基尚浅。除王叔文、王伾、韦执谊之外，革新派其他成员如刘禹锡、柳宗元、程异，此前仅为监察御史；韩泰仅为户部郎中；韩晔、陈谏等人同样职位低下。在顺宗即位之后，他们也只是依靠皇帝的超拔而一时得势。

因此，为了加强实力，革新团队主张破格任用低级官吏，打破论资排辈的成例。这一决定给品级低、无门路的朝官，以及怀才不遇的士子们带来前所未有的喜悦。一时间，人人似乎都看到了出人头地、扬眉吐气的希望。但是，革新势力要想站稳脚跟还需要时间，而旧势力早已盘根错节植入朝廷内外，改革之火燎到的不过只是他们的皮毛而已，并未伤及根本。革新团队也认识到了这个问题，所以一上台便立即控制财政大权。

安史之乱以后，在朝廷财政收入中占重要地位的是盐税。代宗初亲政时，每年盐税只有 60 万贯，到末期，增加到 600 万贯，占当时国家总收入的一半。因此，掌握了盐铁使一职就等于掌握了国家的财政大权。

顺宗李诵即位后，三月份，任命宰相杜佑为度支及诸道盐铁转运使，将盐铁利权收归中央直接掌握。杜佑虽然是理财名臣，但是已经年逾 70 无力操持事务，所以王叔文自兼度支、盐铁转运副使。

在革新派加紧行动之时，朝廷中的守旧势力不肯坐观事变。四月初六，在旧臣卫次公、宦官俱文珍和薛盈珍等人的坚持下，顺宗册立长子广陵王李纯为太子。太子接受百官朝贺时，众大臣欢喜万分，只有王叔文预感形势对革新派不利。于是，革新的步伐开始加快。

一叶落而知秋。革新派的诸多举动也令地方节度使感觉到了不安，还没等王叔文对藩镇下手，剑南西川节度使韦皋首先发难。韦皋是藩镇势力中反对革新的主要代表，因在对吐蕃作战、重新与南诏结盟中有功而受封南康郡王。顺宗即位后，又加封检校太尉。

他派心腹刘辟到京城见王叔文，提出兼领剑南三川（剑南西川、剑南东川、山南西道），以扩大自己的地盘，并声称："如果把剑南三川交给韦皋管辖，他当不惜尽力相助；倘若不满足韦皋意愿，他也会有办法回报。"这种威胁的口气令王叔文怒不可遏，不仅拒绝了韦皋的要求，还准备杀掉刘辟。

此事一出，各藩镇感觉更加不安。针对王叔文的新政，各节度使纷纷指责其专权。革新团队与藩镇势力的关系日益恶化。就在藩镇问题还未解决之时，革新集团内部出现了不和。想当初，革新派人士聚集在东宫时，关系融洽无间。但是，随着改革的进行以及地位、权力的变化，他们之间的分歧也就不可避免地出现了，其中，王叔文与韦执谊之间的分歧最为严重。

当时在位的宰相还有高郢、郑珣瑜、贾耽等朝廷元老，自从革新派上台之后，他们有的退职，有的甩手不干，以示抗议。

韦执谊任宰相之后，想方设法与身边的人搞好关系，团结其他朝臣。相反，王叔文则主张打击异己。因此，夹在中间的韦执谊感觉压力越来越大。时间一长，二人之间矛盾重重，政见开始不同。

当王叔文要杀韦皋的心腹刘辟时，韦执谊就竭力反对。而王叔文认为，韦执谊是他提拔起来的宰相，应该听从他的决定。但是，也正因为这个原因，韦执谊就怕别人说他这个宰相是靠王叔文才当上的。为了表明自己与王叔文没什么关系，韦执谊开始处处与王叔文唱反调。二人关系迅速恶化，导致革新派决策指挥中心和执行系统出现了故障，以致影响了改革进程的正常运转。同时，也给了反对革新的旧势力以可乘之机。

在顺宗即位不到两个月的时间里，革新团队的熊熊烈火就迅速燃起。他们太希望一瞬间就烧尽所有的虐政、弊政，让唐王朝重新焕发生机。但是，心急吃不了热豆腐。革新之火刚刚燃起，不仅革新团队内部出现了矛盾，还引来了旧势力集团的灭火行动。

五月初三，革新派决定剥夺宦官的兵权，他们通过顺宗任命有威望的老将、右金吾大将军范希朝为右神策军统军，充任左右神策京西诸镇行营兵马节度使。同时，任命革新团队成员、度支郎中韩泰为左右神策军行军司马，试图接管宦官俱文珍等人手中的兵权。

然而，此时的神策军早已是宦官势力的禁脔，远非换一将就可解决所有的问题。当范希朝与韩泰到军营接手军权时，竟然没有将领前来报到。

控制军权是革新派立足的重要步骤，但是，在这一环节上革新派完全失手。而反对革新的宦官集团和藩镇势力却开始反击。

实际上，以俱文珍、刘光琦、薛盈珍等为代表的宦官集团早已树大根深，实力雄厚，岂肯轻易倒台。自从顺宗即位之后，朝廷每出一项政令，似乎都是由王叔文在翰林院决定可否，然后宣达中书，再由韦执谊执行的。这一独断专行的方式，不仅招来朝臣越来越多的非议，还使王叔文成为众矢之的。就在王叔文极力夺取军权的同时，宦官俱文珍也采取了行动。

五月二十三日，王叔文突然接到一道制书，任命王叔文为户部侍郎，并且仍依前充任度支、盐铁副使，只是削去了王叔文的翰林学士之职。对王叔文来说，没有翰林学士这一职务，便无法领导革新运动。这道制书虽然出自顺宗之手，但是，能操纵内宫及军权的只有宦官俱文珍。显然这是俱文珍的“杰作”。

之后，改革派骨干王伾再三奏请，希望恢复王叔文的翰林院学士身份，得到的答复是，王叔文隔三五日可入翰林院议事。但是，翰林学士的职位却未予以恢复。这一突如其来的变故，对革新派来说无疑是当头一击。

这时，节度使韦皋也冲了出来，抓住机会打击革新势力。六月十六日，韦皋奏请顺宗皇帝安心养病，让太子李纯监国理政。同时又给太子写信，声称顺宗用人不当，委以王叔文、王伾等人重任，这些人都是“群小得志”，扰乱朝纲，要求李纯“斥逐群小”。两天后，荆南节度使裴均、河东节度使严绶也上了同样的奏文。

这些人都是手握重兵的藩镇大将，他们的行动无疑替长期被革新派压抑的旧臣们出了一口闷气，朝中局势顿时出现异样。不断有人向顺宗施加压力，请太子监国。

此时，王叔文的权力已被削弱，而旧势力集团又招招致命，就在他无能为力之时，又传来母亲去世的消息。而唐朝法律规定，母丧同父丧一样，子女需要行3年丧期，而且有官者要辞官。无奈，六月十九日，王叔文宣布去职。

作为革新派的核心人物，王叔文去职，无疑等同于革新运动宣布失败。为了让王叔文复职，革新派骨干成员王伾连续多日拜访能说上话的老臣，请求援助，甚至找宦官求情。只是谁都看清楚了，此时革新派大势已去。不久，王伾病倒。宰相韦执谊已经与王叔文彻底决裂，王叔文甚至密谋杀掉韦执谊。

革新派已日暮西山，俱文珍等人则步步进逼，迫使顺宗交权，让太子监国。七月二十九日，顺宗被迫把军国政事全部交给太子处理。这天，百官在东朝堂朝见太子。八月初四，顺宗又被迫颁布制书，命太子即帝位，自称太上皇。第二天，顺宗被移到兴庆宫居住，颁布诰命，改年号为永贞，同时，封李纯的母亲王氏为太上皇后。5个月后，顺宗驾崩。

这时，太子李纯还未正式登基，但是，宦官集团已经迫不及待地对革新派成员进行全面清算了。八月初六，王伾被贬为开州司马，王叔文被贬为渝州司户。不久，王伾病死。第二年，王叔文被赐死。

八月初九，太子李纯在宣政殿即位，是为唐宪宗。唐宪宗上台后，立刻铲除革新派的全部成员。贬韦执谊为崖州司马；韩泰贬为虔州司马；韩晔贬为饶州司马；柳宗元贬为永州司马；刘禹锡贬为朗州司马；陈谏贬为台州司马；凌准贬为连州司马；程异贬为郴州司马。史称“八司马”。这“八司马”与前边提到的“二王集团”联起来，又被称为“二王八司马”事件。

至此，为期8个月的革新运动以失败而告终。由于唐顺宗改这一年为永贞元年，因此，历史上又称这场革新运动为“永贞革新”。

莫道谗言如浪深，莫言迁客似沙沉。

千淘万漉虽辛苦，吹尽狂沙始到金。

——〔唐〕刘禹锡《浪淘沙》

唐室中兴几多难

唐宪宗李纯在新旧势力的激烈斗争中被推上皇位。虽然是依靠宦官、藩镇和朝官的支持才得以上台，但是，时年 28 岁的李纯并没有因此成为旧势力手中的玩偶，而是牢牢地把持住皇权，继续走革新之路，以图唐室中兴。

李纯即位之初，为了稳定政局，提拔支持自己上台的官员和亲信，以稳固其政治基础。随着权力的稳固，宪宗在用人上开始更多地侧重于官员的德才兼备、真才实学。

宪宗李纯是个奋发有为的青年皇帝，经常阅读历朝实录，每读到贞观、开元故事，他就仰慕不已，并决心以“太宗之创业”“玄宗之致理”为榜样，认真总结历史经验，注重发挥群臣的作用，大胆任用和倚重宰相。因此，宪宗时期贤相如云。

为了整顿朝纲，宪宗首先正身律己。在他即位不久，代宗的长女升平公主进献给他数名女子，宪宗拒绝说:“太上皇尚不受献，朕何敢违例?”接着，荆南的官员献上两只毛龟，祝贺新皇帝登基吉祥，也被宪宗拒绝。同时，李纯下诏，停止向朝廷进献珍禽异兽。宪宗以国家社稷为重，不贪图享乐的态度增强了朝臣们的信心。

此时的唐王朝已经被藩镇割去数块儿地方。这些割据的藩镇，几乎脱离了中央的实际控制，子孙世代承袭节度使，拥兵自重，相互支援或伐戈，朝廷无法干预；并且赋税自受，盘剥当地百姓，俨然已经形成多个独立的小王国。

为了加强唐王朝的中央集权，防止分裂，宪宗对藩镇采取了强硬的措施。宪宗即位当年，西川节度使韦皋病死，副使刘辟自作主张，自封为“留后”[①]，并且上表请朝廷认可。宪宗不同意，刘辟就起兵包围了东川。随后，朝廷派出神策军使高崇、神策京西行营兵马使李元奕等率军前往讨伐。神策军长驱直入成都，刘辟屡战屡败，最后彻底溃败，被擒回京师斩首。

806年，也就是宪宗即位的第二年，宪宗改年号为元和。三月，夏绥节度使韩全义入朝，留下外甥杨惠琳为辖区留后。宪宗李纯听从宰相杜黄裳的建议，解去韩全义的职务，并派出新节度使到新夏走马上任。杨惠琳拥兵抗议，朝廷正准备调兵征讨时，夏绥内部发生兵变，杨惠琳被杀。

夏、蜀两藩镇叛乱失败后，诸藩将都开始担心朝廷对自己用兵。于是，有些节度使干脆自请入朝，向皇帝表忠心臣服，镇海

---

① 节度留后，意为代理节度使。

节度使李锜就是其中的一个。但是，李锜并非真想归顺，因此，在宪宗授予他为左仆射并允许他进京时，李锜一而再再而三地找借口，推迟入京时间。宰相武元衡认为，李锜这种想来就来，想不来就不来的做法会影响到朝廷的权威，宪宗也认同这种看法。

十月初五，朝廷下诏，传李锜进京。李锜见无法再拒绝，便铤而走险，举兵谋反。十五日，宪宗又下诏，削去李锜的官职和爵位，同时命令淮南节度使王锷率诸道兵马讨伐。李锜得知朝廷军将至，李锜的兵马使张子良、李奉仙、田少卿等部将料定此战必败，便动员部属倒戈，合谋活捉了李锜。十一月初一，押送李锜入京城，镇海叛乱至此平定。

朝廷查抄了李锜的家产后，翰林学士李绛建言，将李锜盘剥当地百姓的财产还于百姓，以取代百姓当年的赋税。宪宗采纳了这一建议，镇海的百姓为之欢呼。平定西川、夏绥、镇海等藩镇没有费多少力气，为宪宗加强中央集权开了个好头，极大地增强了君臣削平藩镇的信心。

元和二年（807），中书侍郎、同平章事李吉甫在《元和国计簿》[①] 中记载，当时，唐王朝总计有 48 方镇、295 州府、1453 个县。其中，不报户口、不纳赋税的方镇有凤翔、鄜坊、邠宁、振武、泾原、银夏、灵盐、河东等 8 个边境镇；易定、魏博、镇冀、

① 中国最早的会计专著。元和二年（807）十二月面世，共十卷。汇总全国方镇、府、州县之数与户口、赋税、兵员等状况。

范阳、沧景、淮西、淄青等7个割据藩镇，共15镇71州。而其他许多方镇也私自扣留当地赋税，同时，每年还向朝廷申请养兵费。由此一来，朝廷每年的收入只有依靠浙东、浙西、宣歙（治宣州，安徽宣城）淮南、江西、鄂岳、福建、湖南等8道、49州、144万户的赋税来源。而当时，唐王朝共有2473963户。

《元和国计簿》还指出，虽然朝廷每年的两税、榷酒、斛斗、盐利、茶利等税收共得35151228贯（缗）、石，不比天宝年间少，但是，纳税民户却比天宝年间少三分之二以上。

由此可见，朝廷大力削藩不仅仅是为了加强中央集权，也是为了解决财政收入问题。但是，魏博、淮西、淄青等藩镇割据时间太长，实力雄厚，绝非轻易能够收复。因此，宪宗没有急于下手，而是整顿赋税制度，加强中央财政实力，等待时机。

元和元年（806）四月，宰相杜佑请求辞去财赋之职，推荐李巽为度支、盐铁转运使，掌管财政税收。李巽上任后，沿用了刘晏管理财政的办法，并在原基础上根据当时的情况加以改进。他本着“理财以养民为先”的理念，采取了“丰则贵籴，歉则贱粜”的原则，也就是说，当粮食供过于求时，中央增加收购量，保护种粮农民的利益；当粮食供不应求时，就抛售储备粮保障粮食供应，满足消费需求。

在李巽的努力下，一年的时间，中央赋税的收入达十余万缗，与当年刘晏所征的数目相当。此后，李巽继续实施利民政策，使赋税进一步增加，到第三年又增180万缗，使国用充足。

元和四年（809），李巽升为吏部尚书。不久，在李巽的推荐下，当年被贬的“八司马之一”程异从杨子巡院留后使升任淮南等五道两税使，随后，被提拔为盐铁转运副使。在程异的努力下，宪宗时期的财政收入大为增加，为唐朝廷对藩镇用兵提供了财政支持。

七月，卢龙节度使刘济、魏博节度使田季安、淮西节度使吴少诚相继病重。此前四个月，成德节度使王士真刚刚去世，其子王承宗自命为留后使。于是，宪宗决定发兵先讨伐成德，再平河北其他诸藩镇。

对此，翰林学士李绛认为不妥。因为河北藩镇的实力比西川、浙西等地藩镇强出很多。例如，成德自王氏家族掌控以来，已经割据一方近40年，将士世代为兵，而且忠于主帅，人人注重藩镇利益，心里没有国家概念。而且河北诸藩镇之间相互勾结，如果朝廷贸然行事，必定会引起藩镇联合对抗朝廷。眼下江淮一带又正有水灾，财政困难无法保证朝廷用兵。所以，建议宪宗不要急于行事。

但是，宪宗讨伐成德心切，没有接受李绛等人的建议。元和五年（810）正月，宪宗命令最宠信的宦官吐突承璀为左右神策，领兵征讨王承宗。

宪宗即位后，吐突承璀就被任命为内常侍、知内侍省事，统管全部宦官。元和元年（806），宪宗加封吐突承璀为左神策中尉，掌管禁军。这次，平成德竟然也用大宦官吐突承璀为统帅，并兼任河中、河阳、浙西、宣歙等道行营兵马使、处置使。宪宗的决定遭到群臣的反对，但是，宪宗固执己见，只是撤销了吐突承璀四道兵马使的名义，改“处置使”为“宣慰使”，实际上仍用吐突承璀为统帅。

战事一开，幽州的刘济、淄青的李师道、魏博的田季安以及河东、河中、振武、义武四镇军陆续向成德进攻。但是，这些节度使各怀心事，并不全力作战。而宦官吐突承璀的各种头衔只是徒有虚名，在战场上根本没有号召力，威令不振，战局完全陷入被动。

三月，朝廷各路兵马在王承宗的顽强抵抗下失去了协调，战况进入胶着状态。时为京兆府户曹参军、翰林学士的白居易坚请罢兵，未被接受。

但到了六月份，战事仍然没有进展，而且各军已疲惫不堪，军需供应也出现了问题。这时，王承宗也不想再打了，遣使进京向皇帝表忠心。宪宗借机收兵，宣布赦免王承宗，任命其为节度使。双方达成协议，王承宗同意对朝廷履行正常的行政义务。另外，在宰相裴垍、翰林学士李绛的坚持下，宪宗罢免了宦官吐突承璀的中尉职务。此次用兵历时半年之久，朝廷共调各道兵20余万人，所耗军费700余万缗。损兵折将，除了收复昭义镇外，一无所获。

经过这场战事，刚刚实施的财政改革受到了影响。接下来的四年里，朝廷没有再对藩镇用兵，而是再度积蓄物力、财力，等待时机。这四年也是宪宗治下时间最长的一段安定时期。

社会稳定促进了商业的繁荣发展，在扬州、长安、汴州等一些大城市都出现了夜市。唐朝诗人用“十里长街市井连，月明桥上看神仙”“天下三分明月夜，二分无赖是扬州”等诗句来形容当时扬州的夜市盛况。

社会经济在发展，朝廷政治制度也在革新。元和六年（811）正月二十五日，宪宗二度提拔李吉甫为宰相。李吉甫曾在唐宪宗统治时期担任宰相，后因与窦群等有矛盾，被调任淮南节度使。在地方做官时，李吉甫兢兢业业颇有政绩。他鼓励百姓兴修水利，改善生产条件，带领农民在高邮筑“富人”“固本”二塘，灌溉农田。这次二度入相，李吉甫没有辜负宪宗的期望。一上任就开始整顿自玄宗朝以来，置吏不精、冗食日滋的现象。当时就有“天下劳苦之人三，而坐待衣食者七”之说，为此，李吉甫首先提出裁减官员。数月后，共减省内外官员 808 人，诸司以及流外吏员 1769 人，占唐王朝官吏总数的 1/4。

宪宗一朝的宰相多数是“社稷之良臣，股肱之贤相”，而且各有所长，尽职尽责。宪宗也是个勤奋的皇帝，每天都和宰相们讨论政务到深夜。

元和六年（811）十一月，宦官吐突承璀受贿事件暴露。此前，吐突承璀虽然被免去中尉一职，但是，宪宗对他依然宠信不减，致使吐突承璀在宫中仍然专横霸道。当受贿事件被揭发之后，宪宗无奈，只能将吐突承璀派出宫到淮南做监军。当月，宪宗任命翰林学士李绛出任宰相，裴垍已于四个月前病逝。

李绛有着非凡的才智，而且为人忠直，常以匡谏为己任，因此他也是一位敢“逆龙鳞”的宰相。李绛为相不久，割据一方的魏博镇便出现了新情况。

元和七年（812）八月，魏博节度使田季安病逝，其子年仅11岁的田怀谏为副使。这时，宰相李吉甫建议出兵讨伐，而李绛则认为不必用兵，自可收复。李绛料到，田怀谏只是个小孩，无法听政断事，其内部定会为大权归属问题发生争执。果然，不出其所料，藩镇内部发生了内讧。诸将主张立得众望的将领田兴（田弘正）为节度使，而田季安的夫人及同伙主张立其子。

李绛建议宪宗支持田兴，做他的靠山，他必会归属朝廷。宪宗接受了李绛的建议，直接降“白麻”① 任命田兴为魏博节度使，加银青光禄大夫、检校工部尚书、沂国公等，田兴为此感激涕零，众将士也备受鼓舞。

随后，李绛又建议宪宗，如果能从内库拨出150万缗作为赏赐给魏博的将士，他们必定会因这超乎所望的重赏而死心塌地归顺朝廷，即使四周相邻各道劝阻，也不会动摇其归顺朝廷的决心。

李绛的建议遭到宦官势力的极力反对，但是，宪宗经过考虑还是采纳了，收买了魏博的人心。元和八年（813）正月，宪宗赐

---

① 由翰林学士用白麻纸拟诏，无须经中书、门下省而直接发出的诏书，也称“内制”。

田兴名弘正。自此，魏博的局势恢复正常，并且归顺朝廷。

同样是这一年正月，宰相权德舆因不作为而被罢相权。

三月十一日，朝廷召回剑南西川节度使、同平章事武元衡回朝为宰相。

宪宗依仗对李绛的信任，收复了魏博镇。只是，李绛耿直的性格常常令宪宗不悦，相对而言，李吉甫就圆滑得多。此时的相权过于强大，宪宗开始有所担心。为了使皇权不被架空，元和九年（814）初，唐宪宗罢免了李绛的宰相职务，并将李绛统领的京西、京北神策军镇兵改归节度使统率。随后，召回吐突承璀为左神策中尉，使宦官势力重新抬头。

这一年，宪宗的宰相班子再次出现变动。十月，宰相李吉甫病逝，十二月，宪宗任命韦贯之和张弘靖为宰相。宪宗试图用皇权平衡宦官和朝臣之间的斗争，时而依靠朝臣打击宦官，时而依靠宦官打击朝臣。但是，宪宗的平衡能力显然出了问题，此次宦官势力再雄起，不仅阻碍言路、乱了朝纲，还直接影响到以后几朝的政局。

何代何王不战争，尽从离乱见清平。

如今暴骨多于土，犹点乡兵作戍兵。

——〔唐〕韦庄《悯耕者》

削藩之战

魏博藩镇归降朝廷，令唐宪宗李纯深受鼓舞，削藩的决心也因此更加坚定。由于淮西节度使驻蔡州汝阳（今河南汝南），地处中原，战略地位非常重要。因此，宪宗决意对淮西用兵。

早在元和四年（809），淮西节度使吴少诚死后，部将吴少阳杀了吴少诚的儿子自封为留后。当时，朝廷因无力讨伐而接受了这个事实。元和六年（811），吴少阳自任淮西节度使。元和九年（814）八月，吴少阳去世，其子吴元济隐瞒了死讯，自掌兵权。元和十年（815）正月，宪宗决定兴兵讨伐淮西。

三月，朝廷授予严绶为山南东道节度使，加淮西招抚使，率十六道兵马讨伐吴元济。朝廷对淮西用兵，震动了淄青节度使李师道和成德节度使王德宗。两人多次上表，为吴元济求情，宪宗都没有答应。

于是，李师道见风使舵，采用了声援朝廷的方式，发兵2000人奔赴寿春（今安徽寿县）讨伐吴元济，实际上暗中支持吴元济。

为了策应吴元济，李师道暗中派人潜入河阴漕院（今河南荥阳北），烧掉钱财布帛 30 余万缗、匹，谷 3 万余斛，把江、淮一带集中在这里的租赋都烧毁了，搞得人心恐慌。

六月，李师道又派人到京师暗杀了极力主张对淮西用兵的宰相武元衡，另一位主战派人士御史中丞裴度也被击伤，京城顿时进入戒严状态。宪宗以为是王承宗所为，于是下诏定其罪。

李师道的刺杀行动并没有动摇宪宗削平藩镇的决心，裴度伤好之后，宪宗任命他为宰相，并继续讨伐淮西。此时，朝廷派出的严绶已经出兵一年多，严绶奉行保守战略，不求有功，但求无过，致使战事毫无成效。宪宗改任宣武节度使韩弘为淮西诸军行营都统，率领忠武军节度使、检校工部尚书李光颜、河阳节度使乌重胤等军攻打叛军。

十月，宪宗再以右羽林大将军高霞寓为唐州（今河南泌阳）、邓州、随州节度使，讨伐吴元济，结果失败。此时，淮西军行营都统韩弘仍然不主动用兵，朝弘是半个割据者，表面上派出儿子韩公武领兵 3000 协助李光颜，其内心却不愿淮西镇被灭。所以在军事部署上毫无建树。倒是李光颜身先士卒，率领骑兵冲锋陷阵，给了朝廷极大的信心和勇气，为以后的胜利奠定了坚实的基础。

年底，宪宗再任太子詹事李愬为唐、邓、随节度使，全力对付吴元济。此时的王承宗正纵兵四处掠夺。元和十一年（816），宪宗不听朝臣劝阻，令河东、幽州、魏博、横海、义武等六道出兵讨伐成德镇王承宗。

当时，河南战场的吴元济已经令朝廷穷于应付，此次出兵河北成德，使得朝廷陷入两面作战的被动局面。到元和十二年(817)，朝廷对淮西用兵将近4年，先后9万兵马出征，不仅耗费大量军费，也使民众困疲不堪，局面已相当艰难；在成德战场，双方又进入旷日持久战斗，朝廷军已到了战不下去的地步。五月，宪宗不得不撤罢河北行营。随后，朝廷集中兵力讨伐淮西。此时，战局出现了转机。

元和十二年（817）正月，李愬奉命抵达唐州后，安抚军心，关心士卒。在查明敌情后，重用降将丁士良，迫使文城栅（今河南遂平西南）守将吴秀琳投降，并为李愬所用，鼓舞了士气。

四月，李光颜在郾城击败淮西军，3万淮西军死了十分之三，唐军缴获战马上千匹，器甲三万联。朝廷为之大振。

五月，盐铁转运副使程异提供了185万缗军费，保证了朝廷讨伐大军的军需开支。同时，淮西兵缺粮，百姓亦无食，为了活命，近5000户投靠朝廷军，宪宗将其安置州县管制。

两个月后，宪宗任命宰相裴度兼彰义节度使、淮西宣慰处置使，赴前线督战。此时，各道军队皆有宦官中使监军，主将放不开手脚行事。裴度到郾城前线发现这一问题后，奏请宪宗罢除了各军督战中使，各道主将因可以全权指挥军事而立即积极作为。

此时，李光颜数战皆胜。为了对抗李光颜，吴元济不得不调集精兵驻守郾城以南的洄曲和边境地带，而防守在淮西镇首府蔡州（今河南汝南）的都是老弱兵将。降将李祐建议李愬，乘隙奇袭蔡州，这一建议被李愬和裴度采纳。

十月，在一个风雪交加的夜晚，李愬带领精兵 9000 人，疾行 130 公里，闪电奔袭，直抵蔡州城。等黎明雪住之时，李愬军已经悄然入城，兵至吴元济外宅。清晨醒来，毫无防备的吴元济，束手就擒，淮西军二万余众相继投降。持续四年的淮西叛乱宣告结束。朝廷平定了为患 30 多年的淮西割据，使东都洛阳和江、淮地区免除了威胁。其他藩镇也因此恐慌不已。

元和十三年（818），割据一方达 30 年的横海镇（节度使驻沧州）自请归复，朝廷收复沧、景二州；幽州镇刘总也上表请归顺。

元和十四年（819）李光颜、魏博镇田弘正等人奉命讨伐淄青镇李师道，李师道兵败伏诛，朝廷收复淄、青等 12 州。同时，成德镇王承宗上表归顺朝廷。

随后，宪宗也加强了地方政治体制的建设。元和十四年（819）四月，在横海节度使乌重胤的建议下，宪宗取消了节度使在州治以外其他州的领兵权。同时，增加了当地刺史官带兵职能，削弱了诸州各将领的权能。

至此，唐朝藩镇割据、不贡税赋的局面基本结束，形势向着有利于中央加强集权建设，暂时实现了全国统一。在取得一系列成功后，宪宗并没有再接再厉复兴盛唐，而是满足于现况，更滋长了骄侈心，不问政治而专心崇佛。

当时，在藩镇问题之外，还有许多问题都没能得到解决。元和十四年（819）户部员外郎李渤曾上书：“渭南县长源乡本有 400

户，今才100余户，乡县本有3000户，今才1000户，其他州县大约相似。……凡10家之内，大半逃亡，亦须5家摊税。”可见，当时官僚地主的剥削和压迫，造成大批农民逃亡。在以农业经济为主的社会，农民的逃亡直接影响社会经济的发展。尽管李渤力谏宪宗“夫农者，国之本”，但是宪宗此时只想享受奋斗的成果，不再作为。

元和十四年（819），宪宗迎奉陕西凤翔法门寺的佛骨来京，在宫中供奉3天后，又在京城诸佛寺巡回供奉。

当时，唐朝杰出的文学家韩愈正在裴度手下做行军司马，韩愈官虽不大，但是由于擅长写文章，而且想要针对当时缺少真情实感、喜欢堆砌辞藻的文风进行改革。韩愈为此写了不少散文，在当时产生了很大的影响。他主张恢复儒家思想正统地位，提倡古文，是古文运动的倡导人。同时，反对佛、道二教。

宪宗信佛、崇佛并大张旗鼓地迎接佛骨，致使朝廷上下纷纷效仿，不论信不信佛都要凑趣。搞得人人都千方百计想弄到瞻仰佛骨的机会。有钱的出资捐香火钱，没钱的用香火在身体上烫几个香疤，以示对佛的虔诚。韩愈对宪宗这种铺张浪费、迎接佛骨的做法很不满意，于是给宪宗皇帝上了一道奏折，劝谏宪宗不要沉迷于做这种迷信的事。结果，惹怒了宪宗，被贬到潮州做刺史。韩愈哪知，宪宗不仅信佛，还迷恋长生不老药。

平定藩镇之后，宪宗广招天下方士。元和十四年（819），宪宗服用所谓的长生不老药之后，性情变得暴躁多怒，宦官在左右，经常不是被斥责就是被杀。在宪宗力求长生不老时，宫廷内部势力正为立太子之争而暗藏杀机。

元和六年（811）十二月，刚刚做了两年太子的李宁，在 19 岁的时候因病故去。宪宗悲痛欲绝，废朝 13 日。随后，朝中针对再立太子一事形成两股势力，一股是以宦官吐突承璀为首的派系，主张立次子李恽；另一派则是郭妃主张立郭贵妃的儿子李宥（宪宗的三子）。经过几番波折，宪宗立李宥为太子，改名李恒。

郭贵妃是郭子仪的孙女，在以太子李恒为中心的周围，早已经聚集了以郭氏宗族、部分朝臣为骨干的庞大势力。宪宗虽然立李恒为太子，却没有同意朝臣们请立郭贵妃为皇后的要求，因为郭贵妃与宪宗一直感情不和，这也影响了宪宗和李恒之间的关系。于是，宠臣宦官吐突承璀察一直暗中操纵，拉拢宪宗次子李恽，欲重新废立太子。此时，宦官内部也分两派。其中，吐突承璀的对立派、宦官内常侍陈弘志及梁守谦、王守澄等人就拥护太子李恒。

就在多方势力暗自较劲的时候，宪宗由于经常服用丹药已经引起慢性中毒，身体也每况愈下。元和十五年（820）正月二十七日夜，宪宗被宦官陈弘志弑杀，随后对外伪称皇帝“误服丹石，暴发暴崩”。

当天，王守澄与右神策中尉梁守谦及中尉副使马进潭、刘承偕、韦元素等共迎太子李恒入宫，登基即位，并以迅雷不及掩耳之势，直奔大宦官吐突承璀、澧王李恽的府第，将二人就地处死。

元和十五年（820）闰正月初三，李恒于太极殿正式即位，这一年他26岁，是为唐穆宗。

从这一时期起，皇帝的更迭、即位已不再由皇室嫡传来决定，而是由宦官做主。这群大唐“家奴”们也已不再是往日的“家奴”，而成了决定大唐王朝命运的主宰者。

燥发金丹柳泌诛，长生妙药已成虚。

穆宗心眼可昏惑，不省张皋覆辙书。

——〔宋〕金朋说《唐穆宗》

穆宗时代

唐穆宗李恒即位后，没有将弑父凶手治罪，而是对在这场宫廷政变中拥立自己的功臣加官晋爵，以示表彰。其中，宦官王守澄因立“大功”，被穆宗命为枢密使、知枢密院事。

“枢密使”是宪宗元和初年设立的政府机构，又称内枢密使，左右各置一员，职责是“承受表奏、出纳王言”，也就是负责内外传达的工作。此时，宦官王守澄的地位早已超过当年的吐突承璀。

作为一国之君，穆宗李恒在柩前即位当天，严肃的登基仪式刚刚结束后，就迫不及待地召戏班进宫，演杂耍戏娱乐。几天后，穆宗皇帝又到神策军营看摔跤表演。元和十五年（820）五月，宪宗李纯葬于景陵以后，李恒越发没了顾忌，不是大摆宴席，就是四处游乐。

26 岁的新皇帝如此好玩乐、不务正业，群臣只能不断劝谏，穆宗李恒对这些谏言从来都虚心接受，但绝不改过，依然我行我素。穆宗喜好玩乐，却也非视朝政而不顾。李恒在位 4 年里，唐朝发生了不少事。

元和十五年（820），也即唐穆宗登基当年，“两税法”已经实施了 40 年，通货紧缩的现象越来越重。

唐中期之后，唐朝农业生产不见显著提高，手工业却进步很大。绢布和米成为社会的基本财富。最初一匹绢卖 4000 钱，到穆宗时期一匹不过 800 钱；米一斗也从原来 200 钱，下跌到一斗不过 50 钱。虽然物价下跌但是税额不变，百姓手中的物品换不到钱，还要缴纳高额的赋税，使得百姓不堪重负，生活日益艰难。

时任户部尚书杨于陵认为，铜钱不足是因为铸钱数量太少，从开元时期，每年官铸铜钱量“七十余炉，岁盈百万，今才十数炉，岁入十五万而已”。另外，钱都被富商豪贵积贮起来以传子孙，加剧了钱荒。其中，藩镇贮钱尤多，“京师里闾区肆所积，多方镇钱，如王锷、韩弘、李惟简，少者不下五十万贯”。也就是说，一方面，每年铸造的铜钱本来就比原来少了很多；另一方面，富人把多余的钱都装在罐子里，埋到了地下储藏起来不消费，导致越来越多的铜钱退出了流通领域，市面上的钱当然就减少了。

这种情况下，为了防止钱币过度积压和流出境外，朝廷采纳了杨于陵的建议，首先增加铸钱数量，同时令税户纳税时上缴粮食布匹，只有盐、酒专卖仍然用钱，这些措施对稳定社会秩序和调整经济混乱状况以及缓解钱荒起了一定的作用。

穆宗上台后，也希望巩固其父平定藩镇的成果，逐步削夺节度使的军权，继续扩大中央王朝的权威。元和十五年（820）十月，穆宗下令裁减藩镇兵员，同时大规模调换各地节度使。但是，由于穆宗的协调手段运用不当，不仅没有收到预期的效果，反而再度引起藩镇叛乱。

一些被调换的节度使到了新的领辖地之后，各地的将士纷纷排斥，以至于无法和平相处，导致矛盾重重。而那些被削减下来的“复员兵”没有安排就业，更是面临着生存问题，因此，士兵的去留问题成了引发社会动乱的隐患。

第二年（821）正月，穆宗改年号为长庆。不久，藩镇卢龙、成德相继发生兵变。是年七月，卢龙旧将朱滔之孙朱克融作乱，驱逐朝廷任命的节度使张弘靖；七月二十八日夜，成德兵马使王廷凑挑动士兵，杀死新任节度使田弘正及其僚佐将吏、家属三百余人，自封为节度使留后。

面对这些藩镇兵变，朝廷只得派兵征讨。但是，出征的兵马依然以宦官为监军，这些无能的宦官只知将精兵留在身边保护自己，却不知如何应对战场形势，以至讨伐一再失败。最终朝廷只能承认既成事实。

朝廷的姑息，引起了连锁反应。长庆二年（822）七月初十，宣武镇牙将李介“逐帅自立”。朝廷在宰相李逢吉的坚持下，征讨宣武镇。穆宗命韩充会同忠武（今河南许昌）节度使李光颜、武宁（今江苏徐州）节度使王智兴共同出兵讨伐，最终平定了宣武。

八月，浙西藩镇（今江苏镇江）又发生了军乱，因为观察使窦易直已有防备，迅速平定了叛乱。与此同时，魏博大将史宪诚再度发生兵变，逼迫节度使田布（田弘正之子）自杀。此时，朝廷无力征讨，被迫接受既成事实，任命史宪诚为节度使。卢龙、成德、魏博三镇起而仿效，再度割据，“宪宗中兴”给唐朝带来的一线生机荡然无存。

由于李恒只顾玩乐，朝事都交由宦官去做，使得宦官专权、官场腐败，这种腐败现象也渗透到科考之中。

长庆元年（821）四月，朝廷举行“常科”考试，此次主考官是右补缺杨汝士、礼部侍郎钱徽。类似这种考试，全国各地可以“唯才是举”，因此，西川节度使段文昌、翰林学士李绅都给钱徽写信推荐人。到揭榜时发现，段、李推荐的人都名落孙山，而及第者中大多是公卿子弟，其中还有考官杨汝士的弟弟。

节度使段文昌不服，认为太不公平，一怒之下，向皇帝举报说科考舞弊。不少人也持同样看法。穆宗听了，不能确定，于是，向时为翰林学士的李德裕、李绅以及宰相元稹等人询问。这几个人都回答说：“考试确实有问题。”

得到这样的回答之后，穆宗下令复试，结果许多已被录取的进士被除名，主考的杨汝士和钱徽以及中书舍人李宗闵也因此事受到牵连而被贬官出京。经过这场风波，一直暗流涌动的朝官朋党之间的矛盾也开始公开化。

由于此时宦官势力强盛，朝官之间派系分化严重，凡是依附宦官的朝官日渐得势，如宰相元稹；而以裴度为首的部分朝官，则因疏远宦官而受到压制。

在朝廷平定藩镇之乱之时，宰相裴度身先士卒，立下大功。元稹很是妒忌，担心穆宗重用裴度而冷落自己，于是勾结宦官魏弘简，暗中阻挠裴度的军事计划，致使裴度的一些计划无法顺利实施。

长庆元年（821）十月，裴度屡次上表指责元稹和魏弘简阻挠、破坏讨伐幽州军事的罪行。穆宗将魏弘简左迁弓箭库使，元稹降为工部侍郎，但是，穆宗一向很欣赏元稹的文采，对他的宠信并未减少。元稹为此更加痛恨裴度，在藩稹兵乱尚未完全平息时，就建议穆宗解除裴度的兵权，只因为众多大臣反对，穆宗才未采纳元稹的建议。

鹬蚌相争，渔翁得利。就在元稹和裴度争斗不止之时，长庆二年（822）六月，兵部尚书李逢吉在宦官王守澄的帮助下，利用元稹和裴度斗争，顺利将元稹和裴度排挤出局，自己则被穆宗任命为门下侍郎、同平章事，坐上了宰相之位。

李逢吉入相之后，想方设法排除异己，将翰林学士李德裕、李绅等人挤出京城，外放到地方。为了加强自己的势力，长庆三年（823），李逢吉引荐容易控制的户部侍郎牛僧孺为宰相。李逢吉荐引牛僧孺还另有目的，就是利用他来阻止李德裕入朝，虽然李德裕在浙西任观察使，但却是个有资格做宰相的人选。

这期间，唐朝廷还面临着势力日益膨胀的吐蕃、回纥对唐王朝的威胁。自安史之乱以后，吐蕃迅速地占领了唐朝的河西、陇右等地，形成与唐王朝对峙的局面。

穆宗即位后，元和十五年（820）十月，吐蕃进逼泾州（今甘肃泾川）。穆宗命神策右军中尉梁守谦为左右神策京西北行营都监，统率神策兵4000人，并发八镇兵马全力奔赴泾州助战，同时，朝廷赐予将士行装二万缗。最终，在渭州（今甘肃平凉）刺史郝玼屡、邠宁（今陕西彬州）节度使李光颜等将领的努力下，击退了吐蕃。此后，吐蕃再次向灵武、盐州等地侵袭骚扰，但始终未成。

为了孤立吐蕃势力，穆宗积极与回纥和睦相处。长庆元年（821）二月廿六日，回纥毗伽保义可汗去世，穆宗为此辍朝三日，令诸司三品以上官员至鸿胪寺吊祭。四月，穆宗诏册命回纥新立君主崇德可汗。五月，再次下令，让妹妹太和公主下嫁回纥，联姻通好。

在这种情况下，九月，吐蕃赞普赤祖德赞遣使到长安，请求与唐朝结盟，唐穆宗也表示同意。十月初十，穆宗命宰相、右仆射、六曹尚书、中执法、太常、司农卿、京兆尹、金吾大将军及大臣共17人，与吐蕃的使团会盟于长安西郊，立誓和好。双方制订协议，相约从此不再互相征伐，不再侵犯对方。

长庆二年（822）四月，穆宗派使臣刘元鼎抵达拉萨，与吐蕃大臣等举行会盟。五月，在拉萨设盟坛，双方并达成最终的友好协议。长庆三年（823），为了纪念唐蕃双方的会盟，吐蕃赞普赤祖德赞决定在西藏拉萨大昭寺门前立下一块《唐蕃会盟碑》，穆宗对此极为重视，派出使臣杜载带领使团前往参加典礼，盟碑于二月十四落成，一直保留到今天。

唐朝与回纥、吐蕃的关系得到了改善，但与西原地区少数民族之间的冲突仍然不断。西原是唐代对今广西左右江地方的统称。其中左江一带的宁明、龙州、崇左、扶绥等地为黄峒地，右江的天等、靖西等地为侬峒地。西原族首领黄乾曜、黄少卿等坚持对抗唐王朝统治达六七十年之久，原因是唐朝官吏对当地民族的剥削和压迫。

穆宗即位后，容管经略使留后严公素上表请求讨伐黄氏。时任兵部侍郎的韩愈对此加以驳斥，他认为，西原地区的民族“无城郭，依山险，各治生业”，只是在受到压迫的时候才集结起来反抗。因此，建议朝廷能够赦免当地人，并派遣有威望和才干的朝臣去担任经略使。可惜，穆宗没有采纳韩愈的意见，西原地区动乱依旧。

尽管此时朝内外有许多问题需要解决，但是并未影响穆宗近乎疯狂的游乐。只是，穆宗的享乐在长庆二年（822）十一月二十四这一天戛然而止。

这天，穆宗在禁中与宦官内臣打马球，一个宦官突然坠马，惊吓到了穆宗。当时，由于恐慌，穆宗立刻停下来休息，随后，穆宗突然双脚不能履地，并伴有头晕目眩，后诊断为中风，此后便卧病在床。

十二月，宰相李逢吉请立景王为皇太子。十二月初七，穆宗宣布立长子景王李湛为太子。此后，穆宗的身体一直没有康复。

长庆四年（824）正月二十二日，30岁的穆宗驾崩于寝殿，在狂欢中仅仅维持了四年的穆宗时代就此画上了句号。

丹扆六箴真药石，童君不饵夭天年。

宴游亵狎比群小，灭烛筵边血溅鲜。

——〔宋〕金朋说《唐敬宗》

后人哀之而不鉴之

长庆四年（824）正月，16 岁的太子李湛在太极殿即位，是为敬宗。年少的李湛登基后，没有吸取其父英年早逝的教训，仿效穆宗，整日沉浸在打球和游猎欢娱之中。敬宗即位后的第一个月里，连着几天不是在中和殿击球，就是在飞龙院击球，要不就在中和殿大摆宴筵。少年天子以这种方式开启他的政治生涯，令群臣无不担心。

长庆四年（824）三月十九日，已是日上三竿时，文武百官早早候在朝堂，等敬宗李湛上朝。可是敬宗李湛却迟迟不来，年老多病的大臣等得双腿麻木，体力不支，几乎昏倒。谏议大夫李渤感叹说："昨天我还上书说皇帝上朝太晚，没想到今天比昨天更晚了。"

退朝后，谏官左拾遗刘栖楚单独留下来，以头叩地规劝敬宗说："陛下这么年轻，而且刚刚即位，应该勤于朝政，您怎么能放情嗜寝，乐色忘忧，先皇的棺木还没安葬，您就已经搞得这样恶名远扬，这样下去国家不就完了吗？”刘栖楚边说边在龙形台阶上拼命叩头，直叩得头破血流，砰砰的磕头声传出去很远。

敬宗忙示意李逢吉上前劝阻。刘栖楚站起来后，又谈起宦官的事情，敬宗露出不耐烦的神态，连连挥手，让他出去。刘栖楚见自己还没说几句敬宗就不想听，激愤之下又说：“要是皇帝不听臣的意见，我就在这把头叩碎！”牛僧孺见状忙劝说：“你奏请的事情皇帝都知道了，到外面等着皇帝安排吧！”刘栖楚这才出去。

对刘栖楚的劝谏，宰相们都很赞成。敬宗却置若罔闻，依然故我，整日嬉游，疏于朝政。

敬宗荒废朝政，很快就引来一场意外风波。

长安城里有个占卜术士叫苏玄明，他和朝廷染坊的工匠张韶关系不错。四月十七日这一天，苏玄明对张韶说：“我给你算了一卦，从卦象里看，咱们能在皇宫的大殿里吃饭。”张韶不明白这话是什么意思，苏玄明又说：“现在皇帝整天踢球游猎，不在宫里，这正是咱们做大事的好机会。”张韶听了居然信以为真。因为张韶在染工坊干活，常往宫中送货物，时间久了，把门的卫士都认识他，因此对他出入也不再细加盘问，所以他入宫是很容易的事。

经过一番谋划，两人决定利用这个机会干把大事。当时，张韶和苏玄明联络了一百来名染坊工匠，把兵器藏在柴草车里，假装往宫中送东西。但是，由于装许多兵器的柴草车推起来非常沉重，到了右银台门时，守门的卫士发现车子和平时不一样，于是上前盘问。本来就心虚的张韶，以为秘密被发现，立即杀了卫士，和党羽们换了衣服，拿起兵器，呐喊着冲进宫去。

这时，敬宗正在清思殿打马球，听到杀声吓了一跳。当宦官前来告急时，敬宗与身边随从都不知所措，只能狼狈逃跑。因为离左神策军近，所以敬宗逃到了那里避难。

左神策中尉河中马存亮立即派手下的将士去平叛叛党。皇帝又担心起太皇太后和太后的安全，马存亮便又派了五百骑兵去把二位太后接了过来。随后，命令大将尚国忠带领大队人马平定张韶。

此时，张韶和苏玄明一伙人已经冲进了清思殿，张韶本以为达到了目的就没事了，所以往皇帝的御榻上一坐，随手拿起东西就吃。苏玄明却大吃一惊，说："你只是吃饭就满足了吗?"张韶突然意识到自己已经没了退路，于是召集同伙，准备攻打弓箭库。这时，马存亮派遣的左右神策骑兵已到。张韶等人哪里是官军的对手，几个回合之后便全部被杀。第二天，藏在禁苑里的余党也都被抓获。两天后，敬宗下令重赏左、右神策军的立功将士。

经历这场风波，敬宗并没有意识到皇宫防御体系的薄弱，也未反思自己因玩乐无度招来了这场混乱。对把守各宫门的监门宦官也都从轻处理，只对失职的35名门监执行了杖责，并没有变更或者撤销他们的职务。

敬宗喜欢游宴、打球、奏乐，宦官又常伴其左右，因此，敬宗玩得尽兴后总要赏赐宦官和乐人。经过这次风波，敬宗只赏不罚的做法让这些宦官更有恃无恐，越发目无法纪了。

在张韶事件之后不久，又发生了宦官季文德勾结马文忠等近1400人企图造反的事件，由于阴谋泄露，当事人皆被杖死。

连续的宫廷风波之后，敬宗仍然我行我素。

敬宗是政治庸才，却是位马球高手，又善手搏，偏爱观赏摔跤、拔河、龙舟竞渡之类的游戏。贪玩的敬宗既没有进取心，也缺少强烈的权力欲。但是，君主的周围不乏忠心耿耿、有责任心的朝臣。因此，敬宗想为所欲为之时，常受到朝臣的阻止，有时他也不得不听。

长庆四年（824）五月，敬宗命宰相李逢吉荐举宰相，李逢吉便把朝中大臣按资功和声望高低，以列表的方式上奏给敬宗。吏部侍郎李程排在首位，五月初七，敬宗提拔李程为宰相。

敬宗喜欢修建宫殿，五月，敬宗准备再修一座规模巨大的别殿，新任宰相李程劝阻他，建议敬宗将这些木石材料拿去修穆宗的陵墓，敬宗觉得李程说得有道理，就采纳了。

十二月，笃信佛教的徐泗观察使王智兴，以敬宗生日为名义，奏请在泗州修建戒坛、剃度僧尼，打着为皇帝祝福的旗号，想借机积聚钱财。当时，由于僧尼可免除徭役，所以四方百姓纷至沓来。

这时，浙西道观察使李德裕上奏说："如果不迅速停止这项工程，待陛下生日那天，浙江、福建等地就会丧失60万的劳动力。"敬宗看了奏章，吓一跳，知道了问题的严重性，当天就命令王智兴立即停止活动。

长庆四年（824）三月，成德节度使王廷凑杀害了已故山南东道节度使牛元翼的全家。敬宗得到消息后，深叹朝中宰相无才，以致王廷凑竟敢如此悖逆。翰林学士韦处厚乘机上言，他认为裴度勋高功大，中外服其威名，建议敬宗重新起用裴度。

敬宗听了建议后，翻看裴度所上的奏章，发现署名中没有“同平章事”的职衔，当即恢复了裴度同平章事的职衔。节度使兼同平章事，仅是虚衔，还不是宰相。

李逢吉听到这个消息很担心裴度再被起用为相，便想方设法阻挠裴度回朝。但是，在这个问题上敬宗很坚持。

第二年，敬宗改长庆五年为宝历元年。这一年，牛僧孺看到朝政败坏，感觉早晚要发生变乱，于是请求辞去相位，出任节度使。随后，裴度上书，请求入朝，宝历二年（826）正月，裴度终于回到京师，敬宗宣布重任他为宰相。不久，李逢吉被贬，出任节度使。

敬宗虽厚待裴度，但裴度对皇帝却并不阿谀奉承。同时，裴度也很懂得劝谏少年皇帝的方法。裴度回朝时，敬宗正准备去游洛阳，宰相李逢吉和谏官们长篇大论地劝阻，敬宗根本不听。裴度说：“国家设立两都，本来就是为了巡幸。但自从连年战火之后，这件事情就一直搁置下来了，因为东都洛阳的宫殿残破，官署军营也都荒废不堪，您真要是想去的话，也得让他们先修整一番，待一年半载之后，陛下方可巡幸。”

裴度的一番话让敬宗明白了为什么不能去，于是停止了东行的计划，转而派工匠去整修东都。

就在这时，卢龙节度使朱克融借口朝廷赐给卢龙军的春衣质量不好，扣留了朝廷派去的衣使，并要求朝廷再拨给衣料30万端匹，且请领兵马及工匠5000人“助修东都”，以此恫吓朝廷。

朱克融的强悍吓到了敬宗。裴度却不担心，他建议敬宗发一道诏书给朱克融，就说“颁春衣的使者行为不当，可以交还给我处罚；春衣出现问题，我也会追究有关部门的责任”。裴度清楚，朱克融所说的发5000兵匠只是说大话，他根本就不可能做到。于是又建议敬宗：“让朱克融尽快把兵匠派来。他听到这话，会认为朝廷有了准备，必会惊惶失措……”敬宗接受了裴度的策略，事情果然都和他预料的一样，朱克融不敢轻举妄动。几天之后，卢龙军发生内乱，朱克融被杀。此后，敬宗更加信任裴度。

尽管敬宗对裴度等朝臣的信任度加强，却并未因此疏远宦官。当时，宦官中也有两派，一派是以王守澄、梁守谦为主的高品阶层宦官，如两枢密、两中尉；另一派是天子身边的内侍宦官们，如经常陪伴皇上打球游猎的宦官刘克明、田务澄、许文瑞等人，这一派虽然无权无兵，但他们贴近皇上。

敬宗很宠幸身边的宦官，没有吸取祖父宪宗打骂宦官的教训，总是放任自己的暴脾气，动辄毒打身边的宦官。时间一久，身边的人都对他恨多于怕，祸根也因此埋下。

在裴度的劝谏下，敬宗上朝次数有所增加，上朝时间也不怎么迟到了。但是，他仍没有舍弃贪玩的习性。宝历二年（826）十二月初八深夜，敬宗猎狐狸结束后，意犹未尽，又命人大摆宴席，与刘克明、田务成以及神策军将苏佐明、王嘉宪等二十八人喝酒。兴致勃勃的敬宗根本不知道，这二十八人早已在暗中秘密地结成同盟，意欲谋害敬宗。这一天，正好给了刘克明这伙人一个机会，由于宫中守备松懈，整个殿内除了皇上就是这些同盟人。

等敬宗酒过三巡喝到晕晕忽忽的时候，感觉燥热，就到内室更换衣服。这时，大殿的火烛突然熄灭，刘克明等人在黑暗中对敬宗伸出黑手。18 岁的敬宗，就这样糊里糊涂地告别了人世。

斯道有显晦，所忧非贱贫。

乾坤均一气，夷狄亦吾人。

朋党消廷论，锄耰洗战尘。

清时更何事，处处是尧民。

——〔宋〕陆游《斯道》

朋党之争

唐朝发展到这一时期，在历经藩镇割据、宦官专权之后，朝官中的朋党之争也愈演愈烈，并成为当时政治生活中的重大问题，对后来唐朝的灭亡负有不可推卸的责任。

在朋党之争中，历时最长、斗争最烈的是所谓的“牛李党争”。牛党的核心人物是李宗闵、牛僧孺；李党的首领为李吉甫的儿子李德裕。牛、李党结怨始于宪宗李纯时期。

元和三年（808）四月，朝廷选拔直言敢谏的人才，宪宗对各部门推荐的贤良方正、直言极谏科的考生进行考试。其中，李宗闵、牛僧孺、皇甫湜三人都直言指斥时政，言辞激烈，被考官杨于陵、韦贯之等录取，并且推荐给宪宗，宪宗也很欣赏他们。

但是，李德裕的父亲、宰相李吉甫认为，李宗闵、牛僧孺如此批评朝政，是在攻击自己。于是，向宪宗哭诉，并指出这两人被推荐，完全是因为跟考官有私人关系，考试有舞弊现象。唐宪宗听信了李吉甫的话，考官被降职，李宗闵、牛僧孺、皇甫湜等人长期得不到重用。

李吉甫死后，儿子李德裕入朝为官，做了翰林学士。当时，李宗闵也在朝做官。时又逢穆宗时期的一场科考案，结果因李德裕等人做证，李宗闵受牵连被贬官。此后，李宗闵与李德裕“各分朋党，更相倾轧，垂四十年”。

宝历二年（826）十二月初八，少年天子敬宗李湛被杀，唐朝宦官专权已经到了不可收拾的地步，而朋党纷争也在这时愈演愈烈，对积弱的唐王朝来说，无疑是火上浇油。

敬宗之后，穆宗的二皇子、敬宗李湛的大弟弟江王李涵接掌了这个满目疮痍的大唐王朝。

当时，敬宗一死，行凶的宦官刘克明等人就假冒敬宗的旨意，选立宪宗六子、敬宗的弟弟绛王李悟为皇帝。

两天后，枢密使宦官王守澄等人发禁兵，杀刘克明等人。绛王李悟已经接见过宰相以下的文武百官，正准备登基为皇帝，但是，王守澄等人还是杀死了李悟，改立江王李涵为皇帝。面对一连串突如其来的变乱，文武百官噤若寒蝉，无人敢言，只有接受。

宝历二年（826）十二月十二日，18 岁的江王李涵在宣政殿即位，改名为李昂，是为唐文宗。

文宗李昂即位之后，一直依附宦官势力的李宗闵再度入朝，不久，在王守澄的支持下成为宰相。文宗尽管并不情愿，但是，担心受到宦官的逼迫，招惹祸端，被迫退让，接受了宦官们的安排。

文宗李涵在做江王时就对穆宗、敬宗两朝时期的宦官专权心怀仇恨，感到可耻。这位少年天子有一定的政治抱负，满怀恢复国家兴旺的雄心壮志，所以他不想做宦官的傀儡。即位后，他勤勉听政，一改他哥哥隔三岔五上朝的荒唐举止，改逢单日上朝，而且每次上朝时间都很长。除了听朝，他还轮流找宰相群臣谈话，从大政方针到具体措施；从军国大事到朝廷用人；从国库储藏到各地灾情以及水利兴修等问题，他无所不问，无不详细地与宰相大臣讨论研究，连以往很少被皇帝召见的待制官（类似各部门的值班官员）也常常被文宗召见问政。

同时，文宗下令放宫女、减少教坊乐工，停止各地额外的进献和上贡奇珍异物的惯例。当地方出现灾荒的时候，他更是主动地减膳。而且文宗严禁朝臣衣着豪华，他自己也坚持穿着朴素，生活节俭。

文宗即位第二年，改宝历三年为大和元年。此时，宦官专权势力虽然已经到了积重难返的程度，但是文宗李涵决心依靠朝官力量，铲除宦官势力。

不过，文宗虽有一番兴国志向，但却也有着优柔寡断的个性，对于决断的事情不能坚持，常常中途改变想法，让朝臣们不知所措，也让文宗在应对宦官专政、朋党纷乱、藩镇割据的乱局中力不从心。

大和二年（828）三月，各地推举贤良方正及直言极谏之士到京应试。其中有位叫刘蕡的进士在试卷中公开反对宦官专权。他说，法应该划一，官应该正名。现在官员分外官（朝官）、中官（宦官），政权分南司（外官）、北司[①]（中官），在南司犯法，跑到北司就没事，或外官定了刑，中官认为无罪，法出多门，是非混乱，原因在于兵、农（民）地位悬殊，中外各自有法。又说，现在兵部不管军政，将军（上将军、大将军）只存空名，军政大权全归中官执掌。头一戴武弁，便把文官（朝官）看作仇敌；足一登军门，便把农夫看作草芥。这些武夫，依仗宦官势力，只会擅作威福，欺压民众。宦官利用武夫的骄横挟制皇帝，又利用皇帝的名义驱使朝官……他认为，国家要安定，应该排斥宦官，把政权交给宰相，军权还于将帅。

刘蕡的一番直言，令考官们赞不绝口，都认为这是难得的好文章。只是到了真正录取时，谁都怕得罪宦官而不敢表态。结果，与刘蕡一同投考的22人都被录取，唯有刘蕡落第。

为此，朝议哗然称屈，谏官、御史皆欲上奏皇帝，但是，宰相担心引起混乱而将此事压了下来。刘蕡终不得志，抑郁而死。

大和三年（829），为了打击宦官势力，在裴度的推荐下，文宗召回浙西观察使李德裕入朝，任兵部侍郎，并打算任命他为宰

① 唐代宰相办公地在宫禁之南，宦官办公地在宫禁之北，故称“南司”“北司”。

相。但是，李德裕的政敌李宗闵迅速行动起来。

其实，两党之争就是权力地位之争，唐朝的皇帝有至高无上的权力，而宰相是皇帝之下地位最高、权力最大的职位，谁获得了宰相职务，该党派在朝中就获得了主要政治地位。所以，李宗闵想方设法阻止李德裕拜相。在宦官势力的支持下，李德裕最终被排挤出朝，去做义成（治滑州）节度使。随后，李宗闵又引牛僧孺为相，二人合力斥逐拥护李德裕的朝官。大和四年（830），裴度也抵挡不住这股势力的冲击，被排挤出朝去做节度使。不久，二人担心李德裕在地势重要的义成集聚实力，又调李德裕为西川（今四川成都）节度使，使其离朝廷更远些。

李宗闵、牛僧孺是牛党的核心人物，这一朋党主要集结一些进士及第出身的官员。唐朝的进士每年平均不过 30 人，但是在统治阶层中却居于主导地位。

当时，参加科考需要通过公卿向贡举（主考官）推荐，因此，举人（应考人）必须奔走于名公贵卿的门下，设法得到公卿的赏识，才有及第的希望。及第后，新进士自称门生，需要到主考官家中拜谢，这时，推荐门生的公卿要到场观礼。一同中榜的进士之间又称同年。这样，门生与公卿、贡举、同年之间就形成了一个小圈子。他们之间关系密切，一人得势，必将带动其他人同进同出，在仕途上相互援引，成为官场上拉帮结派的主要手段。

相对牛党的进士及第出身，李党则是以门荫出身为主，也就是以父祖官位、豪门世家的余荫而得官的人。这些多集结在李德裕周围，与牛党形成对峙。由于两朋党间权利的争夺，使得朝廷在对打击藩镇问题上摇摆不定。

在敬宗时期，藩镇势力又春草还阳，蔓延滋长。大和二年（828）冬天，横海节度使李全略死后，其子李同捷自称留后，上表请朝廷认可。文宗予以拒绝，李同捷便恼羞成怒，以金钱拉拢近邻的几家藩镇，联手反叛。成德节度使王廷凑公开与李同捷攻城略地，大肆抢掠，而魏博节度使史宪诚则拥兵观望。

当时，在宰相裴度运筹下，朝廷积极应对。命令乌重胤、康志睦、李载义、李祐等出兵讨伐李同捷、王廷凑。经过两年多的征讨，李同捷叛乱最终被平息。除去李同捷之后，文宗任命殷侑为横海军节度使。当时，横海军原属州有四个，分别是沧、景、德、棣州，这时文宗又拨齐州归属横海军。

此时，牛党控制朝纲，在对藩镇的问题上则采取了消极甚至阻挠朝廷向藩镇用兵的态度。在牛党的姑息下，横海藩镇很快兵精粮足，成了东海雄镇，其割据势力对朝廷又构成了新的威胁。

大和五年（831），卢龙副兵马使杨志诚煽动将士作乱，驱逐节度使李载义而自立。文宗征求宰相牛僧孺的意见，牛僧孺回答："安史以来，范阳无视中央，他已经不属于中央，不必计较他的逆顺。"

在其看来，藩镇割据已经既成事实，更是一种正常现象，完全不必去理它。文宗也就采纳了他的建议，接受了杨志诚为卢龙节度使的事实，调李载义为山南西道节度使。

大和六年（832），在处理唐朝廷与吐蕃之间的一次危机时，文宗的寡断无谋使得唐朝廷威望受损，为此，宰相牛僧孺被迫辞相。接着，文宗顺势罢免了宰相牛僧孺，召李德裕还朝。

大和七年（833），文宗任李德裕为宰相。随之而来的便是李党势起，牛党成员纷纷被排挤，宰相李宗闵也被罢职。

就这样，文宗一时重用牛党，又一时再用李党。作为最高统治者，文宗皇帝是希望利用朝臣中的朋党之争稳定朝纲，然而，臣僚之间没完没了地相互攻击、相互报复，只会加重朝政的混乱。

丹陛犹敷奏，彤庭欻战争。临危对卢植，始悔用庞萌。
御仗收前殿，兵徒剧背城。苍黄五色棒，掩遏一阳生。
古有清君侧，今非乏老成。素心虽未易，此举太无名。
谁瞑衔冤目，宁吞欲绝声。近闻开寿宴，不废用咸英。

——〔唐〕李商隐《有感二首（乙卯年有感丙辰年诗成二诗纪甘露之变）》

甘露之变

朝官中的牛李党相争，让文宗无法依靠。为了铲除宦官势力，文宗任用置身两党之外的翰林学士宋申锡为宰相，将其作为自己的心腹，君臣二人开始密谋诛灭宦官。

宋申锡任用吏部侍郎王璠为京兆尹，让他秘密搜罗助手。大和五年（831），由于王璠行事不密，宦官王守澄和他的亲信郑注发觉宋申锡的密谋，于是，抢先下手诬告宋申锡谋立皇弟漳王李凑。

文宗对李凑很敏感，因为这是个有声望的皇弟。王守澄等人对李凑的诬告令文宗无法辨别真假，于是，他宁信其有不信其无，命王守澄逮捕李凑及宋申锡等人，送到宫中严审。结果，这些人屈打成招，宋申锡最终被贬为开州司马。李凑也被贬为巢县公。

此次灭宦官计划失败，文宗并没有罢手。大和八年（834）九月，文宗身患风疾，口不能言。王守澄推荐手下昭义行军司马郑注给文宗治病，文宗服了郑注的药后，感觉病体逐渐痊愈，很是高兴。于是召见郑注，发现郑注口齿伶俐，令文宗很喜欢。接着，在十二月就提拔他为太仆卿、御史大夫，始为恩宠。翰林学士、户部侍郎李珏对文宗说郑注“其人奸邪，陛下宠之，恐无益圣德”，但文宗对此并不以为然。

郑注的朋友李训，曾因罪被流放，得知郑注受到皇帝的宠信后便贿赂他，郑注将李训推荐给王守澄。为了培植自己的势力，王守澄将李训又推荐给文宗。李训通经学，文宗与他聊过之后觉得李训有才，不久就提拔他做了宰相。

起初，王守澄安排郑、李二人在文宗身边是为了让他们成为自己的心腹，但是，这二人并没有按照王守澄的意思办事，而是被文宗的高官厚禄所收买，一心为皇帝办事。宰相李德裕坚决反对文宗起用这二人，但是文宗不听。李训、郑注为了巩固地位，利用宦官势力斥逐李德裕出京，随后，文宗又召李宗闵回朝为宰相。

大和九年（835），文宗将铲除宦官的心事密告李训、郑注。经过一番策划，李训、郑注二人开始行动。

首先，他们利用宦官集团的内部矛盾，把与王守澄不和的韦元素、杨承和、王践言三个宦官驱逐出京，不久又都被处死。

随后，建议文宗任用与王守澄有矛盾的宦官仇士良为左右神策军中尉，提升王守澄为左右神策军容使。以这种明升暗降的方式，把王守澄架空，尔后，失去兵权的王守澄则被文宗赐死。

接着，李宗闵被贬出京。不久，李训、郑注再借追查宪宗被害事件，杖杀了在外地当监军的宦官陈弘志。

经过这一系列的行动，郑注、李训两人在朝中顿时名声大振，两人的地位也迅速攀升。太和九年（835）九月，文宗任郑注为凤翔节度使，李训为宰相，这时李、郑二人周围也聚集了舒元舆、郭行余、王璠、罗立言、韩约等既不依靠宦官也不依附牛李党的朝臣。而牛李党派朝官也在这场政治清洗中纷纷落马，朝中重要官职都换用郑注、李训二人的党徒。

接下来，郑、李需要对付的是以仇士良为首的宦官集团。经过布置，准备决定利用为王守澄发丧的机会，令全部宦官去送葬。届时，出动凤翔兵，内外合势消灭仇士良为首的全部宦官。但是，在郑注去凤翔准备兵力时，李训改变了主意。因为他不希望此次行动被郑注抢功，于是和党徒商议，改变计划，提前下手，以独获大功。

大和九年（835）十一月二十一日，文宗在紫宸殿接见百官，禁卫军领按新计划上殿，启奏称：昨夜有甘露降在左金吾大厅后石榴树上。在古时，天降甘露被认为是好兆头。为此，群臣与文宗闻讯大喜，这时，李训建议文宗前去观赏甘露，于是文宗命李训先去察看。李训回来说不像是真甘露，文宗又令左、右中尉仇士良、鱼志弘率众宦官再去察看。此时，李训在左仗院早已埋下伏兵，只等仇士良等人到来。

仇士良、鱼志弘等众宦官到了院门时，忽然一阵风吹起了伏兵藏身的帐篷一角。仇士良等人一下子发现有伏兵，慌忙退出，顿时乱作一团。伏兵在李训的命令下迅速杀向宦官，但是，仇士良等人已经逃回内廷，并且挟持文宗返回了后宫。

抢到了皇帝，就等于胜券在握。随后，仇士良派神策军大肆屠杀。李训见阴谋失败，化装出京逃命。仇士良派兵，分路搜捕李训和他的党徒，二十四日，王涯、王璠、罗立言、郭行余、贾悚、舒元舆等人皆被斩，亲戚不管亲疏皆死。其间，被宦官滥杀的所谓的余党达千余人，郑注也在军中被宦官杀死。这件事史称“甘露之变”。

甘露之变以后，由于官吏大批遭杀，朝官威力顿失。接下来，文宗又召左仆射令狐楚、右仆射郑覃入殿，命二人留宿中书门下，参决机务。但是，在仇士良等人的阻挠下，令狐楚不得为相。文宗便任命令狐楚为盐铁转运使，左散骑常侍张仲方代理京兆尹，又以户部侍郎李石同平章事，仍判度支。

文宗的这些决定都经过宦官仇士良等人的认可方得以实施，此时的朝廷大权已全归宦官把持。

大和九年（835）十一月廿六日，甘露事变中讨乱有功的将士得到赏赐，左神策中尉仇士良等各晋爵迁官。此后，朝廷大事皆决于宦官，宰相只是奉行文书而已，朝官形同虚设。

甘露之变的失败不仅使文宗神情沮丧，而且还被宦官监视起来。文宗整日饮酒求醉，赋诗遣愁。而仇士良等宦官的气焰则更加嚣张，甚至有宦官扬言要杀死京城内所有穿儒服的人（士人）。

836年正月初，文宗改元开成。开成元年（836）二月，昭义（今山西长治）节度使刘从谏对仇士良的恶行深恶痛绝，连续三次上表，质问宰相王涯等因何罪而被杀，并且表示“已训练士卒，如奸臣难制，誓死以清君侧”。

左神策中尉仇士良担心刘从谏真动武，就要求文宗给刘从谏加官晋爵。三月，刘从谏再次上表，并且坚决辞官，以示不吃仇士良这一套，同时在表文中罗列出仇士良等人之罪行，要求刑处这些人。仇士良等人闻讯非常害怕，担心事情闹大，于是稍微收敛了狂妄气焰。在强藩的声援下，宰相郑覃、李石方可以秉执朝政。

此时的唐王朝，已走过二百多年，自安史之乱以后，农业经济遭到严重打击，唐前期的繁荣社会也因土地兼并、重税的侵蚀而破败。不过，经过一段时期的恢复，朝廷的税收得以保障。虽然下层民众的生活依然困苦，但是统治阶级的骄奢生活却未受到太大的影响。南北物资的流通，使得工商业再度活跃起来。特别是在黄河、长江两大流域间的经济联系进一步加强，对社会的发展起到积极作用。

唐前期的盛世已经不复存在，但是唐王朝的政治、经济、军事和文化的发展仍然让邻国叹服。开成三年（838）七月初二，日本国第18次遣唐使藤原常嗣率团入唐，经扬州至长安，向唐王朝贡珍珠绢、琥珀、水织絁等贵重礼物。第二年乘新罗船回国。这也是日本国最后一次派出遣唐使团。开成四年（839）闰正月廿五日，阇婆国（又名河陵国，今印度尼西亚爪哇岛）遣使到长安朝贡。

外使来朝，显示了唐王朝的威望还在，然而文宗皇帝却已斗志尽失。由于文宗旧疾复发，皇位继承问题再度浮出水面。文宗有两个儿子，次子李宗俭未成年就死去。开成三年（838）九月，长子太子李永又突然暴卒。开成四年（839），文宗立哥哥敬宗的幼子陈王李成美为太子。此时，文宗的两个弟弟也被认为是皇位候选人，即安王李溶和颍王李瀍。后者是神策军中尉等人拥立的对象。

开成五年（840）正月初二，文宗一病不起，下令太子监国，命枢密使刘弘逸、薛季棱召宰相杨嗣复、李珏至禁中，欲奉太子监国。神策中尉仇士良、鱼弘志则不同意，他们认为太子成美年幼多病，当重议所立。随后，仇士良及其盟友假传圣旨，立颍王李瀍为摄政王。

正月初四，文宗李昂离世，终年32岁，葬章陵，庙号文宗。

寒山几堵，风低削碎中原路，秋空一碧无今古。

醉袒貂裘，略记寻呼处。

男儿身手和谁赌，老来猛气还轩举。

人间多少闲狐兔，月黑沙黄。此际偏思汝。

——〔清〕陈维崧《醉落魄·咏鹰》

男儿身手和谁赌

开成五年（840）正月十四，穆宗第五子、27 岁的颍王李瀍（后改名李炎）在宦官仇士良等人的拥立下正式即位，是为唐武宗。

武宗即位后，同样先巩固地位，对拥立自己的仇士良大加赏赐，并且利用仇士良铲除了皇位的竞争对手，如陈王李成美、安王李溶以及支持李溶的杨贤妃等人。

开成五年（840）八月，武宗罢免了支持安王的宰相杨嗣复、李珏，召回淮南（今江苏扬州）节度使李德裕入朝。九月初四，提拔李德裕为门下侍郎、同平章事，正式入相。

李德裕富有政治才能，而且是一位精明干练的宰相。武宗信任李德裕，令其总揽朝政一切大权。

李德裕上台后，面对的不再是牛党，此时的牛党势力已经不成气候。他需要面对的强敌是宦官集团。李德裕深知，宰相若依附宦官，不得士人心；若对抗宦官，又必失相位。掂量轻重之后，李德裕主张对宦官势力加以限制，但是并不与宦官集团直接对抗，而是避其锋芒，在其毫无防备的情况下，削减宦官权势。

李德裕任淮南节度使时与宦官监军杨钦义有一定交情，但是李德裕并不讨好他。在杨钦义应召还京做枢密使时，人人都讨好杨钦义，以求日后有个升迁的机会。李德裕待他却如同平常一样，并无加礼。只是在杨钦义临行时，李德裕尽同僚之谊宴请杨钦义，情礼极厚，还赠送不少礼物。后来，杨钦义有机会奉旨回淮南时，还礼给李德裕，李德裕没收。李德裕这种近而不亲，远却不疏的态度，也使杨钦义对他另眼看待。李德裕此次能回朝做宰相，也与杨钦义的荐举有关。

李德裕凭借与枢密使杨钦义的交情，了解他对藩镇问题的观点，两人都主张抑制地方藩镇，强化中央集权。对于杨钦义来说，藩镇势力过强，皇权受到威胁，宦官也就得不到权力。所以，李德裕与他商量，请监军不要干预军政，并希望从监使兵每千人中抽十人充牙队①，如立功所有人都给赏。杨钦义同意李德裕的建

① 牙兵，即亲兵或卫兵。唐中期以后成为节度使的私兵，是节度使专兵的产物。牙兵最早乃为魏博节度使田承嗣所设，其在魏博拥兵十万，择矫健强力者万人，号牙兵。这就是牙兵史上最为有名的魏府牙军，时云“长安天子，魏府牙军”。各镇节度更是效仿。

议，武宗更是欣然采纳。

此后，将帅们摆脱了宦官的过度掣肘，能够施展所长，为武宗时期朝廷平定内乱、抗击外犯扫除了人为障碍。

第二年（841）正月，武宗改开成六年为会昌元年。这年的九月廿六日，幽州镇出现军乱，将士杀节度使史元忠，推牙将陈行泰为留后。与以往兵变一样，陈行泰也请求朝廷接受现实，封他为节度使。

李德裕凭借多年在藩镇做节度使的经验，准确地对形势加以分析。他建议朝廷对陈行泰的要求置之不理，坐以静观，等待其内部再生变故。

果然，不出李德裕所料，不久幽州复乱，兵变将士又杀陈行泰，拥立牙将张绛，遣使赴京求为节度使。对此，李德裕仍然不置可否。很快，幽州的雄武军使张仲武决定起兵讨伐张绛。十月，张仲武派手下吴仲舒到长安上表朝廷，称张绛治军残虐，请求率军将其讨除。

这时，李德裕见时机已经成熟，于是上请武宗李炎批准，令张仲武发兵讨张绛之乱。武宗当即任命张仲武为幽州留后，命其率军攻克幽州。随后，张仲武以精兵800、土团500袭击幽州，一举攻克，杀了张绛，平定了军乱。会昌二年（842）正月，朝廷任命张仲武为幽州节度使。

在幽州军乱的同时，唐朝边境再起事端。开成五年（840），回纥被准噶尔盆地一带的黠戛斯部攻灭，回纥汗国从此灭亡，部众四处逃散。其中一部分由可汗兄弟嗢没斯等率领南下，至唐边塞的天德（今内蒙古乌拉特前旗东北），请求内附。

天德军使田牟等认为，这是谋立边功的机会，于是上请出击回纥。宰相李德裕认为，回纥助唐，屡立大功，如今部落离散，请求内附，应该遣使镇抚，运粮以赐，并且要约束田牟等人为邀功而生事。会昌二年（842），嗢没斯等入朝归降，被任命为归义军的军使。

但是，另一支回纥余部推立乌希特勤为“乌介可汗”，率所部侵扰天德、振武（振武节度使驻金河，今内蒙古和林格尔县北）两军边塞。同时，乌介可汗劫持嫁到回纥的太和公主，向唐朝廷索取振武城（今内蒙古托克托南）。唐朝廷屡次遣使慰喻，劝其还归漠南，令放公主还唐，乌介可汗拒不奉诏。

会昌二年（842）八月，武宗命群臣集议对付回纥攻守战略。太子少师牛僧孺等认为，宜固守关防，伺其出击，才能取胜。宰相李德裕则以为，回纥已衰，迅速出兵即可破之，不应守险示弱。

武宗最终采纳李德裕的意见，任命河东节度使刘沔兼招抚回纥使，统一指挥诸道行营兵马；幽州节度使张仲武为东面招抚回纥使，回纥降将李思忠为河西党项都将、回纥西南面招抚使。诸道兵皆赴太原集中，命刘沔屯兵雁门关（位于今山西代县）策应。

会昌三年（843）正月，乌介可汗率众侵逼振武，招抚回纥使刘沔遣麟州（今陕西神木北）刺史石雄、都知兵马使王逢率沙陀、契苾、拓跋部落 3000 骑袭其牙帐，刘沔自以大军继后。

乌介可汗被突如其来的唐军吓得惊慌失措，弃辎重而逃。石雄率军追击斩万余人，可汗受伤，太和公主安全回唐。此次，唐军收降回纥部落 2 万余人。

外患刚刚平息，藩镇再出军乱。会昌三年（843）四月，昭义镇出现了叛乱。当年上表以武力威慑仇士良等宦官的节度使刘从谏去世，临终前遗命他的侄子刘稹继任，而刘稹隐瞒刘从谏的死讯秘不发丧，并且刘稹自称“留后”，不听从朝廷号令。

昭义镇辖有泽（治晋城，今山西晋城）、潞（治上党，今山西潞城）两州，又有河北邢（治龙冈，今河北邢台）、洺（治永年，今河北永年）、磁（治滏阳，今河北磁县）三州。节度使驻潞州。

泽、潞两州离关中腹地较近，地处河中、河东、魏博和成德四镇之间，也是个有影响的大藩镇，一旦独立必会直接威胁长安。

当刘稹率万余人胁迫监军崔士康游说使臣，让朝廷仿效河北藩镇的先例，任命其为留后时，朝中多数大臣担心刘稹对朝廷用兵而主张答应刘稹的要求。

但是，李德裕力排众议，主张对昭义用兵。他认为，一旦准许节度使世袭，四镇定会纷纷效仿，朝廷号令将不再有效。同时，李德裕对如何平叛胸有成竹。他说，刘稹敢与朝廷对抗，就是因为寄希望于河北三镇联手反叛。只要稳住河北的成德、魏博两藩镇即可平定刘稹。

平定幽州军乱之后，武宗坚定了削除藩镇割据的决心。为此，武宗对李德裕的主张给予了极大的支持，决定利用藩镇矛盾，以毒攻毒，用兵平定昭义。

随后，武宗下令李德裕起草《讨刘稹制》，承诺允许成德节度使王元逵、魏博节度使何弘敬的子孙可世袭，命王元逵、何弘敬出兵，事后将重赏有功将士。命幽州节度使张仲武屯兵边防，遏制回纥余党。同时，朝廷承认各地藩镇在战争中的既得利益，鼓励各藩积极用兵，解决为保实力互相推诿的问题。

王元逵、何弘敬衡量轻重之后，都表示听从朝廷的命令。会昌三年（843）五月十三日，制令削夺刘从谏及其侄刘稹官爵，以王元逵为昭义北面招讨使，何弘敬为南面招讨使，与河阳（今河南孟州西）节度使王茂元、河东（今山西太原南）节度使刘沔、河中（今山西永济西）节度使陈夷行合兵攻讨刘稹。

战事一开，势态按照李德裕预定的样子发展，昭义镇孤立无援，很快就陷入“四面楚歌”的困境。会昌四年（844），邢、洺、磁三州不敌王元逵、何弘敬两镇军的强大攻势，纷纷出降。失去河北三州后，昭义内部出现慌乱。同年，刘稹的亲信、泽州大将郭谊等杀刘稹降唐，至此，朝廷收复昭义镇 5 州 31 县。此次朝廷对藩镇独立采取的毫不姑息、坚决平叛的态度，对独立已久的河北诸镇起到了震慑作用。

武宗对宰相李德裕的信任，使唐朝军威大振，同时也提高了朝官的地位，而宦官集团的势力则大为削弱。

会昌三年（843）四月，感觉已经受到冷落的仇士良想试探下武宗对自己的态度，以年老多病为由，请求辞职担任散官。武宗正好借机剥夺了他在神策军的军权，下诏封他为左卫上将军兼内侍监，主持内侍省的事宜。

五月十四日，武宗未同枢密使商量，直接任命崔铉为宰相。这令宦官集团深感不安，埋怨杨钦义等人的懦弱，破坏了老规矩。六月，刚刚离职不久的仇士良死去，宦官势力一度不振。

在宦官势力被削弱的同时，李德裕也对科举考试入朝为官者加以排斥。李德裕是李党的代表人物，代表着显宦公卿集团的利益，主张世袭做官。虽然李德裕本身是爱读书之人，少年时就心怀大志，勤奋读书，尤喜《左氏春秋》和《汉书》，但他却鄙视科举考试。

李德裕认为，世族子弟天生就是做官的料，因为从小就受到了良好的教育，对朝廷的规矩礼仪不教自成，所以主张高级官吏要由这些人担任，进而抑制通过科举考试进入仕途的贫寒子弟。另外，为了防止科举入官者结党，李德裕取消了进士及第后的曲江大会和题名席等活动。

不过，李德裕虽然排斥科举进士，却并没有采取过激行动。而热衷于道教的武宗，却对长期盛行已久、严重影响国家经济的佛教，发动了一场惊世革命。

披一领熬日月耐风霜道袍。

系一条锁心猿拴意马环绦。

系一对圣僧鞋，带一顶温公帽。

一心敬奉三教。

休指望做神仙上九霄，

只落得无是非清闲到老。

——〔元〕张养浩《沉醉东风》

会昌灭佛

唐朝自建立以来，统治者基本上都奉行尊道、崇儒、礼佛的政策。在世俗化的中国社会，统治者的主流意识形态从西汉武帝时期开始，一直是推崇儒家思想的。而土生土长的道教和外来的佛教，虽然也时常出入宫廷，但基本上还是民间的领衔宗教。

道教因为尊奉先秦的大哲学家老子（李聃）为始祖，而唐朝皇室正巧姓李，皇族与老百姓一样，也喜好拉上一个有头有脸的祖宗，光耀门楣，道教因而受到了李唐皇室的格外优待。唐高宗乾封元年，晋封老子为“太上玄元皇帝”；开元二十九年，唐玄宗在各地兴建玄元皇帝庙。

但是与道教相比，佛教早在隋朝隋炀帝时期，就成为帝王统治民众的思想工具，以此捷足先登的优势在民间“普度众生”。这种自上而下的推广普及方式，使得佛教得以迅猛发展，扎根于广大人民群众生活之中。故此，在整个大唐社会，佛教的信徒最多、影响最深、势力也最大。但是，道教也不甘落后，多年来与佛教之间的竞争一直没有间断过。佛道两教你追我赶、各有千秋，分食着民众的信仰和朝廷的褒贬。唐太宗把道教置于佛教之上，武则天则把道教贬在佛教之下。到了武宗李炎时期，由于武宗喜好道术，从开成五年（840）登基开始，便召道士赵归真等八十一人入宫，在三殿建九天道场。

会昌元年（841）六月，武宗亲临九天道场，受道家法箓，成为一名正式的道教信徒。当时，右拾遗王哲上书谏言，试图制止武宗这一做法，结果被贬到河南府士曹参军。

此后，武宗又将衡山道士刘玄静召入皇宫，封为银青光禄大夫、充崇文馆学士，赐号“广成先生”。又召罗浮（广东增城、博罗等地）道士邓元起入宫炼丹，传授长生之术。

道士赵归真等人得到武宗的信任之后，便极力排斥佛教，宣扬佛、道不能并存。并且散布舆论：“李氏十八子，昌运方尽，便有黑衣天子理国。”他们解释说这“十八子”即唐朝皇室，“黑衣”即僧人也。就是说僧侣将取代李唐国统，以此激起武宗对佛教的排斥。

另外，真正让武宗不能接受的一个现状是，佛教势力拥有的经济特权。随着佛教的发展，全国各地不仅大小寺院林立，而且大量良田、庄园被寺院兼并。同时，寺院是享受各种免税、免役特权的机构，为了逃避朝廷的各种税、役，无论是达官贵人，还是穷苦百姓，只要得到一份度牒就可获得寺院的庇护。由此，恶性膨胀的僧侣地位和寺院经济，使佛教势力成为只消耗、无产出的群体，不仅影响着社会经济的发展，也严重影响着朝廷的财政收入。自开元年间以来，唐朝廷也采取了一些限制措施，但是始终无法抑制佛教势力的持续蔓延。到武宗时期，朝廷需要平定藩镇叛乱、应战边境战事等，本来就十分拮据的财政再度陷入困境，而佛教势力却始终未停止对唐王朝经济的蚕食。为此，武宗愤然指出："穷吾天下者，佛也。"

会昌二年（842）十月，武宗下令，凡僧人违反佛教戒律，擅自娶妻者，一律责其还俗，并没收其财产，欠债者还俗后充为徭役。此令一出，还俗的僧侣达 3000 余人。此后，武宗陆续下令限制佛寺的僧侣人数；不得私自剃度；限制僧侣蓄养奴婢的数量，规定每僧只准用 1 个奴婢，尼姑用 2 婢。

会昌四年（844）四月，武宗降旨禁止寺院供奉佛牙（释迦牟尼的牙齿），同时，对代州五台山、泗州普光寺、终南山五台寺以及陕西的凤翔法门寺等供有佛指骨之处，下令禁止供养和瞻仰，对在这些地方捐钱者以及接受施舍的僧尼将实施背杖惩罚。

会昌五年（845）四月初一，武宗再下诏，命 40 岁以下僧尼尽勒还俗。十六日，再令 50 岁以下僧尼还俗。七月，武宗正式下令"废佛"。

首先是拆毁寺院。敕上都（今陕西西安）、东都（今河南洛阳）两街可各留二寺，限每寺留僧30人；诸节度使、观察使治所州府及同州（今陕西大荔）、华州（今陕西华县）、商州、汝州各留一寺。

同时，将这些寺院分为三等：上等可留僧20人，中等留10人，下等5人。其余寺庙责令当地立即拆毁，僧尼一律还俗，朝廷遣派御史赴各地督察。凡拆毁的寺院，财产、田地一律充公。

至八月，全国共毁大寺院4600所，中小寺院4万所，没收良田达数千万顷，还俗僧尼达260500人。这些人都被编入纳税户中。以往主管宗教事务的功德使改为隶祠部主客郎中，负责管理留下的僧尼。

武宗的灭佛也非一帆风顺，他的敕令在河朔藩镇遇到阻力。河朔藩镇历来敬重佛法，朝廷的命令在这里遇到抗拒，既未拆毁寺院，也不令僧尼还俗。当时，五台山的僧人多逃亡到幽州（今北京）。八月，宰相李德裕召其进奏官转告幽州节度使张仲武，不准收留僧侣。张仲武不得已，下令守将："有游僧入境则斩之。"

在这次灭佛运动中，外国僧尼也未能幸免，均被强令还俗遣送回国。日本僧人圆仁和尚就是其中之一。回国后，他在《入唐求法巡礼行记》中详细记录了这次"法难"的情况。

武宗此次禁佛，给佛教势力以沉重打击，增加了政府的纳税人口，扩大了国家的经济来源。大批铜像、钟器被收送到盐铁使铸造铜钱，各州收缴的铁像用来铸造农用器具。

大量的还俗僧侣开始脱离晨钟暮鼓的清修生活，重返水深火热的民间，扛起锄头来到田间地头，学工务农、参加农业生产，增加了就业人口，粮食产量得以增长。

总之，武宗发动的这场灭佛运动的规模可谓空前绝后，后来被愤愤不平的佛教徒称为“会昌法难”。

武宗虽灭佛，但是修道成仙的愿望却没能实现。在道士们怂恿下，武宗开始服用“仙丹妙药”。结果，武宗的身体受到极大毒害。道士赵归真却告诉他，这属于“仙丹”的正常反应，武宗对此深信不疑，对大臣以及宠爱的才人王氏的劝告不予理睬。会昌六年（846）正月，武宗病重。三月二十三日，宫中传出武宗驾崩的消息。

年方 33 岁的唐武宗，成为继太宗、宪宗、穆宗、敬宗之后，第 5 位因服食仙丹妙药而“飘然仙逝”的唐朝皇帝。

云散晴山几万重，烟收春色更冲融。

帐殿出空登碧汉，遐川俯望色蓝笼。

林光入户低韶景，岭气通宵展霁风。

今日追游何所似，莫惭汉武赏汾中。

——〔唐〕李忱《幸华严寺》

宣宗之治

会昌六年（846）三月，唐武宗的叔叔、光王李怡即位。当时，无论是按照嫡长子继承制还是兄终弟及制，都轮不到李怡。李怡之所以能成为皇位继承人，又是宦官一手操纵的结果。

武宗病危期间，皇位继承问题成为各方势力争夺的焦点。宦官集团、朝官中牛李党以及藩镇的将领都蠢蠢欲动。由于武宗尚未立储，且五个儿子都还小，所以，谁能抢先拥立储君，就可成为下一代君王的宠儿。比起后几方势力来说，宦官集团在“把玩帝王”方面拥有天然优势，且早已驾轻就熟。

三月二十日，武宗去世的前 3 天，左神策中尉大宦官马元贽等人矫造遗诏，拥立光王李怡为皇太叔，更名为李忱。武宗死后，38 岁的李忱即位于武宗灵柩前，是为唐宣宗。

李忱是唐宪宗的第 13 个儿子，穆宗的弟弟，敬宗、文宗、武宗的叔叔。宪宗被宦官杀害时，李忱只有 10 岁，面临着凶险动荡的政局，失去父亲保护的李忱孤苦无依，命悬一线。在宫廷政治斗争的风口浪尖上，稍不留心就会被巨浪吞噬，万劫不复。为了避免受到迫害，少年李忱韬光养晦、装呆卖傻自我保护。在人们眼里，李忱是一个沉默寡言、面无表情的傻子，即使被人捉弄，他也能忍气吞声、不动声色，这一忍就是 20 年。

宦官集团总是试着选择无能平庸之辈做天子，这次也不例外。他们将目光投向了“傻子”光王李忱。谁料，宣宗即帝位之后，宦官和朝官才发现，李忱那些年的呆傻是伪装出来的。

不过，这二十几年里，李忱并没有因为装呆做傻就过着相安无事的日子。李忱的韬晦，曾经引起多心之人的猜疑。武宗就是其中之一，他似乎看穿了李忱呆傻外表下的聪慧。尽管找不到充分的证据，但是光王李忱越是沉默不言、与世无争，武宗就越发不安。

武宗即位后，光王李忱只要与皇上在一起，就会经常遭遇意外事情。与皇上击球时，他会突然落马；冬天与皇上一起巡游时，他也会莫名地从马上跌落，还被武宗弃之不顾；甚至入宫时，也会失足跌倒，总之横祸不断。然而，一次次意外却又一次次有惊无险，李忱顽强地活着，直至苦尽甘来，坐上皇位。

二十几年苦心孤诣地忍耐，历练了李忱的权谋智略；悲痛惨淡的经历，让李忱更懂得珍惜得之不易的皇位。

即位后，李忱不贪安乐，专心治国。李忱在位 13 年，勤于政事、整顿吏治，上朝之余，不是读书就是召见大臣商议朝事。后人评价他："明察沉断，用法无私，从谏如流，重惜官赏，恭谨节俭，惠爱民物。"甚至赞扬他为"小太宗"。历史学家们也将唐宣宗统治的时期，称为"宣宗之治"。但有一点不能否认，这宣宗之治是建立在会昌时期打下的良好基础之上的。宣宗继承了武宗会昌时期的果实，但是，并没有继续武宗时期的政策。

曾经忍受的苦难，在这时开始释放出反弹的力量。一朝权在手，宣宗便举起复仇的利刃，向那些给他制造过痛苦与磨难的人宣泄新仇旧恨。他首先做的就是彻底推翻武宗时期的所有政策方针。

会昌六年（846）四月初二，宣宗即位的第 8 天，便明升暗降，令李德裕带衔出任荆南节度使，实际上罢免了李德裕的宰相职务。秉政近 6 年，权重功高的李德裕就这样突然被贬出朝廷，速度之快令所有人始料不及。初四，宣宗再罢李德裕同党、盐铁转运使薛元赏为忠州（今重庆忠县）刺史，贬其弟京兆少尹薛元龟为崖州司户。

四月，宣宗一改武宗"重道灭佛"之风，诏命功德使杨钦义逮捕道士赵归真、刘玄静、邓元起等 12 人，并杖杀；将罗浮山人轩辕集流放到岭南。

五月初五，宣宗在大赦天下的同时，命长安两街除旧留两座寺院外，再新建 8 座寺院。当天，宣宗任命翰林学士、兵部侍郎白敏中为同平章事，出任大唐宰相。

白敏中是白居易的堂兄弟。会昌二年（842），唐武宗李炎想用白居易为宰相，但是被李德裕以白居易时已71岁为由制止了。白居易妻族杨氏属于李宗闵朋党，而白敏中与牛僧孺关系密切，但是李德裕并不在意这些，仍然向武宗推荐了白敏中。他认为，白敏中“辞学不让居易”，可以胜任要职。不过，白敏中并未因此而感谢李德裕，也未成为李党中人。因此，宣宗即位之后，朝廷大员中唯一的非李党成员白敏中，得以重用。

白敏中拜相之时，正值李德裕失势之时，白敏中乘机落井下石，对穷途末路的李德裕一贬到底，凡是李德裕当政时所重用的官员都不任用。李德裕也在此后3年被一贬再贬，直至大中三年（849）十一月初十客死崖州。此前，牛党的主要人物李宗闵、牛僧孺相继故去。持续40余年的“牛李党争”也渐趋消歇。

847年正月十七日，宣宗改会昌七年为大中元年。

三月，宣宗再敕恢复佛寺，凡会昌五年被毁的佛寺，如有僧人能将其修复，就可任其住持，不得禁止。自此，佛教得以恢复。

宣宗是一位强势皇帝，在位期间，他的主要精力都用在加强皇权上。宣宗自恃有智术，事事躬亲，在听取大臣的政见的基础上，他更相信自己的判断。

大中四年（850）之前，宣宗前后任用白敏中、崔元式、崔琮、周墀和马植为宰相。其中只有白敏中担任的时间较长，居相位接近六年之久，而其他人的任期最长在一年左右。对于这位强势的皇帝来说，白敏中的个性正好应和了宣宗的要求，即一切都唯天子是从。白敏中在相时，主要就是帮助宣宗清除李党成员，不遗余力地否定会昌政治。

但是，白敏中做了多年的宰相之后，开始自恃功高而擅权独行，这不仅引起朝野的不满，也是宣宗绝不允许的。为此，大中五年（851），白敏中被贬出朝，外放邠宁节度使。同年，宣宗提拔令狐绹为相。

宣宗对朝臣多采取恩威并重的手段加以控制。平时，与大臣们在一起时，宣宗多以礼相待，而且总是恭恭敬敬。但是，朝中要员对宣宗既尊敬又害怕，因为在朝堂上，宣宗总是一派威严，从不暴怒，也不露出焦躁和懈怠的神色，这令朝官无不战战兢兢。

宣宗精于听断，用法无私，对于朝中规章制度，他也绝不允许任何人破坏。他曾规定，凡是州刺史在任期届满时，必须入朝晋见皇帝方可转赴他州上任，以此防止地方官员因长期在外任职而不受中央管束。

宰相令狐绹执政时期，一位刺史从随州（今湖北随州）调任邻郡房州（今湖北房县），令狐绹以为两地很近，刺史可以直接上任，不必再远赴京城朝见。宣宗知道后，斥责令狐绹说："天命既行，岂又违越？宰相的权力太大了吧？"令狐绹听得直冒冷汗。他后来对朋友说："吾十年秉政，最承恩遇；然每延英奏事，未尝不汗沾衣也！"。

朝官对宣宗既尊敬又害怕，宦官也一样不敢擅自妄为。宣宗知道，没有宦官的拥立就没有自己的皇位。因此，他对拥立自己的重要人物恩遇有加，对于年轻的小宦官则毫不留情地加以管理。宣宗在宫中专门设有弄杖，以杖惩有过失的宦官仆役，以示皇帝的威严。

对于像左军中尉马元贽这样的大宦官，虽为宣宗即位立下大功，宣宗也不放松警惕，严禁这些掌握禁卫军权的宦官与朝官结交。

宰相马植曾是宣宗宠幸的大臣，做了宰相之后，马植与左军中尉马元贽相认本家。马元贽送马植一条宝带，被唐宣宗发现。鉴于马元贽掌控宫廷禁军，宣宗只拿马植开刀，免去其宰相职位，贬出去做州刺史。

宣宗曾与宰相令狐绹商量尽杀宦官，但是，“甘露之变”的教训使之不敢轻举妄动。令狐绹建议宣宗，对于宦官只要做到“有罪不赦，有缺不补，自然会逐渐耗尽”。这个密奏后来被宦官看见，由此再度引发宦官与朝官之间的相互憎恶，政局再度紧张。

宣宗没能彻底解决宦官问题，只能想方设法扶植朝官势力与之对抗。在官员的选择方面，宣宗一改李德裕远进士的做法，即位不久便恢复进士及第者的曲江宴集。同时，宣宗对科举极其重视，特别重视进士及第之人。他认为只有进士登科者才有真才实学。每次朝上召见新任官员时，宣宗都要先问对方有没有功名，是否中过举人、进士。

由于宣宗偏爱“有功名”的高学历之人，一时间“文凭”升值，显官皆为登科之人。宣宗时期的宰相替换很快，其中多数人过去都是翰林学士出身。科举制度的再度被重视，一些人求取功名便不择手段、投机钻营，而朝廷的科举录取也出现泛滥现象。

大中九年（855）三月，吏部开设的博学鸿词科举人考试出现题目泄漏事件，侍郎裴谂被贬官，郎中周敬复罚俸两月，考试官、刑部郎中唐枝出被贬为处州（今浙江丽水）刺史，监察御史冯颛罚俸一月。已经被录取的10人都被撤销。

大中十年（856）三月，宣宗批奏了中书门下的奏请：暂停应试3年。3年之后，凡参加科试者，请由中书舍人面试，判定等级，再上送皇上裁决。如果选送的是学业无术之人，将责惩考官。另外，由于诸道向朝廷推荐应试童子科的人多已超龄，这些人不仅伪称童子而且学业平平。为此，严格限定童子年龄，不得超过12岁，必须精熟一经，兼能自己书写。

宣宗对才学的重视也使这时期的文化出版大为盛行。此前，编书著作只是偶尔有人为之，而这时，不论公家或私家汇编的大部头著作都多得惊人。在官修类书中，有几种是关于中央政府和诸镇材料的摘编，专供皇帝御览。例如，大中七年（853）十月，宰相崔铉监修，修撰官杨绍复、崔瑑、薛逢、郑言等撰成《续会要》40卷。该书主要依据苏冕《会要》编成，记德宗至宣宗大中六年间史事和典章制度。

此外，官修类书还涉及文化、历史、法律等各方面。例如：

大中元年（847）张彦远撰成《历代名画记》10卷。该书为古代画史名著。此外，张彦远还撰有《法书要录》10卷，系研究古代书法史的重要著作。

大中四年（850）南卓撰成《羯鼓录》，该书分前、后两录，是后人了解和研究唐代音乐艺术、宫廷生活和社会风俗的重要资料。

大中五年（851）四月，刑部侍郎刘掾等奉诏纂《大中刑法总要格后敕》，撰成后即颁行。该书集起于贞观二年（628）六月廿日至大中五年四月十三日共224年的敕令，总计2165条，60卷。

大中五年（851），史官蒋偕编成《李相国论事集》7卷。该书系宪宗朝宰相李绛奏疏集，是研究宪宗朝政治、经济的重要文献。同年，蒋偕与宰相崔龟从等奉诏修成该书系编年体史书《续唐历》30卷。大中八年（854），蒋偕与宰相监修国史魏谟以及牛丛等人同修《文宗实录》。

大中七年（853）五月，右卫率仓曹参军张戣撰成《大中刑法统类》奏上。宣宗敕刑部详定，然后颁行。该书集律令格式凡1250条，分121门类，12卷。

大中九年（855），郑处海撰成《明皇杂录》3卷。该书是研究和了解玄宗朝政治、社会的有用资料。

宣宗在位的13年，是大唐王朝内外相对安静的时期。由于朝廷对藩镇采取了安抚为主的方针，以往断断续续的藩镇叛乱，在这一时期只有个别内部军乱，没有大的动乱。虽然边境上的吐蕃、党项一直骚扰不止，但其实力还不至于与唐王朝抗衡。

早在唐肃宗时期，吐蕃夺取了唐朝河西、陇右一些州镇，唐国境退缩到凤翔、邠州一带。宣宗即位后，吐蕃内乱，势力渐衰。大中三年（849）二月，吐蕃控制下的秦州（治成纪，今甘肃秦安北）、原州（治高平，今宁夏固原）、安乐（鸣沙县，今宁夏中卫）3 州及 7 个关（原州有七个关）归复唐朝廷。

宣宗命太仆卿陆耽为宣慰使，诏令泾原（今甘肃泾川）、灵武、凤翔、邠宁、振武（今内蒙古和林格尔北）等地出兵接应。八月初八，3 州 7 关的军人百姓千余人来长安，脱去胡服，换汉冠带。宣宗亲临延喜门接见河陇军民，庆贺收复吐蕃侵占失地。

此前，大中二年（848），沙州（治敦煌，今甘肃敦煌）人张议潮，率汉民众逐走了吐蕃守将，宣布独立，建立地方政权。大中五年（851），张议潮派使者来朝，宣宗册封张议潮为沙州防御使。此后，张议潮多次发兵收复瓜州、伊州、兰州等 10 州。唐朝在沙州置归义军，封张议潮为节度使。

同时，宣宗又对西北和西部边地做了相应的安排，如派文职人员取代武将，对边区民族施以恩抚。由于宣宗的精力都放在朝廷的内部事务上，朝廷的政务中心不在边地，也就未尝继续扩大唐朝境域。为了稳定边疆，大中三年（849）八月，河陇 3 州 7 关归复后，宣宗下诏鼓励百姓开垦那里的土地，并免去 5 年税赋。同时诏令，凡道路建置堡栅，商旅往来及戍卒子弟通传家信，关镇不得阻拦。

“宣宗之治”虽然不以经济革新而见称于世，但是，宣宗任用裴休担任盐铁转运使，使得唐朝廷的税收稳步增长。裴休被誉为是继刘晏、杨炎、李巽、程异之后，又一位理财能手。

自从唐文宗大和年间以来，漕运到京师的江、淮地区的大米一年比一年少，原因是官吏和士卒途中私吞或偷盗以及船沉事故多发，使得运米船只有十分之三四能顺利抵达京师。刘晏创立的漕运法也遭到极大破坏。裴休上任后，坚决追究漕运过程中的弊端，整顿漕运，在借鉴当年刘晏经验的基础上，再立新法 10 余条，以扭转漕运形势，使得漕粮接收额一度高达以往的 3 倍。

大中七年（853）十二月，每年全国交纳钱 925 万余缗，其中 550 万余缗系租税，82 万余缗榷酒税，278 万缗榷盐税。

然而，朝廷高额财政收入的背后，却是统治者的横征暴敛，大量的苛捐杂税都被强加在人民头上。此时，除了两税之外，唐朝还设有盐、酒、茶、漆、木、金、银、蔬菜、水果等税种。其中以盐税对人民生活的影响最大。随着盐利的增多，盐价上涨，百姓越来越买不起盐，因此，相对于高价的官盐来说，便宜的私盐便成为百姓的首选。而朝廷为了加强对盐利的垄断，制定了严厉的法律，在德宗时期就有“盗卖两池盐一石者处以死刑”的规定。到了宣宗时期，盐法更为残酷。然而，朝廷的强势镇压，最终却导致私盐贩的武装力量不断壮大。

此外，茶税亦十分苛重。为了进一步垄断茶利，宣宗规定：私贩茶三次，皆三百斤，处以死刑。

繁重的苛捐杂税，农民已无力负担，而官僚、地主、豪绅却仍然毫不留情地将他们应交纳的赋税转嫁到农民身上。许多不堪忍受沉重赋税和剥削的乡村贫民加入了盗贼的队伍。

会昌五年（845），时任淮南度支使的杜牧在给宰相李德裕的信中，曾叙述了活动于长江流域的水陆盗贼的情况，并指出其对居民生活及商人的商业活动产生了恐怖的影响，给国家收入造成了损失。虽然朝廷对此颁布了严格的剿杀令，但还是迫使大量的农民加入了“盗匪”集团。使得阶级矛盾不断激化，社会危机逐步加深。

对于这些隐患，宣宗似乎并未察觉。因为这位推翻了会昌时期所有政策的天子，也迷恋上了长生不老药。宣宗以自己的方式统治着唐王朝，却也如同前几任帝王一样，没有逃过灵丹妙药的诱惑，沉迷于对长生不老丹的幻想中。

大中十三年（859）八月，49岁的宣宗因服用丹药过多，毒性发作，背上生疽溃烂而病死。

长闻为政古诸侯，使佩刀人尽佩牛。

谁谓今来正耕垦，却销农器作戈矛。

——〔唐〕张祜《悲纳铁》

山雨欲来风满楼

宣宗有12个儿子，生前没有立储君。有大臣曾经催促过，但是，宣宗担心指定嗣君会威胁自己的皇位，所以迟迟不立。

大中十三年（859）八月，宣宗病重期间，密召平时最亲信的三位宦官——枢密使王归长、马公儒和宣徽南院使王居方，指示三人拥立其最宠爱的第三子夔王李滋继承皇位。但是，时为左神策中尉的王宗实与这三人不和。如果想顺利拥立夔王李滋即位，必须先扫除王宗实这一障碍。于是，三人密议，以宣宗的名义任命王宗实为淮南监军，将他逐出京城长安。

王宗实接到任命，虽然一头雾水搞不清楚状况，但还是准备离京赴任。这时，左神策副使亓元实提醒他，正值宣宗病重期间，这一敕命恐怕有诈，劝他面见宣宗皇帝，确认一下再赴任。王宗实觉得这个提醒有道理，于是两人共同入宫见皇帝。到了宫中他们发现，各道门已经增兵把守，待至寝殿时方知晓，宣宗已于八月初七病死。王宗实大怒，斥责王归长三人假诏不法。由于王宗实手握神策军权，所以轻松地将王归长三人擒获。

初九，在王宗实、亓元实等人的拥立下，宣宗的长子郓王李温即位，是为唐懿宗，改名李漼。王归长、马公儒、王居方被处死。

历史上，总是有诸多无法解释的谜团。

时年 26 岁的李温，虽然是长子却没住在东宫，而是住在皇族诸亲王的“十六宅”。有人说是因为宣宗非常不喜欢他才让他住在那，但是也有人猜测郓王根本就不是宣宗的儿子。总之，郓王成为新一代天子的那一刻，朝臣们几乎完全不知道“十六宅”里还有一个郓王。这个秘密恐怕只有王宗实和宣宗能解开。

不管怎么说，郓王李温在一夜之间成为万众瞩目的人物，只是，这个人物实在不该坐上皇位，因为他既不懂政治，又不思进取。即位后，终日骄奢淫逸，荒废朝政。

第二年，改大中十四年为咸通元年。懿宗在位 15 年，已经危机四伏的唐王朝，在他的统治下变得更加脆弱不堪一击。大中十三年（859）十二月，唐朝廷主要赋税基地之一的浙东（今浙江绍兴）发生了农民起义。

由于农民不堪统治者的残酷压迫和剥削，在裘甫的领导下，揭开了唐末农民大起义的序幕。起义军在浙东起兵后，迅速攻克象山县，进逼剡县（今浙江嵊州）。进城后，打开府库，赈济穷人，招募壮士，起义队伍很快发展到数千人，声威大震，“浙东骚动”。

咸通元年（860）正月，浙东观察使郑祗德派出的围剿军被起义军击败，剡县城失陷。二月，起义军再败浙东军。随后，大批逃亡的农民加入起义队伍，起义军迅速发展到3万人。

裘甫遂称天下都知兵马使，改元罗平，以剡县为根据地，建立了农民政权。接着，义军一鼓作气攻破唐兴（今浙江天台），焚上虞（今浙江余姚西南），入余姚（今属浙江），克奉化（今属浙江），占宁海（今属浙江），随后，分兵再围象山。

起义军兵速之快、来势之猛，令朝廷大为震惊，唐朝的东南贡赋及漕运受到威胁。朝廷急忙派安南都护王式接替郑祇德担任浙东观察使前往镇压。随后，王式调集各路大军，同时将江淮的回鹘和吐蕃人编成骑兵，再联合当地数千名地主武装，兵分两路向起义军发起反攻。经过几个回合的鏖战，起义军战败。

六月，裘甫、刘暀等起义军首领被俘，八月在长安被杀害。这场历时7个月的农民起义虽然以失败告终，但却从此唤醒了更多农民起来反抗唐王朝的统治。

在东南地区的农民揭竿而起之时，西南部边疆边患不断。

大中十三年（859），宣宗去世后，唐廷遣使赴南诏发布消息，希望南诏派人赴长安吊祭。然而，刚即位的新国王世隆（酋龙）对唐朝廷派来的使者礼遇甚薄，并以南诏国王刚去世，唐朝廷不遣使吊祭为由，拒绝派人赴长安告丧。

唐使还京上奏，懿宗大怒，并以南诏不遣使赴国丧、其名又犯了李隆基的名讳，而拒绝对世隆进行册封。世隆一怒之下干脆自称皇帝，定国号“大礼（理）”，改元建极，并遣兵攻陷播州

（今贵州遵义）。

当时，安南都护王式在交州（今越南河内一带）受命击退南诏军，但是，不久王式被调去浙江镇压裘甫起义，给了南诏军可乘之机，致使交州沦陷。

第二年，唐军再度收复交州。就这样，双方围绕交州展开了长时间的争夺。由于朝廷离安南太远，长途运送的粮草不能及时供应，使得南诏军一度取得胜利。直到咸通七年（866）高骈到安南主持军务，唐朝才控制住局势。此后，由于南诏多次进攻四川，导致双方战争持续近 10 年。

这 10 年，为了应对南诏的挑战，唐朝廷不仅投入了大量物资，人员伤亡也迫使朝廷不断向西南调兵遣将。其中，唐朝廷在运河沿岸人口众多的徐州和泗州地区募兵 2000 人赴援，800 名戍守桂林，按规定，本应 3 年轮换，但是，徐、泗兵在那里一守就是 6 年。

咸通九年（868）七月，朝廷又以返乡资金没到位为由，要求他们再守 1 年。愤怒的士兵忍无可忍，杀死都将王仲甫，推立粮料判官庞勋为首领，打开监军院，取出兵甲，自行回军北返。

朝廷决定对此次暴动予以赦免，派使臣前来抚慰，条件是：允许士兵们返回家乡，但是他们必须放下武器。士兵们则怀疑朝廷的赦免是缓兵之计，担心束手就擒，因此决定武装起来继续前行。

庞勋的队伍有 1000 多人，一路往北，经湖南，沿长江东下，过浙西，入淮南，九月进入泗州。十月，庞勋率军攻克宿州城。这些兵大部分都是徐州、泗州一带的农民，有些人甚至还曾是徐州农民暴动的骨干力量，一路与政府军斗争过程中，不断地吸纳沿途农民加入，一支由兵变兴起的队伍，逐渐壮大成浩浩荡荡的农民起义军。

当庞勋一行人抵达武宁治地徐州时，住在城外的农民烧掉了城门，起义军一举攻下徐州城。随后，原来分散在淮、浙地区和山东、河南一带的暴动农民纷纷投奔庞勋，起义军迅速发展到 20 余万人。接着，反唐战火遍及 10 余州，北至山东，南到淮南。

唐朝廷急令右金吾大将军康承训任义成节度使和徐州行营都招讨使，王晏权为徐州北面行营招讨使，戴可师为徐州南面行营招讨使，诏令 10 镇兵马镇压起义军。

唐军统帅康承训上请从吐谷浑、鞑靼、契丹和沙陀突厥三部落招募外族士兵。为了尽快结束这场战斗，懿宗没有多加考虑就同意了这个建议。随后，外族军队进入中原，其中，提供 3000 骑兵的沙陀首领朱邪赤心还被授予重要的兵权，统一指挥唐朝廷派出的 10 镇讨伐军。

面对前来镇压的 10 万大军，起义军奋勇迎战。但是，在经过一年的战斗后，咸通十年（869）九月，庞勋军被镇压。

庞勋军起义虽然失败，但是起义军的余部仍在四处活动，为日后爆发更大规模起义播撒下火种。

海水桑田欲变时，风涛翻覆沸天池。

鲸吞蛟斗波成血，深涧游鱼乐不知。

——〔唐〕白居易《涧中鱼》

最后的疯狂

在农民起义的大旗纷纷扬起之时，唐懿宗李漼仍然坚持每个月举行不下10次的大型宴会，依然坚持不定期出宫到山林里去游猎，每次出行都要有上万人同行。懿宗还是一个音乐爱好者，对听乐、观戏从来不知疲倦，殿前聘用的乐工达500多人。

当时，翰林学士刘允章在《直谏书》中指出："国有九破，民有八苦、五去。""九破"是终年聚兵，蛮夷炽兴，权豪奢僭，大将不朝，广造佛寺，贿赂公行，长吏残暴，赋役不等，食禄人多而输税人少；"八苦"是官吏苛刻，私债征夺，赋税繁多，所由乞敛，替逃人差科，冤屈不得申理，冻无衣、饥无食，病不得医、死不得葬；"五去"是势力侵夺，奸吏隐欺，破丁作兵，降人为客，避役出家。刘允章还说："人有五去而无一归，有八苦而无一乐，国有九破而无一成。"

怎奈，所有谏言都叫不醒这位昏庸的君王，即使唐王朝已深陷泥潭，领路人唐懿宗李漼依然用尽全身力气加速推动唐王朝向毁灭的深渊驶去。

咸通十年（869）正月初九，懿宗最宠爱的女儿同昌公主出嫁。同昌公主是懿宗与郭淑妃的女儿。公主出嫁时，懿宗将宫中最好的珍玩都送给同昌公主做嫁妆，还在京师的广化里营造了一座公主府，其奢华可谓旷古未有：门窗都用杂宝装饰，井栏、药臼、槽柜等都是金银制作，就连扫除用的簸箕都是用金缕编织而成；床是用水晶、玳瑁、琉璃等制作，床腿的支架雕饰也是金龟银鹿。另外还赐钱500万贯，其他的金银珠宝不计其数。真是极尽奢华之能事。上有好者，下必甚焉。朝官们也消极怠工荒废政务，效仿懿宗荒淫无度，过着浮浪的生活。

同昌公主出嫁这一年，陕州大旱，颗粒无收。当地农民连饭都吃不上，还得交租交税，无计可施的农民向官员请求免去租税，观察使崔荛则指着院中的大树说："树上还长着叶子，哪里有什么旱灾。"随即将报告灾情之人痛打一顿。

懿宗在位期间，一共任用了21位宰相：令狐绹、白敏中、萧邺、夏侯孜、蒋伸、杜审权、杜悰、杨收、曹确、高璩、萧寘、徐商、路岩、于琮、韦保衡、王铎、刘邺、赵隐、萧仿、崔彦昭。宰相队伍虽然庞大，却无贤明之臣。当时，长安流传着一首歌谣："确确无余事，钱财总被收。商人都不管，货赂几时休?"歌谣中直指曹确、杨收、徐商、路岩等几个昏庸无能又腐朽的宰相。

宰相杜悰，是德宗朝宰相杜佑之子、宪宗的驸马，此人并不具备政治才干，尸位素餐，人送外号"秃角犀"；另一位宰相路岩弄权纳贿，是个巨贪，过着奢靡的生活，他的心腹边咸的家产可供全国军队两年的军饷。

禁军中，有人以成倍的利息向京师的富甲贷款，再贿赂权贵宦官购买到节度使职位，此后便毫无顾忌地搜刮民财。据说，定边的节度使李师望搜刮的财富都是以百万计。

咸通十年（869），时为右拾遗的韦保衡娶了懿宗的女儿同昌公主，一夜间富可敌国；一年后，又升任宰相。

然而，韦保衡与同昌公主的婚姻是短暂的，咸通十一年（870）八月，同昌公主病死。皇帝因悲痛而丧失理智，杀死翰林医官韩宗劭等20多人，家属300余人全部投入监狱。另一位宰相刘瞻上书劝阻，懿宗大怒，罢免刘瞻的宰相职务。韦保衡则乘机清洗政敌，连同与刘瞻关系密切的其他朝廷官员一并赶出朝廷。京兆尹温璋也劝谏懿宗，处罚医官别太苛刻，结果被迫自杀。

咸通十二年（871）正月，公主下葬，懿宗残酷地要求同昌公主的奶妈殉葬。发丧那天，懿宗与淑妃亲自到延兴门送行并恸哭，令宰相以下所有官员都去吊祭。葬礼也异常奢华，陪葬的物品全部用珠玉制成，送葬的队伍长达20余里。大臣们也都以金贝、车马和华服等致祭，祭品“一物已上皆至一百二十舁”。这些金银财宝都在葬礼上被付之一炬，惹得韦氏家族成员在仪式结束后，纷纷用筛，在火灰中滤筛珍宝饰品。

懿宗随心所欲，不按朝仪规定对待公主，助长了韦氏家族的权势欲。公主死后，韦保衡并未因此失宠，甚至与岳母郭淑妃暗地私通。咸通十三年（872），国子监韦殷裕上书揭发郭淑妃的弟弟内作使郭敬述的罪行，懿宗不仅不听，反而龙颜大怒，下令将韦殷裕处死，全家削籍为民。

咸通十四年（873）春，病中的懿宗，不顾大臣们的反对遣使往法门寺迎佛骨。懿宗一生崇尚佛教，早在咸通三年（862），就下令举行大规模受戒仪式，并为僧尼在宫内讲经提供设施和场所。

迎佛骨仪式曾为韩愈所斥责，后来很长时间都没有举办。但是，懿宗把这看成一生中最重要的事情，所以该仪式的规模也异常宏大。

当时，迎接佛骨的执幡仪仗约万队，绵延数十里，从京师到法门寺，300 里内车马不绝。瞻礼仕女僧尼如潮如流，歌舞管弦和梵诵之声沸天盈地。懿宗亲自出迎，向佛骨顶礼膜拜。佛骨迎入宫中供奉 3 天后，懿宗允许送到京城的寺院让百姓瞻仰。在懿宗的带动下，富豪之家不惜花费巨资举行法会。宰相以下朝廷百官也竞相施舍大量金帛。

从天子到宰相、从朝廷到民间，权贵们的生活奢靡、浪费无度，转过来更加无度地对百姓进行盘剥，使老百姓们全没有了活路，只能为此起彼伏的农民起义之火添加更多的仇恨火种。

唐朝的政治昏暗腐败，无疑成了宦官专权的温床。懿宗有 8 个儿子，同样没有册立皇太子。在他生病期间，宦官左军中尉刘行深、右军中尉韩文约暗中勾结，阴谋拥立新皇帝。

咸通十四年（873）七月十八日，在懿宗弥留之际，刘行深、韩文约等人矫诏立懿宗第五子、12 岁的普王李俨为太子，暂时代理国政。七月十九日，41 岁的懿宗在咸宁殿结束了骄奢淫逸的一生。李俨柩前即位，后改名李儇，是为唐僖宗。

飒飒西风满院栽，蕊寒香冷蝶难来。

他年我若为青帝，报与桃花一处开。

——〔唐〕黄巢《题菊花》

黄巢起义入长安

僖宗李俨接手唐王朝后，在其即位后的一年时间里，先后提拔萧倣、崔彦昭、郑畋和卢携任宰相，这四人无论在学问、能力还是个人品行上，都属于可以服众之人。这个全新的宰相团队，让病入膏肓的唐王朝看到了一线希望。

新宰相们最紧迫的任务是结束懿宗时期迅速蔓延的政治腐化现象。

咸通十四年（873）腊月，萧倣上任后，在宰相崔彦昭的支持下，将韦保衡、杨收、路岩等昏聩贪官逐出朝廷。很快就取得了“辅政数月，百职斯举，察而不烦”的好成绩。

874年正月，僖宗改咸通十五年为乾符元年。

这一年正月廿七日，翰林学士卢携上书，指出：去年大旱，从虢（今河南灵宝）至海，夏粮仅收获一半，秋天的庄稼几乎颗粒不收，冬天的蔬菜很少。饥荒地区面临着大批人饿死的危险，贫苦百姓以槐叶为食。而州县仍督赋税，动辄鞭打，租税之外，更加徭役。农民为了缴税被迫拆房屋卖木头，把子女卖为奴婢，妻子受雇为仆人。朝廷如不抚恤，百姓实无生计。

卢携奏请朝廷立即采取救济措施，免百姓所欠租税，停止各地征税，以待夏麦，开放义仓储粮赈济百姓，以度荒年。乾符二年（875）正月，僖宗采纳了卢携的建议，发布了救灾诏令。但是，地方政府的政治腐败已经远非一纸诏书所能改变。诏书颁布之后，各地官吏仍然大肆盘剥民众，被逼得无路可走的百姓不得不再次举起起义的大旗。

乾符二年（875）初，濮州（今范县濮城镇）人王仙芝在长垣（今河南长垣东北），聚集尚让及其兄尚君长等数千人起义。王仙芝自号“天补平均”大将军兼海内诸豪都统，传檄诸道，指斥唐朝廷官吏“贪沓、赋重、赏罚不平”。王仙芝的“均平”大旗一经竖起，立即受到劳苦百姓的拥护。

五月，起义军攻下濮州和曹州，众至数万。六月，冤句（今山东菏泽西南）的地方盐贩黄巢，也发动了农民起义，响应王仙芝。

黄巢出身于冤句的一个盐商家庭，从小读过书，会写诗、做文章，而且善击剑骑射。最初，黄巢希望自己也能走上传统的建功立业之路——参加进士考试。但是屡考屡败，数次考试都落榜，让黄巢绝望了，决定再也不参加科举考试。为此，他还写了一首《不第后赋菊诗》，以抒发心中的不平之气：

待到秋来九月八，
我花开后百花杀。
冲天香阵透长安，
满城尽带黄金甲。

后来，黄巢与王仙芝一同贩私盐，又承受着唐朝廷的打击，越发对唐朝廷的腐败和黑暗心怀愤恨。当王仙芝的起义号角吹起时，黄巢随即带领同族兄弟、子侄黄揆和黄恩邺等人募众数千人走上了起义的道路。

黄巢响应之后，饱受苛征暴敛的农民和散落兖、郓、青、齐一带的庞勋军旧部争先投奔而来，数月间“众至数万”。王仙芝与黄巢两军会合后，协同作战，横扫山东，接连攻下数州县。

唐朝廷急忙调派淮南、河南、山东等五地兵马，由各节度使率领前去镇压，并任命平卢节度使宋威为诸道行营招讨使，统一指挥。乾符三年（876）正月，朝廷再命福建、江西和湖南的所有刺史和观察使训练士卒，镇压起义的农民。同时，朝廷又令天下乡村各置弓刀鼓板以防不测。

乾符三年（876）七月，起义军攻打沂州（今山东临沂），不敌宋威的唐军。随后，王仙芝、黄巢采取避实击虚、化整为零的作战方针，转移到淮北一带。宋威找不到农民军，误以为黄巢、王仙芝已被消灭，向朝廷谎报王仙芝、黄巢已阵亡。不久后，起义军连下阳翟（今河南禹州）、郏城（今河南郏县）、汝州，不到

10天攻破8个县州。

农民军在中原的胜利，震动京都。朝廷急调大军驻守潼关，防止起义军西进，同时，任命曾元裕为招讨副使，率昭义和义成镇军护卫东都。

这时，起义军又南下，经由伏牛山区攻占了唐、邓两州。次年（乾符四年）二月，起义军接连占领鄂州（今湖北武昌）、复州（今湖北天门），然后进攻申州（今河南信阳）、光州（今河南潢川），并围攻寿州（今安徽寿县）、舒州（今安徽潜山）等地。面对来势汹汹的起义军，唐军不是困守城中，就是互相观望。

唐朝廷见硬取不行，决定诱降。派兵部员外郎裴渥到蕲州（今湖北蕲春）招降起义军，授给王仙芝左神策军押牙兼监察御史的官衔。王仙芝一听有官可做，就动摇了，打算接受朝廷的官爵。但是，消息传出后，农民军将士都反对投降，黄巢更是大发雷霆，还捉住王仙芝痛打了一顿。王仙芝担心犯众怒，也就暂时放弃了投降的念头。裴渥见势头不对，急忙逃注鄂州（今湖北武昌），朝廷的诱降计划宣告失败。十二月，王仙芝、黄巢率军轻取蕲州。

但是，王仙芝的动摇还是激怒了黄巢，两人走上了分裂道路，黄巢率领起义军北上。虽然起义军分开作战，但也还能互相配合。乾符四年（877）二月，王仙芝转战湖北，陷鄂州；黄巢攻克郓州（今山东东平），杀天平节度使薛崇，威名大震；三月，黄巢又攻陷沂州（今山东临沂）；四月，与尚让合兵，驻嵖岈山（今河南遂平西）。

七月，为切断唐朝廷在运河漕运，王仙芝、黄巢合攻运河咽喉要地宋州（今河南商丘），与唐平卢、宣武、忠武三道兵展开大战，唐招讨使宋威被起义军围困在城中。朝廷急调左威上将军张自勉率忠武军 7000 兵增援，才解了宋州之围。

八月，王仙芝攻陷安州（今湖北安陆）、随州（今湖北随州），擒刺史崔休徵。唐山南东道节度使李福遣其子往救，被起义军斩杀。李福奏求援兵，朝廷遣左武卫大将军李昌言将凤翔骑兵赴援。王仙芝转掠复（今湖北沔阳南）、郢（今湖北京山）。

当黄巢、王仙芝驰骋南北战场的时候，唐朝廷为了摆脱被动局面，再次施展诱降手段。招讨都监杨复光派判官吴彦宏潜入农民军内部，策动王仙芝投降。有过一次动摇的王仙芝，这次又心活了，随即派尚君长、蔡温球等人与朝廷接洽谈判。结果尚君长、蔡温球等人在途中被招讨使宋威拘留、杀害。

朝廷的不守信让王仙芝吃了个大亏，此后不敢再有投降的念头，专心作战。于乾符五年（878）正月，率军攻破江陵罗城。

但是，王仙芝的两次动摇，削弱了起义军的战斗意志。同年二月，唐军以优势兵力在申州（河南信阳）、黄梅（湖北黄梅）围攻起义军，结果，起义军战败，5 万人被屠杀，王仙芝被俘牺牲。

王仙芝死后，起义军首领尚让率余众北上，到随州与黄巢会合。黄巢此时正带领大军围攻亳州，很快，南北两支农民军会师，黄巢被推为农民军的最高统帅，重新成立政权，号“冲天大将军”，建元“王霸”，设立各种官职。这时的起义军兵力已达 10 余万人，新政权的建立，增强了起义军的凝聚力，提高了战斗力。

当起义军团结起来，准备向唐王朝展开新轮的攻势时，朝廷内部却纷争不断。僖宗即位时只有12岁，还是个不谙世事的孩子。他因为贪玩不安心待在皇宫之中。射箭、骑马和舞剑样样他都喜欢，数学计算、音乐和各种赌博更让他乐在其中，唯独朝中政事不放在心上。

僖宗生于深宫之中，长在宦官之手，常与宫中的小太监打得火热，使得他们恃宠而骄。僖宗对于那些跟他一起玩的伙伴，更是高兴起来就大肆赏赐，单是赏赐伶人、妓女的钱物，动辄逾万。在他的大肆挥霍下，两三年的时间就将本来虚弱的国库折腾一空。任凭连年大旱、蝗灾、民不聊生，僖宗只管放纵玩乐。

僖宗即位后任用了几位贤相，但是，他更重用太监田令孜。僖宗自幼就由田令孜照顾起居，两人关系十分亲密，僖宗在感情上比较倚赖田令孜，并称呼田令孜为“阿父”。

乾符二年（875）正月，僖宗任命田令孜为神策军中尉，由于田令孜读书识字，且有谋略，因此，僖宗把朝政委托给田令孜。田令孜则借机专权纳贿，卖官鬻爵、胡作非为，无论是什么人，无论是什么官，哪怕是宰相、节度使、刺史，谁拿钱他就能让谁当上。他可以不与僖宗商量，便以僖宗的名义，下发诏旨。

乾符六年（879），起义战火已经燃遍全国，达到了前所未有的程度，只有很少地区幸免于难。而朝中宰相们却不能协调一致。当时，在朝中主掌政务的是郑畋、卢携、王铎和豆卢瑑4位宰相，在对待起义军的态度上，4 位宰相分歧相当严重。郑畋主抚，卢携主战。王铎、豆卢瑑则是左右逢源，谁也不得罪。

乾符六年五月，黄巢占据安南都护府后，郑、卢为如何镇压黄巢的问题发生激烈争执，僖宗一怒之下，将两人都罢了相位。

广明元年（880）正月，左拾遗侯昌业再也无法忍受这样的朝政，上书极谏，指责说："盗贼满关中，而僖宗却不亲政事，专务游戏，这必将危害社稷。"僖宗看罢大怒，将侯昌业赐死。宰相百官见此，皆缄口不敢言。

在朝廷内部一片混乱之时，起义军已经渡江，向江南进军，矛头直指唐王朝主要财赋之地和军事力量的薄弱地区。起义军接连攻下虔（江西赣州）、吉（吉安）等州，横扫浙西、浙东。朝廷急调镇海节度使高骈，任命他为诸道兵马都统，组织力量追剿黄巢。

为了避免与强敌作战，保存实力，乾符五年（878）十月，黄巢遂率军在仙霞岭（今浙江江山南仙霞岭）的丛莽中，披荆斩棘，自建一条自衢州至建州（今福建建瓯）的 700 里山路，直入福建，十二月十三日攻取福州。经过一年多的征战，起义军一直打到了广州。

广州是唐朝最大的对外贸易港口和重要的税赋供应地之一，又是岭南的政治、军事要地。乾符六年（879）九月，起义军攻破广州，生俘广州节度使李迢，镇压贪官污吏和地方豪商。

由于黄巢起义军多为北方人，到岭南后水土不服，出现瘟疫，在部将的劝说下黄巢决定返回北方以图帝业。于是，经过一段时间的休整，黄巢决定北上。

十月，黄巢从桂州自编大筏趁洪水大涨，沿湘水而下，连克永州、衡州（今湖南衡阳），抵达湖南重镇潭州（今湖南长沙）。

此时，朝廷已经事先任命宰相王铎为荆南节度使、南面行营招讨都统驻江陵；又任命名将李晟的孙子李系为行营副都统兼湖南观察使，率兵10万屯守潭州。起义军兵临城下时，李系却闭城不敢出战，二十七日，黄巢攻城，李系奔逃朗州。随后，起义军号称50万大军乘胜进逼江陵。

江陵商业繁华，是荆南政治中心，人口30余万户。宰相王铎已经率兵镇守在此地。当听到潭州失陷的消息后，王铎留下部将刘汉宏守城，自己则谎称赴襄阳会刘巨容军而慌忙逃命。

十一月初六，黄巢进占江陵，欲取襄阳北上，结果在荆门遭唐将刘巨容伏击，起义军损失惨重。十二月，黄巢弃江陵东移顺江而下，攻鄂州，转攻饶、信、池、宣、歙、杭等15州，起义队伍又迅速发展至20万人。

广明元年（880），朝廷撤去王铎“招讨都统”一职，任命淮南节度使高骈为诸道行营兵马都统，募兵7万，驻屯扬州，旨在堵拦黄巢由江淮而西捣长安的进军。

五月，黄巢屯兵信州，因瘟疫流行，部属病故很多。高骈派大将军张璘乘义军染病加紧进攻，起义军战绩不佳。为了争取必要的时间，使染病将士康复，黄巢假意投降于高骈。高骈也是邀功心切，以为黄巢势穷，可以一举歼灭，于是向朝廷谎报军情，并请朝廷撤回已到达淮南的昭义、感化和义武等军至淮河以北。

黄巢探明诸道兵已撤至淮北，不再进攻，即与高骈大战。高骈恼羞成怒，急令张璘迎战，双方在信州会战，黄巢义军获胜，阵斩张璘，歼灭了高骈的精锐部队，义军士气大振，一鼓作气再克池州（治今安徽池州）、睦州（治今浙江建德）、婺州（治今浙江金华）和宣州等地。

接下来的5个月里，起义军一路势不可挡，过长江、渡淮河，沿途农民积极参加起义军，起义队伍迅速扩张到60万人。

十一月，黄巢以天补大将军名义告天下节度使："各守本营，不得犯我兵锋。我东进洛阳，再攻长安，向朝廷问罪，与众位无关。"文告一出，各节度使为了保存实力，均不敢轻举妄动，起义军没有了阻力，顺利进军洛阳。

十一月十七日，东都留守刘允章主动投降，率百官迎接起义军进城。唐将齐克让率1万军马退守潼关。潼关是长安的大门。十二月初三，起义军攻克潼关，初四攻下华州（治今陕西华县），长安告急。

僖宗得知消息后，与束手无策的大臣们相对哭泣。

初五，田令孜率500神策军匆忙带领僖宗和少数宗室亲王及妃子仓皇南逃，先往山南（今汉中），再入四川。僖宗成为玄宗之后又一位避难逃往四川的大唐皇帝。

当天下午，黄巢起义军进入长安。长安百姓扶老携幼，夹道欢迎，起义军将领尚让向城中百姓宣慰说："黄王起兵就是为了百姓，所以不会像李氏那样虐待你们，你们可以安居乐业了。"

十三日，黄巢在长安大明宫含元殿称皇帝，国号大齐，改元金统。并以尚让、赵璋、崔璆、杨希古为宰相，孟楷、盖洪为左右军中尉，朱温、张言、李逵等为诸卫大将军、四面游奕使，皮日休等为翰林学士，王璠为京兆尹。同时派出专使到各地招降藩镇，扩大势力和影响。

至此，经过六年半的南征北伐，黄巢起义军终于把唐朝廷赶出长安城，正式建立了农民政权。

蜷螟杀敌蚊巢上，
蛮触交争蜗角中。
应是诸天观下界，
一微尘内斗英雄。

——〔唐〕白居易《禽虫》

岁暮兵戈谁存亡

起义军以胜利者的姿态进入长安城，城内一片欢娱。僖宗李儇等人则日夜兼程地出逃。广明元年（880）十二月十三日，黄巢称帝之时，僖宗等人逃到兴元（今陕西汉中南郑区）。

黄巢等人只有起兵征战的勇气和决心，却无一统天下的雄才大略与智谋。建立大齐政权之后，诸将显露出占山为王的心态，以为只要入了长安城，天下就皆归附，开始尽享胜利的果实。黄巢等人的志得意满，无人做进一步战事规划——乘胜追歼唐王朝的残余力量，或是有计划地消灭关中最反动的节度使，以巩固大齐政权。这给了唐中央政权以喘息之机。

由于黄巢起义军长期流动作战，占领过的地方都没有留兵把守，几十万大军全都涌进长安城。因此，僖宗到达兴元后，立即下令各节度使围攻起义军。这样一来，大齐政权的主动局势逐渐丧失，变成了被动挨打。

惊魂未定的僖宗在兴元没敢久留，又向四川逃去，于广明二年（881）正月二十八日，逃至成都。

这时，原先被起义军招降的各节度使纷纷响应唐王朝的诏令，反戈一击，成为围剿起义军的急先锋，从四面包围长安。

四月，黄巢见势不妙，撤出长安，屯驻长安以东的灞上。唐军进入长安之后，烧杀抢掠，恶事做尽。黄巢一看唐军如此不得人心，又率领一部分兵马杀回长安，唐军死伤十有七八。

黄巢此次入长安很快又被唐军包围，直至中和二年（882）正月，在唐军长期包围下，困守长安孤城的起义军人马无粮，日益困难。

为了彻底剿灭起义军，唐朝廷一边全面部署军事打击，一边加紧对起义军分化诱降，同时再度请求沙陀贵族李克用出兵协同镇压。

九月，起义军的同州（今陕西大荔）防御使朱温叛变。十月，僖宗任命朱温为右金吾大将军、河中行营招讨副使，赐名“全忠”。

十二月，曾随同父亲李国昌镇压过庞勋领导的徐、泗农民起义的李克用，带领其凶悍善战的 4 万沙陀兵从晋北出发，来到河中。僖宗任命李克用为雁门（今山西大同）节度使兼东北面行营都统。

朱温的叛变对起义军来说无疑是釜底抽薪，而李克用的参战又如同一颗重磅炸弹。

从中和三年（883）二月开始，唐军开始了猛烈的反扑，起义军奋力迎战。到中和四年（884）五月，起义军损失惨重，这时，尚让等一部分农民将领向唐朝廷投降。六月，黄巢率领的起义军在瑕丘（山东兖州西）被唐军包围，最后撤到泰山狼虎谷的襄王村，走投无路的黄巢选择了自杀。

就这样，一场轰轰烈烈的农民大起义，以失败告终。虽然如此，这场坚持了10年的农民起义，彻底地瓦解了腐朽的唐王朝，新的统一形势在公开的大分裂中悄然孕育发展。

中和五年（885）正月二十三日，僖宗启程返回长安。三月十二日，抵达京师。十四日，僖宗诏令天下，改中和五年为光启元年。

风暴之后的唐王朝只剩下一个空壳，朝廷的号令所及也仅剩下河西、山南、剑南、岭南数十州。部分藩镇却在这场风暴中迅速成长起来，实力不输唐朝廷，都期待建立一个不受制约的独立王国。当时实力最强的是河南宣武节度使朱温、山西河东节度使李克用、陕西凤翔节度使李昌符。其中，以朱温和李克用的势力最大。

唐中央政权濒临瓦解，僖宗的皇权也被田令孜控制。在四川时，僖宗仍然完全信任田令孜，同时又因田令孜保驾有功而被晋升为左金吾卫上将军、晋国公。回到长安后，田令孜继续恣意放肆，甚至不受僖宗的制约。因为他已经掌握了左右神策10军使，指挥的军队有新军54部，左右神策军各27部，总数在10万人以上。

而此时的长安城，荆棘满城，狐兔纵横，百废待举。同时，京师官员众多，兵士繁杂，朝廷已经无力解决这些人员的财用问题。于是，田令孜将目光投向了河中解县、安邑两大盐池。这两处盐池原归盐使管辖，黄巢起义时，朝廷把两处盐池交给河中节度使王重荣代管。盐税是一笔巨大的财政收入，控制住这两大盐池，中央财政主要开支就能解决。为此，田令孜决定将两大盐池收归中央。

到口的肥肉，王重荣哪肯吐出？田令孜决定对王重荣用兵强行夺取。僖宗不同意，田令孜则坚持一意孤行，擅自矫诏发兵，联合邠宁节度使朱玫和凤翔节度使李昌符组织了一支 3 万人的军队，向王重荣开战。

光启元年（885）十二月十三日，愤怒的王重荣联合河东节度使李克用的沙陀部，起兵反叛。结果朱玫和李昌符大败，李克用乘机进逼长安。二十五日，神策军溃散，田令孜得到消息，连夜再次带领僖宗逃亡到凤翔（今陕西宝鸡）。

诸道兵马进入长安，烧杀抢掠。黄巢占领长安时，宫城建筑保存完好，而这次宫室坊里十有六七被纵火烧焚。

这时，各地节度使纷纷声讨宦官田令孜的专权，将斗争矛头对准了田令孜。田令孜见势头不对，决定冒险劫持僖宗到成都。但是到了兴元之后，僖宗已经看出田令孜的预谋，无论如何也不肯动身西进。

僖宗出逃后，李克用没有在长安久留，因为他的主要精力都用在对付朱温身上。李克用与王重荣打道回府之后，朱玫竟将因病没有跑掉的襄王李煴挟持到长安立为皇帝，改元“建贞”，尊僖宗为“太上元皇圣帝”。

僖宗不肯接受，随后以正统为号召，把王重荣和李克用争取过来反攻朱玫。光启二年（886）十二月，朱玫的部将王行瑜在得到僖宗的密诏之后，将朱玫及其党羽数百人斩杀。获胜的士兵随即放肆起来，在长安到处抢劫和屠杀，长安再次遭到洗劫。几位朝官拥奉襄王李煴逃奔河中，结果被王重荣抓住杀死，李煴的首级被函送给兴元的僖宗。

在襄王李煴事变中，不少官员遭到杀戮，僖宗再次逃亡也因田令孜矫诏发兵所致。因此，朝官及藩将们纷纷指责田令孜，迫使田令孜交权，被贬到四川当监军，接替田令孜的是宦官杨复恭。

光启三年（887）三月，僖宗返回京师，途经凤翔时，节度使李昌符以等待长安宫室修缮为名强行滞留僖宗。六月，李昌符的士兵与皇帝的天威军发生火拼，李昌符企图进攻僖宗行宫，结果兵败出逃陇州，僖宗下令护驾的神策军都将李茂贞追击。七月，李昌符被斩，李茂贞当上了凤翔节度使。

经过几番折腾，僖宗的身体垮了，染上了重病。长安又在修葺中，迟迟不能回京。光启四年（888）二月初七，僖宗病重，被迫提前返回京师。经过 7 天的奔波，终于重返长安。第二天，僖宗拜谒太庙，举行大赦，改元“文德”。三月初二，僖宗病危。初六，27 岁的僖宗在武德殿驾崩。

才力应难跨数公，凡今谁是出群雄？

或看翡翠兰苕上，未掣鲸鱼碧海中。

——〔唐〕杜甫《戏为六绝句》

谁是时代的主角

文德元年（888）三月初八，伴着这一串吉祥的数字，寿王李杰在这一天匆匆登上历史舞台，成为新一代天子。

李杰能坐上皇位同样是宦官的功劳。当时，僖宗的两个儿子尚幼，能够继承皇位的只剩下僖宗的两个弟弟——吉王李保和寿王李杰。本来僖宗还有四位兄长，但是都在他登基之初被宦官刘行深、韩文约弑杀。

这两位亲王中，朝官认为吉王李保最贤明，年龄较长，因而倾向立李保。相反，朝官看不上的人选必定是宦官首推的，而且，以往宦官决定皇位人选的成功经验已经世代传承下来。

就这样，宦官首领杨复恭在僖宗弥留之际，成功请皇帝立22岁的李杰为皇太弟，监军国事，改名李敏。即位后，又改名李晔，这就是唐朝历史上的“唐昭宗”。

宦官此次推举的君王并不昏庸。昭宗李晔“攻书好文，尤重儒术，神气雄俊”。即位后，不贪享乐，志在复兴，试图为垂死的唐王朝注入强心剂，重新振兴李唐皇室。然而，此时的大唐王朝连回光返照的迹象都不肯展示，徒在虚弱的呼吸之间走向命运的终点。

政治、经济和军事是支撑一个王朝生存的重要支柱。而此时，唐王朝的政权完全掌握在宦官手中；连年的战乱，社会经济已经濒临崩溃，昔日富甲天下的江淮一带，也变得荒芜残破。在政治、经济衰败的情况下，谁拥有强大的军队，谁就有了控制局面的主动权。在战乱的岁月里，各藩镇早已在相互征伐中既定了各自的目标——控制唐朝廷政权。当时，实力最强的是河南宣武节度使朱温、山西河东节度使李克用，还有跃跃欲试的陕西凤翔节度使李茂贞。

面对这个破败的局面，昭宗并没有放弃努力，他清醒地认识到，大唐的衰败和宦官专权有着密切的关系。因此决定重用朝臣铲除宦官势力。但是，宦官手中掌握禁军，赤手空拳的朝臣只能依靠藩镇势力达到政治目的。此时，藩镇势力发展最猛的是河东节度使李克用。自黄巢起义失败以后，昭义节度使孟方立开始依附于朱温，共同抗拒河东节度使李克用，而李克用则每年出兵与孟方立争夺邢、洺、磁三州。

第二年（889）正月初一，昭宗大赦天下，改“文德二年”为龙纪元年。五月，李克用再次发兵，攻打昭义节度使孟方立。六月，攻下磁（今河北磁县）、洺（今河北邯郸东北）二州。由于孟方立为人苛急，御下无恩，因此手下部将拒战，这使得河东军乘胜进攻邢州（今河北邢台），迫使孟方立饮鸩而卒。随后，昭义军众将拥立其弟孟迁为留后，向朱温求援，朱温遣大将王虔裕率精甲数百入邢州城共守。次年正月，邢州城食尽，孟迁与王虔裕不得不率军投降李克用。

正月初一，唐昭宗再改“龙纪二年”为大顺元年。希望从这一年起事事都能顺利，但事与愿违。

李克用降服昭义军之后，朝廷越发不安。大顺元年（890）二月，李克用继续扩张势力，攻打云州（今山西大同），克云州东城。情急之下，云州防御使赫连铎向卢龙节度使李匡威求助。李匡威自幽州（今北京市）调兵 3 万赴援，击败李克用。

四月，朱温、赫连铎、李匡威上书表示，李克用不除，终是国患，要求出兵讨伐李克用。但是，李克用曾经帮助唐朝廷镇压了黄巢起义，为挽救唐室立下过汗马功劳，因此昭宗有些犹豫，朝中一些大臣也表示反对。只有当朝宰相张濬、孔纬坚决赞成。他们认为，如果能在这场战争中获胜，朝臣势力就会增强，就有能力根除朝廷中的宦官势力。这个理由也是最合天子心意的，因为宦官是重振天子权威的最大障碍。

五月，昭宗下诏削去李克用官爵，征讨李克用。并以宰相张濬为河东行营都招讨制置宣慰使，京兆尹孙揆为副使，以朱温为南面招付使，李匡威为北面招付使，赫连铎为副使。

六月，张濬率 5 万新募禁军，抵达晋州（今山西临汾），与宣武、镇国、静难、凤翔、保大、定难诸藩镇军会合。张濬担心朱温乘机扩大地盘，因此一心只想多占些领地，而忽略了自己的禁军都是没有作战经验的新兵。张濬的兵马一味向前冲，结果兵败汾州（今山西汾阳）。

而各地藩镇都是久经战阵的军阀油子，都想着自保，故消极观望，静难、凤翔之兵甚至不战而走。由于联军各打各的算盘，朱温的军队也没有进展，反而吃了几场败仗，李匡威和赫连铎也是先胜后败，十一月，张濬的禁军几乎丧尽而归。

唐昭宗讨伐李克用失败后，为了避免李克用乘机武力相威胁，昭宗罢免了力主讨伐的宰相张濬、孔纬以平息李克用的怒火。

此次用兵虽没成功，昭宗仍然坚持对宦官势力下手。昭宗即位后，左神策军中尉杨复恭以扶立昭宗有功而自居，并专制朝政。为了巩固权势，认了不少干儿子，并任命儿子们为节度使、刺史，又收了600个宦官养子派到各地为监军。

杨复恭的为所欲为令昭宗备感羞辱，于是，以高官厚禄拉拢杨复恭的干儿子天威军使李顺节，使其与杨复恭争权。杨复恭见势不利，便指使干儿子龙剑节度使杨守贞和洋州节度使杨守忠不向朝廷进贡。

大顺二年（891）八月，昭宗一怒之下夺了杨复恭的兵权，派他去凤翔做监军。杨复恭不去，甚至以辞官相要挟，而昭宗则借势下诏，同意杨复恭离职。杨复恭恼羞成怒，派人刺杀宣布旨意回途的使臣。昭宗命李顺节率禁军捉拿杨复恭，杨复恭仓皇逃往兴元（今陕西汉中），伙同他的干儿子山南西道节度使杨守亮等人，举兵要挟朝廷。这时凤翔节度使李茂贞伺机而动。

次年（892）正月二十一日，昭宗大赦天下，改元，以大顺三年为景福元年。几天后，凤翔节度使李茂贞联合静难王行瑜、镇国韩建、同州王行约、秦州李茂庄五位节度使，以山南西道节度使杨守亮隐匿杨复恭为名，上请出兵讨伐，并请加李茂贞为山南西道招讨使。

朝廷担心李茂贞借此扩大势力威胁中央，于是下诏和解，但是无人听命。二月，李茂贞、王行瑜擅自举兵攻击兴元（今陕西汉中）。七月，李茂贞连克凤（今陕西凤县）、兴（今陕西略阳）、洋（今陕西西乡）三州。八月，再攻拔兴元。杨复恭、杨守亮及守信、守贞、守忠等逃奔阆州（今四川阆中），杨复恭在途中被斩。杨复恭虽然被杀，但是宦官势力并未根除。此外，李茂贞在自作主张打了胜仗之后更加骄横跋扈，昭宗束手无策。

景福二年（893）七月，李茂贞在奏折中嘲笑朝廷对军事反抗的软弱态度，挖苦朝廷无能。他的傲慢激怒了昭宗，决计兵讨李茂贞。

八月，昭宗任命覃王李嗣周为京西招讨使，神策大将军李鐬为副使，率禁兵3万出讨。李茂贞与邠宁节度使王行瑜合兵六万屯军盩厔（今陕西周至），相对禁军这群新募的市井少年，李茂贞的边兵都是百战沙场，禁军一触即溃，李茂贞等人乘胜进逼长安，京师再度告急。

为了进一步显示自己的威力，李茂贞以咄咄逼人的态势，迫使昭宗处死观军容使西门君遂、内枢密使李周潼及段诩三位高级宦官和宰相杜让能。昭宗无力拒绝，只好照办，并正式任命李茂贞为山南西道节度使、守中书令，承认其已经控制的关中西部和山南 15 个州以上的土地。朝廷的软弱，使皇帝的余威殆尽。

次年（894）正月初十，昭宗又改元，以景福三年为乾宁元年。六月二十七日，昭宗任命翰林学士承旨、礼部尚书李溪同平章事，并打算任命李溪为宰相，但是另一位宰相崔昭纬怕李溪分权，百般阻挠。

乾宁二年（895）二月，昭宗执意任李溪为宰相。崔昭纬暗中勾结邠宁节度使王行瑜，王行瑜与李茂贞再次跳出来，声称“李溪奸邪，韦昭度无相业，宜罢官”。昭宗虽然很不高兴，却不得不从，只好先罢免了李溪的相位。

三月，由于京城盗匪横行，昭宗希望借机让宗室诸王掌握禁兵，同时还打算派各宗王为四方之使抚慰藩镇。结果朝臣、宦官都担心对自己不利而纷纷反对，昭宗又不得不作罢。

皇权失去了威力，各方势力之间争斗更加激烈。为了能以合法身份统治天下，皇帝成了朝臣与宦官、藩镇与藩镇之间的争夺目标。这时藩镇中朱温、李克用都在埋头扩张地盘，只有李茂贞、王行瑜眼中盯着昭宗。

乾宁二年（895），护国（即河中）节度使王重盈故去，护国军拥立王重盈的儿子、李克用的女婿王珂为留后。然而，王重盈的另一个儿子王珙和他的弟弟王瑶不服，王珙请镇国（今陕西华县）节度使韩建、凤翔节度使李茂贞还有王行瑜讨河中（今山西永济）。

乾宁二年（895）五月，王行瑜派其弟王行约攻打河中，同时又与李茂贞、韩建各率精兵数千人入京城，杀李溪和宰相韦昭度、枢密使康尚弼及宦官数人。同时迫使昭宗任命王珙为护国节度使。这时，李克用发兵于河中，声称要保卫朝廷，讨伐三镇。而三镇之间也为了争夺昭宗互相打了起来，昭宗乘机出京，逃入终南山。

李克用兵到同州后，三镇畏惧退缩，李克用随后护送昭宗回到京师。昭宗乘机任用薛王李知柔为宰相兼京兆尹，除去崔昭纬，并募兵数万人，都交给薛王统率。同时，亲王李戒丕、李嗣周又各自募数千人，改变了长期由宦官把持左右神策军的局面。

回京后，昭宗令李克用出兵讨伐王行瑜。李克用进攻邠宁镇，王行瑜被杀。随后，李克用还想继续讨伐凤翔，昭宗担心沙陀势力太盛而拒绝。为了感谢李克用，昭中将后宫的绝色美女作为礼品奖给李克用，同时对李克用及其子孙封爵。

比起关中的事务来，李克用更担心朱温的势力扩展到他的河东境内，因此于乾宁二年（895）十二月离开京师回到河东。离开时，昭宗还赐他 300 万缗钱作为军赏。李克用一离开，李茂贞便继续扩张，当月拿下了河西（甘肃）三州，并且自行任命部将为河西节度使，显然已经目无昭宗了。

李克用与李茂贞纷纷亮相，朱温也试图提出自己的主张。乾宁三年（896）二月，朱温推荐兵部尚书张濬为宰相，昭宗也打算让他恢复相位。李克用得知消息后很不高兴，威胁说："如果张濬朝为相，我晚上就到宫门！"昭宗无奈，不再复张濬相位。由于朱温忙于河南、淮南的作战，无暇北图，此事也就作罢。

六月，李茂贞再次兴兵，借口朝廷对凤翔用兵而进逼京城。七月，昭宗出京，打算逃到太原，路上听了镇国节度使韩建的劝阻去了华州（今陕西华县）。

李茂贞进入长安后，焚烧宫室市坊，各节度使纷纷上表请皇帝迁都。杨行密表请迁都江都，王建请帝幸成都，朱温与河南尹张全义及关东诸侯表请迁都洛阳。看上去都是欢迎天子，实际都有挟之以令诸侯的打算。这时，李克用打算与各道发兵入关中，迫使李茂贞上表请罪，并主动献助修宫殿钱 15 万贯。但是，此时的昭宗已经被韩建控制。

乾宁四年（897），华州节度使韩建逼迫昭宗解散诸王所率领的 20000 余禁军，并自行将在华州行宫的 8 位宗室诸王囚禁。在韩建的逼迫下，昭宗立七皇子德王李裕为皇太子，并晋封韩建为昌黎郡王，赐"资忠靖国功臣"。八月，韩建与枢密宦官刘季述合谋，围攻诸王的"十六宅"，捕获诸王 11 人，并当场全部杀死。

此时，朱温的实力已经壮大起来。乾宁四年（897）正月，朱温再度攻并郓州（今山东东平西北）、兖州城等 5 镇 14 州之地。至此，朱温已经拥有宣武、天平、泰宁、感化、忠武、宣义等镇，还有一些附属镇，其强大的兵力还在继续向各镇进军，令诸镇望而生畏。一时间，朱温成了诸藩镇的共同敌人。

一勺西湖水。渡江来、百年歌舞，百年酣醉。回首洛阳花石尽，烟渺黍离之地。更不复、新亭堕泪。……国事如今谁依仗？衣带一江而已！……天下事，可知矣！

——〔宋〕文及翁《贺新郎·西湖》

看幕落幕又起

关中的节度使们越来越担心朱温会向东扩张，更担心他来争夺唐昭宗。

乾宁五年（898）正月，镇国军节度使韩建催请昭宗下诏，恢复李茂贞的官爵，并令诸道停止讨伐凤翔兵。李茂贞、韩建又同时致书李克用，乞修和好，以图共同对抗朱温，并决定送昭宗回长安。

乾宁五年（898）八月二十四日，逃离首都流亡在外两年后，昭宗从华州（今陕西华县）返回京都长安。二十六日，大赦天下，改元，以乾宁五年为光化元年。

唐昭宗从华州回京城以后，性情变得暴躁，常常酗酒，并曾在酒后随手杀死左右侍奉人。昭宗把所有的怨恨撒向宦官，并与宰相崔胤商量计划灭除宦官。此时，崔胤与朱温早已经结成同盟，宦官刘季述等人得知昭宗欲除之的消息后，决定抢先废除昭宗。

光化三年（900）十一月某一天，唐昭宗又喝醉了。这时，神策左军中尉刘季述率禁兵千人破门入宫，囚禁昭宗，并迫使崔胤及百官联名署状，请太子监国。

宦官们将昭宗囚禁在少阳院，狂妄的刘季述拿着银杖画地，历数着昭宗罪过，“某时某事，你不从我，其罪一也……”就这样为昭宗数出几十宗罪。

十一月初七，在宦官刘季述的主持下，矫诏令太子即位，更名李缜，尊昭宗为太上皇，皇后为太上皇后。

为了收拢人心，刘季述为百官加爵，赏赐将士。为了树立权威，将昭宗的弟弟睦王李倚，以及昭宗所宠信宫人、左右、方士、僧、道全部杖杀，“每夜杀人，昼以十车载尸出宫”。刘季述也想杀崔胤，但是害怕朱温，所以只解去崔胤的度支盐铁转运使职位而已。

面对突如其来的变故，朱温不再袖手旁观，遣亲信蒋玄晖到京师与崔胤会见，密谋诛杀刘季述。崔胤以离间计，串通左神策军指挥使孙德昭，右军都将董彦弼、周承海等人，于光化四年（901）正月初一，杀刘季述等宦官。随后，崔胤率百官迎唐昭宗复位，接着，昭宗对刘季述的党羽宦官进行清洗。但是，宦官势力并未除尽。

四月二十五日，昭宗改元，以光化四年为天复元年，并再次与宰相崔胤等商议诛除宦官，同时，为当年甘露之变中被宦官杀害的宰相王涯等 17 家昭雪。

宦官中尉韩全诲等人探知消息后，勾结凤翔兵驻京的统帅李继筠，拒绝接受朝廷的一切命令，同时禁止昭宗单独召见朝官。

崔胤急忙通知朱温，请他立即出兵。随即朱温率兵到达河中（这一年朱温已经攻占河中镇），并上书请昭宗迁往自己的领地东都。韩全诲害怕朱温打来，便劫持昭宗和后妃逃向凤翔。朱温见状，立即率 7 万大军西进入关，抢夺昭宗。

此时，崔胤及百官仍留在京城，朱温的兵马先至关中，取得华州，俘获了韩建。进入长安之后，朱温令崔胤率百官迁徙到华州，将朝中百官划为自己的部属。而在凤翔城，李茂贞、韩全诲已经为昭宗配备了以宰相韦贻范为首的朝官，此时的昭宗只剩下一个皇帝的空名。

天复二年（902）九月，朱温兵临凤翔城下，计诱李茂贞出战，李茂贞被击溃，元气大伤。随后，李茂贞困守孤城，朱温则筑壕围凤翔不舍，并且每夜鸣鼓攻凤翔城。当时，攻城者骂城上人“劫天子贼”，守城者骂城下人“夺天子贼”，就这样，骂着、打着，双方僵持到深冬。

当漫天大雪不管冷暖地降临之时，凤翔城内已是缺粮少肉，冻死、饿死的百姓不计其数。更可怕的是，市中还有卖人肉的，一斤值钱百，而犬肉值五百。昭宗的子女连粥汤都喝不上，无奈的天子只能卖掉自己的御衣以换取食物。

十二月，李茂贞终于守不住了，杀掉韩全诲、张彦弘、枢密使袁易简、周敬容等全部宦官，致书朱温请和，朱温见好就收。

十二月二十七日，昭宗再返长安。二十八日，崔胤奏请根除宦官祸害，罢诸司使、诸道监军。随即，朝中上下对宦官再度进行大清洗，除黄衣幼弱者30人留下以备宫廷洒扫之外，宫中的宦官全部被杀。朝外唯有河东监军张承业、幽州监军张居翰、清海监军程匡柔、西川监军鱼全湮及退休居西川之严遵美因为受到节度使李克用、刘仁恭、杨行密、王建各自保护而幸留性命。

这时的崔胤已经大权在握，于是不再与朱温勾结。而朱温却妄想称帝，为了便于下手，决计先杀崔胤，再迁昭宗到洛阳，免得李茂贞等乘机劫夺。

天复四年（904）正月，朱全忠杀崔胤和他的亲信，另用裴枢、柳璨等人为宰相。朱温引兵屯河中（今山西永济），随后上表称邠、岐兵逼京畿，请昭宗迁都洛阳。于是，宰相裴枢催促昭宗和百官东行，并带上长安居民迁往洛阳。

二十六日，车驾离开长安，朱温命张廷范为御营使，毁长安宫室百司及民间庐舍，将所有木材顺着渭河浮下，长安自此遂成废墟。

昭宗路过华州时，百姓夹路呼万岁，昭宗流着泪说："不要呼万岁，我不再是你们的主子了！"

闰四月十日，昭宗到了洛阳。十一日，大赦天下，改元天祐，以天复四年为天祐元年。随后，昭宗的左右侍从全被朱温杀死。八月十一日深夜，朱温又派手下蒋玄晖和史太带领100多人，将昭宗杀死在寝宫，时年37岁。

第二天，蒋玄晖假传圣旨，立昭宗第九子、13 岁的辉王李祚为皇太子，改名李柷，并在昭宗柩前即位。这就是唐王朝的最后一位皇帝——“唐哀帝”。此时的唐王朝气数已尽，李室成员都成了待宰的羔羊。

天祐二年（905）二月，朱温指使枢密使蒋玄晖把李唐宗室的9 位亲王全部杀死。哀帝李柷此时也完全只是个摆设，朝中一切权力都掌握在朱温手中。李柷即位之后一直使用天祐年号，也许是希望天佑大唐，然而偏偏是天佑朱温。

为了早日登上皇位，朱温加紧巩固政权，杀尽宗室诸王之后，又开始铲除不依附自己的朝廷大臣。

当时，裴枢、崔远、独孤损、柳璨为宰相，其中，只有柳璨处处依附朱温。由于柳璨的进士及第还不满 4 年，就被朱温推上相位，这令其他三位自负资深位望的宰相轻视。为此，柳璨在竭力侍奉朱温的同时，也在朱温面前诋毁裴枢三人。朱温另外还有一个心腹谋士李振，曾经多年参加进士科举考试而不及第，因此他对裴枢等朝官也恨之入骨。

天祐二年（905）六月，朱温在亲信李振和朝廷宰相柳璨的鼓动下，将裴枢、独孤损、崔远等出身高门、科举入仕的朝官 30 余人集中到黄河边的白马驿，赐他们自尽，然后，朱温又下令把他们抛于黄河，制造了惊人的“白马之变”。

这时，朱温急于即位，所以希望哀帝李柷尽早禅位。但是，柳璨、蒋玄晖、张廷范等人似乎没明白朱温的意图，还在想着按传统步骤一步步来，要经过封大国（国号）、加九锡、行殊礼，然后才是受禅。

朱温得知大怒，天祐三年（906）十二月，将枢密使蒋玄晖、宰相柳璨赐死，柳璨的弟兄也被全部处死。太常卿张廷范被五马分尸。柳璨在临刑时悔怒交加地大呼："负国（唐）贼柳璨，该杀该杀!"

此时的大唐王朝，已是"玉树歌终王气收"，曾经的辉煌早已荡为寒烟。哀帝李柷明白，这个皇位是坐不下去了，于是决定禅位。

天祐四年（907）三月二十七日，哀帝命正副册礼使张文蔚、苏循，正副押传国宝使杨涉、张策，押金宝使薛贻矩、赵光逢带领百官赴汴州（今河南开封），禅皇位于朱温。

朱温终于如愿以偿地登上了皇位，是为梁太祖，改元开平，立国号梁，史称后梁（907—923）。

至此，统治了289年的唐王朝，徒留"霸业成空，遗恨无穷"的悲叹，极不情愿地退出了历史舞台。